U0531021

马歇尔文集

第 1 卷

产业经济学

肖卫东 译

商务印书馆

2019 年·北京

Alfred Marshall
Mary Paley Marshall
THE ECONOMICS OF INDUSTRY
Overstone Press, 1997
根据石上出版社 1997 年版译出

译 者 序

一

1842年7月,英国经济学家阿尔弗雷德·马歇尔(Alfred Marshall,1842—1942)出生于英国伦敦柏孟赛地区,擅长数学并从事了多年的数学的教职工作,于1865年开始转向哲学、心理学和政治经济学的研究,并于1867年开始了他的"经济学学徒"生涯,于1875年结束了"经济学学徒"生涯。此后,阿尔弗雷德逐渐成为了英国现代经济学之父、英国剑桥经济学派的创始人、新古典经济学理论体系的创立者,其经济学思想、经济学内容通过他作为一位经济学思想家、经济学著述者、经济学教育家的各种活动来反映。玛丽·佩利·马歇尔(Mary Paley Marshall,1840—1944)是阿尔弗雷德·马歇尔早期的学生之一,英国纽纳姆学院的经济学讲师。阿尔弗雷德·马歇尔与玛丽·佩利·马歇尔于1877年7月完婚,他们俩是一对具有师生关系的经济学夫妻,在经济学领域志同道合,并于1879年合著出版了《产业经济学》一书。《产业经济学》是玛丽·佩利·马歇尔应剑桥大学之约为该校函授部讲师所著述的教材,1876年年中两人订婚后就开始了《产业经济学》的共同写作,并在此后三年(1877—1879)的长假中,马歇尔夫妇一直致力于《产业经济学》的写作,只是在该书后半部分的写作中,阿尔弗雷德·马歇尔承担了更多的写作任务,导致了大部分高深内容的加入,以至于"阿尔弗雷德·马歇尔坚持认为该书的后半部分全是他的成果,并且包含了许多后来出现在《经济学原理》中的萌芽思想。随着时间的推移,玛丽·佩利·马歇尔也渐渐认识到该书确实只能是他一个人的成果。尤其是,该书第3版几乎全部都是阿尔弗雷德·马歇尔的思想"。① 不管马歇尔夫妇在该书中的写作中分别承担了什么样的任务,分别承担了多少任务,但是,不可否认,《产业经济学》一书从一开始就是马歇尔夫妇智力合作的成果。

《产业经济学》一书的第1版于1879年10月由麦克米伦公司出版,第2版于1881年问世,第3版于1885年完成。1886年,未经授权的俄文翻译版出版。《产业经济学》一书很畅销,当阿尔弗雷德·马歇尔在1892年为出版《经济学原理》的缩写版《经济学精义》(又可称为《产业经济学概要》)而停止该书的出版之时,该书的销售量已经达到了1.5万册。

《产业经济学》是阿尔弗雷德·马歇尔的第一部经济学著作,其他的主要经济学著作有《对外贸易和国内价值的纯理论》(1879)、《经济学原理》(1890)、《经济学精义》(1892)、《产业与贸易》(1919)、《货币、信用与商业》(1923)。

---

① 〔澳〕彼得·格罗尼维根:《翱翔的鹰——阿尔弗雷德·马歇尔传》,丁永健,鄢雯等译,华夏出版社,2011年,第182页、第183页。

二

《产业经济学》沿着约翰·斯图亚特·穆勒（John Stuart Mill，1806—1873）在《政治经济学原理》中的研究线索与内容，构建、呈现了一个有关价值、工资和利润理论的框架，全书包括三篇内容。

（一）第一篇：关于土地、劳动和资本的理论

第一篇共有九章（第一章至第九章）。第一章是引言，主要探讨了"经济学"的科学属性、解释、定义和主题。在这一章中，马歇尔夫妇将"经济学"定义为一门关于财富的科学，其主题是财富，财富包括物质财富和非物质财富。因而，"经济学"就是研究人类为了直接获取物质财富而发生的行为，以及为了获得幸福（这种幸福直接依赖于物质财富）所需要的条件的科学，其主要目的是找寻那些可以引导人们日常工作行为的社会规律和道德规律，"经济学"属于社会科学或者道德科学的范畴。

第二章界定了生产要素的内容，探讨了劳动效率的影响因素。生产要素往往以人及其环境来定义，包括自然界的力量和人类的力量，一国财富取决于自然力和人类力量在财富生产中共同发生作用的方式。人类的力量应该用于控制、引导自然界的力量，而不是阻碍自然界的力量，只有这样，人类的力量才会变得更有效率；同时，人类力量对自然物品的作用取决于其劳动效率。人类劳动效率的影响因素包括劳动者的体力和精力、知识和智力，以及道德品质；尤其是，劳动者正直的品性和彼此之间的相互信任是财富增

长必不可少的两个条件。

第三章讨论了资本的问题。资本是一种人造的生产要素,由劳动和节约产生,且必须以生产为目的。因而,资本包括所有注定用于有效生产的财富;并且,产业的发展受制于资本,这是一条重要的经济学原理,其真正含义是:劳动需要资本的支持和协助。资本有报酬性资本与辅助性资本之分、流动资本与固定资本之分、专用资本和非专用资本之分。需要指出的是,马歇尔夫妇关于资本的各种词语与传统经济学中所使用的词语基本一致,但是,其内涵得到了扩展,唯有如此,资本的内涵才能与马歇尔提出的更为复杂的生产理论相一致[①]。

第四章是有关报酬递减规律的内容。报酬递减规律又称土地肥力规律,是人口增长规律和资本增长规律的基础。在某一种商品的生产活动中,保持一种生产要素的投入(例如,土地)不变时,如果持续增加可变要素(例如,劳动和资本),则该商品的边际产量会呈现下降的趋势,这就是报酬递减规律的内容。报酬递减规律不仅适用于农业和采矿业,还可以推及到所有的生产活动,并且,我们还可以采用图形的方式来更为直观地阐释报酬递减规律的内容。

第五章讨论人口增长理论,尤其是马尔萨斯人口论,以及与之密切相关的贫困问题。马歇尔夫妇在讨论人口增长问题时特别强调了生活舒适标准的历史相对性。马尔萨斯认为,人口数量趋向

---

① 〔澳〕彼得·格罗尼维根:《阿尔弗雷德·马歇尔》,丁永健译,华夏出版社,2009年,第62页。

于以几何级数的方式呈现无限增长的趋势,食物供给却趋向于以算术级数的方式呈现有限增长的趋势。对此,马歇尔夫妇认为,这是报酬递减规律的另一种表述方式。因为,人口数量的增长速度往往要快于食物供给的增长速度,这是报酬递减规律的一个重要内涵。在这章中,马歇尔夫妇还讨论了一个简短的题外话:马尔萨斯所提出的关于合理实施《济贫法》的问题,其中,重点讨论了济贫中的政府救助与志愿者救助。

第六章讨论了资本的增长问题。资本的增长取决于人们节省的能力和节省的意愿,其中,节省能力取决于通过节省而形成的财富数量,而节省意愿取决于人们对未来生活的考虑,是一种"心理"因素,与之共同起作用的因素还有:对获得未来利益的期望、对他人的情感、出人头地或者飞黄腾达的愿望、拥有财富所有权能获得的好处、私有产权在政治和商业上的安全性。利息率、利润率对人们的节省意愿也会产生重要影响。

第七章、第八章的内容是《产业经济学》中最具有原创性的内容,包括产业组织理论和劳动分工理论。马歇尔夫妇认为,时代越向前发展,劳动分工也就越细化,专业化生产也就越强。由此,(1)出现了农业劳动与制造业劳动之间的分工,农业人口散居在各地,制造业从业者则聚集在城镇中的人口密集地区;(2)城镇中的手工业同业工会不断发展壮大并结成联盟,夺得了城镇的统治权;(3)城镇中的产业变得高度组织化;(4)出现了城镇中的产业分工及其细分,并且每个细分产业或者行业都选址于最适合于自身发展的地理区位,形成产业区或者制造区,出现了产业地方化的现象。产业区和产业地方化后来被作为劳动分工在当代得到了更加纵深的发展,它充分体现了专业化的好处。因为,产业区能产生许多社会效益,例如,促进了自由竞争、不同产业区之间的密切交流、劳动力的自由流动,产品市场范围的扩大,生产要素的集聚等。公司的有限责任制(对当时的一些商业机构来说是一项相对较新的特权)一方面有利于产业区的形成,另一方面,还有利于形成规模经济和最优公司规模。

劳动分工带来的好处有:(1)提升每一个特定工人的技术熟练度,并使其从中获利;(2)始终将劳动者配置到他适合从事的职业中的最高级别的工作岗位上,以使他的技能、智力优势和身体长处得到充分利用;(3)促进机器设备的充分利用,但手工生产仍具有优势;(4)创造多变的、各种各样的工作岗位。因此,劳动分工及其深化一方面增强了人类掌控自然的能力,另一方面促进了财富的增加,进而推动了社会进步,是促进人类发展和经济增长的根本源泉;但是,劳动分工也会产生部分的消极影响,例如,劳动分工会增强产业发展的不确定性、增强工作的单调性。厂商规模会影响劳动分工优势的发挥,马歇尔夫妇认为,劳动分工的某些优势只有在大工厂中才能得到发挥,因为,大工厂具有许多特殊优势,例如,机器设备购买的价格优势、研发及其成果利用优势、货物运输优势、市场信息优势、广告优势、产品多样性优势等。因此,小工厂在与大工厂竞争时,总是处于不利的地位,但是,小工厂可以充分利用产业地方化的优势来摆脱其不利地位;并且,不管大工厂与小工厂之间竞争的结果如何,劳动分工必将继续深化。

劳动分工也有规律性,可以表述为:市场需求的增加会促使劳动分工的不断细化,从而导致生产成本降低。这表明,资本和劳动投入数量一定比例的增加,会带来产出数量更大比例的增加,因此,劳动分工规律有时又可以称为报酬递增规律。在农业、工业和服务业这三大产业部门中,农业是劳动分工优势和大规模生产优势最不明显的产业部门,农业中劳动分工和大规模生产的优势远远不如制造业中的优势那样重要和显著,但是,农业中劳动分工和大规模生产的重要性和优势也在不断增强。

第九章讨论了土地所有制及其对生产力的影响,重点讨论了与此相关的当时流行的农民所有权问题。在亚洲地区、欧洲大陆、美国、苏格兰和英国的一些地区,土地所有制具有很大的差异,因而对生产力产生了不同的影响。尽管如此,全世界范围内的经济学家可能更青睐这样的一种土地所有制度:耕种者拥有土地的所有权。

(二)第二篇:关于正常价值的理论

第二篇共有13章(第十章至第二十二章),主要在供给与需求的框架内讨论正常价值,重点研究竞争对工资、利润和价格的影响,其宏观背景是,在欧洲、北美和澳大利亚,竞争是影响工资、利润和价格的最重要的因素,而在落后国家,竞争的影响作用甚微。

第十章对相关概念进行了界定,并提出需求定理。对于某一个人所拥有的某件物品,涉及到市场、买方、卖方、使用价值(或者效用)、交换价值等概念。在一定时期内,一种商品的市场需求量取决于该商品的销售价格;并且,两者之间的关系呈现如下的变化规律:商品价格降低,会引起该商品需求量的增加;商品价格上升,会引起该商品需求量的减少。这就是需求定理的主要内容。对于购买者来说，商品价格所度量的就是他购买的商品的最终效用，也就是说，购买者可以获得该商品的一部分使用价值。

第十一章从生产成本的角度提出了供给定理。生产成本包括生产商品所需要投入的全部努力和节约，生产费用是指在商品生产过程中以市场价格购买所需要的劳动和资本的总花费。因而，生产成本可以定义为劳动和资本这方面所实际发生的费用（马歇尔喜欢将资本的支出定义为放弃或推迟消费，也就是个人因储蓄而付出的代价），也可定义为生产过程中实际发生的各项费用，包括劳动、原材料、工具、机器设备、厂房、贷款利息、保险费用等。在自由竞争的条件下，围绕市场价值上下波动的正常价值与生产费用、再生产费用相等，这已经被亚当·斯密和李嘉图证明过了。生产者决定是否增加供给，取决于商品的售价是否弥补了生产成本。

第十二章、第十三章讨论了与正常价值有关的租金。土地租金是指在自由竞争条件下土地所有者通过让渡土地使用权而获得的收入。一块土地的经济租金被定义为从土地的年总产值中扣除农场主应得的足够回报（包括总支出和所得的利润）后的余额。第十二章、第十三章对这个问题展开了详细、深入的讨论，并使用图表对相关问题进行了说明。第十二章的最后部分表明：矿的租金决定于矿物开采率，它是生产成本的一部分。在实际中，矿的租金包括两部分：一部分是对开采的矿物按吨收取的使用费；一部分是为拥有世纪采矿权而缴纳的固定年费。但是，生产者在计算实际生产成本时必须将商品生产中支付的所有租金包括在内，从而在商品价格中得以体现，商品的价格取决于在最不利条件下进行生产的那部分生产费用。这说明，租金不能决定商品的正常价值，相反,租金由正常价值决定。

第十四章讨论了需求对价值的影响以及正常价值定理的补充。某一商品各种生产费用的同比例变化,并不会改变该商品的价值。因为,当商品的数量固定时(就像拉斐尔的画作),商品的价值完全由其需求决定;当商品的正常生产费用固定时,商品的价值主要由其生产费用决定,但需求仍然是决定商品价值的一个因素;在大部分情况下,影响商品价值的因素有多个,需求只是其中的一个,商品的价值部分地取决于需求。由此,马歇尔夫妇对正常价值定理进行了补充:某一商品的正常供给使得该商品的正常生产费用等于商品的价格,同时,该商品的产量等于需求量,此时的价格是正常价格。商品的正常价格不是固定的,而是缓慢地上升或者下降。

第十五章将对正常价值的分析与分配联系起来。对于绝大多数商品来说,商品的生产费用可以划分为工资和利润,因为,工资和利润包括了对商品生产付出的努力和节约的补充。因此,分配的实质是工资和利润如何在劳动者与其他社会部门之间进行合理分配。在这一章中,马歇尔夫妇解决了三个难题:(1)衡量使用劳动和资本时所发生的成本必须用其重置价值;(2)不能将消费者从劳动者、管理人员、资本家或者地主中分离出来对待,因为,这些人本身也是消费者;(3)某一商品的全部价值是指用来生产该商品的所有人、财、物的价值,包括原材料的价值、资本的贬值和劳动的成本等。

第十六章讨论了非熟练劳动的供给及其工资问题。非熟练劳动的供给主要取决于食物、衣服和前几代劳动者用于供养后代的其他生活必需品,而这些又取决工资水平,因为,工资的变化可以用来衡量劳动的净收益。因而,非熟练劳动供给的决定因素主要是工资率,除此之外,还有工作环境等因素。工资有实际工资与名义工资之分、时间工资和任务工资之分。劳动者的贫富、报酬的高低取决于劳动的实际工资而非名义工资。

第十七章讨论了熟练劳动的供给和教育、培训问题。正常供给定理也适用于熟练劳动的供给,但熟练劳动的供给还有一些特殊要求,例如,对熟练劳动的教育等。马歇尔夫妇深入研究了教育的好处,他认为,对熟练劳动力的教育需要资本投入,并且,资本投入的成果会在熟练劳动力以后的工资中得到体现。熟练劳动的供给主要取决于劳动者自身净利益的估算和父母对孩子的净利益的估算。如果要完全了解不同类型熟练劳动供给的决定因素,还需要考察分析那些吸引或者排斥人们从事某一行业的各种各样的优势和劣势,以及某一行业所需要的产业素质,以及劳动者的身体素质、心理素质和道德素养等。马歇尔夫妇还认为,熟练劳动的供给难以调整到与熟练劳动需求相适应的水平上。

第十八章探究了不同类型经营能力供给的决定因素,以及一个行业的管理报酬率如何影响这一行业中经营能力的供给。经营能力的供给主要取决于管理报酬,一般来说,某一行业的管理报酬越高,则该行业中经营能力的供给也就越多。尽管在一个行业中,决定经营能力供给的所有的基本因素与决定熟练劳动供给的所有的基本因素是相同的,但仍然存在以下两个不同:一是经营能力供给中的平均管理报酬难以确定;二是经营能力的供给部分地取决于行业范围内必要的资本供给。

第十九章、第二十章和第二十一章讨论了正常利息、正常工资和正常管理报酬的决定因素。一国资本与产业的总的年净产值称之为"报酬－利息基金",其数额大小取决于资源的范围、富有程度及其投入到农业、开采业、制造业后的生产效率情况,以及其他影响产出增长的因素,例如技术、劳动分工等。第十九章探究了"报酬－利息基金"如何被划分成资本以利息形式所获得的份额和产业以报酬的形式所获得的份额。资本供求定理与商品供求定理具有高度的相似性,即,正常利率取决于既定资本存量下的资本需求以及资本相对于其他资源的稀缺性;当全部的资本供给都得到了充分利用时,利率便会达到均衡状态。从长期看,正常利率会逐步下降,但下降速度会越来越慢;而且,正常利率可能会无限地接近其最低值,但始终不会达到最低值,我们也无法使用什么方法来推测正常利率的最低值是多少。

第二十章和第二十一章探究了产业所得的份额如何在不同等级的非熟练劳动、熟练劳动和经营能力之间进行分配。如果已知"报酬－利息基金"的数额以及该数额在利息份额和报酬份额之间的分配方式,那么,每一个行业的工资取决于报酬份额的再分配方式。因此,一个行业的正常工资取决于它与其他行业正常工资的比较,其工资(或者更严格地说是其净利益)必须达到一定水平,该行业才能在与其他行业的竞争中获得充足的劳动供给。劳动的充足供给又取决于该行业的工作难度、普通教育和特殊教育的昂贵程度,以及该行业对自然素质、身体素质、心理素质和道德素质的要求。当某一行业的实际工资上升到其正常工资水平之上时,则进入这个行业的劳动力就会增加;当实际工资下降到正常工资水平之下时,情况则相反。所以,正常工资就是该行业的均衡工资。马歇尔夫妇还研究了工资的动态变化,他认为,在自由竞争制度下,一个人的工资会等于他所生产的商品的贴现值。但是,在实际中,这种情况不会发生。

管理报酬与正常工资不同的是,只有掌握了资本的人才能获得管理报酬。对此,马歇尔夫妇对从事相同行业的两个人所获得的管理报酬进行了比较分析,使用自有资本的人能获得全部净利润,而使用借贷资本的人只能获得部分净利润(需要从净利润中减去借贷资本的利息)。在竞争条件下,在行业风险、不舒适度和所需努力程度相同,且需要同等稀有天赋和昂贵培训的行业中,当投入的资本数额相等时,其所产生的利润也会持续地趋于相等。但是,也有两种特例:一是大额资本的所有者将部分管理权委派给其下属;二是小公司的专业化。在这两种情况下,管理者均可以获得更高的报酬。

第二十二章讨论了正常价值与市场价值之间的关系。正常价值定理的内容是:当商品的正常生产费用等于商品的价值时,商品的正常供给引致了等量的商品需求,由此决定的价格便是商品的正常价值;某一商品的市场价值偏离其正常价值的幅度,取决于商品供给状况与需求状况之间的关系。正常价值理论是着手探究所有无规律、不公平市场价值的出发点,正常价值理论是市场价值理论的基础。在这一章中,马歇尔夫妇还指出,经济学在理论与新现实之间的交替作用下逐步向前发展:运用理论来寻找、解释新现实,运用新现实来修正、扩展和强化理论。

(三)第三篇:关于市场价值的理论

第三篇共有九章(第二十三章至三十一章),讨论了市场价值这个主题。在某些方面,第三篇是《产业经济学》中最有趣的一篇,因为,在这篇中,马歇尔列出了许多新材料并进行了详细讨论,而这些新材料没有出现在别处。

第二十三章讨论了货币购买力的变化,这是一个与正常价值有关的主题,因为,在第一篇、第二篇的讨论中都假定:货币购买力恒定不变。严格来说,对这个主题的充分的讨论,属于"贸易与金融经济学"的范畴,这原本是计划在第二卷中才讨论的话题。影响货币购买力的最重要的因素是流通中的贵金属数量;影响货币购买力的另一个重要因素是货币供给量,这个因素发挥作用的途径是银行信贷。商品价格和工资交替上涨,互为推动,同时推动商品市场需求和银行信贷的增长,从而影响货币购买力的变化。

第二十四章以水产品市场、谷物市场、住房市场等为例,分析了当商品的正常价值缓慢地上升或者下降时,商品的市场价值如何围绕其正常价值上下波动,即市场波动问题。生产者与交易者都试图预测市场价值的每一次波动,当他们的预测成功时,市场价格会被调整到接近正常价格的水平;当他们的预测失败时,市场价格就可能会严重地偏离正常价格。水产品市场的例子说明了商品定价的困难。谷物市场的例子说明:是买者的行为决定商品的市场价格,而不是生产者的行为决定市场价格。住房市场的例子说明:对未来需求量的错误判断会导致商品市场价格的波动,市场价格波动的幅度取决于供给的反应;在大量使用固定资本的产业(例如，煤炭业、钢铁业等）中，商品的市场价格更容易发生剧烈波动，而且这样的价格波动有一定的商业周期，在萧条之前，市场价格趋于快速上升；而在萧条时，市场价格则急剧下降。马歇尔夫妇指出，一种商品市场价格的波动（例如，棉花）会影响它的替代品的价格（例如，羊毛），并研究了价格波动的传播特点。在本章的最后总结中，马歇尔夫妇指出，市场价格的波动会导致生产成本的波动，而不是生产成本波动引起价格波动。有关这方面的问题，李嘉图和穆勒也曾经进行过初步的研究。

第二十五章分析了习俗对地方性价格和工资变化的影响，以及同一商品的价格在不同市场上出现差异的可能性。当商品是一种普遍使用的商品，商品价格的地方性差异及变化的主因是运输费用、竞争尤其是进入到新市场的渴望，有时可以消除这种差异。当商品是不可移动的商品时，商品价格的地区差异明显且非常重要，例如，土地地租的地区差异。在一些古老的村庄，市场完全是本地化的和长期形成的，商品的不可移动是习俗的结果；当习俗不再重要时，竞争就开始破坏商品的不可移动性，但自由竞争在决定土地租金时所遇到的障碍仍然是历史遗俗。工资的地方性变化的一个代表性例子是女性工人工资的变化。利润的地方性变化可能是由利息的地方性变化所引起的，也可能是由管理报酬的地方性变化所引起的。各国经营小店的店主所获得的管理报酬的差别非常大，例如，在德国，小店店主的管理报酬很低，而在美国，小店店主的管理报酬却很高。地区零售价格的差异在大城市内也开始出现，例如，伦敦东区与西区之间的差异，但是，零售价格的差异比批发价格的差异要小。

第二十六章讨论了垄断与联合及其对利润、价格变动产生的影响。很少有垄断是自我形成的,有些垄断的形成是因为高质量的产品,更多垄断的形成是因为生产者之间的联合。这样的联合在过去经常存在,而且在现在依然存在,尽管这样的联合不容易组织,也不容易保持。由联合形成的垄断会使得商品供给减少、商品价格上升,形成垄断价格。垄断中的一个极端是完全垄断,或者形成于生产要素或者资源的所有权,或者形成于独有的专利权。但是,当某种商品的生产掌控在已经形成了行业联盟的少数几家公司手中时,该行业也就难以实现完全垄断。在因联合而形成的垄断组织中,垄断厂商的相对规模不同,以及垄断所在行业的特点,可能会使一些垄断厂商认为违反联合协议(例如,提高产量,降低价格)是有益的。在商品难以运输的地区,组建行业联盟以限制供给、抬升价格,是有益的,但应具有相应的条件。在许多地方,由雇主所组建的联盟来压低工资,已经是一种普遍现象,而且,雇主联盟都已经具备了成功压低工资的所有条件。这表明,在这些地方,工资不再由习俗所决定,而开始由合约所决定。

第二十七章至第三十章讨论了工会及其对工资的影响、仲裁与调解问题。工会是在同一行业工作的人的联合,是一系列运动的现代代表,其主要目标是为会员争取更高的工资、更短的工作时间、更好的工作环境和工作条件,在健康、生死、意外事故、失业、解雇、退休、教育培训等方面为会员提供帮助。第二十七章的大部分内容是描述性的,主要是回顾工会的发展历史,包括工会在19世纪的成长过程、最初的形态、与中世纪同业工会之间的联系,以及工会的主要目标及其实现手段(例如,举行罢工、在罢工时担任纠察、集体讨价还价等)。在这一章中,马歇尔夫妇还讨论分析了罢工成本、工会制定政策所应遵循的主要原则。

第二十八章和第二十九章讨论了工会对工资的影响。工资是劳动者从工资-利润基金中所能获得的份额,工会很有可能会使得劳动者的工资获得以前从未有过的普遍性的上涨。但是,如果由于罢工的发生导致了工资的普遍性上涨,从而使得雇主的利润趋于下降,那么,从长期来看,罢工会起反作用。不过,如果由于罢工引起的工资上涨导致雇主缩减工人的雇佣量,那么,罢工对资本积累就不会产生消极影响,从而就业机会可能会得以维持。在第二十八章中,马歇尔夫妇还批判了古典主义的工资基金理论,因为古典主义的工资基金理论依赖于以下假设:所有的工资都是用那些已经确定为资本的财富来支付,这导致该理论忽略了辅助性资本转化为报酬性资本(可以用来支付工资)的潜力,因而也就忽略了劳动者移民和其他因素。

第二十九章研究的是,当行业工会成功地使劳动者获得了工资上涨时,这种工资上涨很少是完全以牺牲利润为代价而获得的;雇主几乎总是能够将工资上涨的全部负担转嫁给他人;并详细讨论了工会成功地使工资上涨所应具备的条件。这一章的结论是,总体上来说,任何人都不能以损害他人更多的幸福为代价来获得自己的利益,同理,工会也不能总是通过罢工的方式来争取工资的普遍性上涨,对于工人与雇主之间的冲突,仲裁与调解可能是一种更好的办法。

由此,第三十章深入讨论了仲裁与调解问题。在法国,长期以来,雇主与雇员之间的与合同履行有关的纠纷往往是由劳资纠纷调解委员会来解决，如果调解失败，则纠纷就应该提交给仲裁机构，由仲裁员来裁决。调解委员会或者仲裁员做出裁决时会基于多方面的考虑，必须遵守自然规律，就如人类自身生活的多样性一样；但是，调解和仲裁工作能否成功取决于雇主和雇员对调解决定、仲裁决定的遵从程度。在这一章的最后，马歇尔夫妇认为，生产中雇主和工人的对抗虽然是与生俱来的，但与其坚持这种对抗，还不如在生产中保持合作，这样很可能对工人更有利。这就引出了第三十一章的主题。

第三十一章讨论了合作问题。在这一章中，马歇尔夫妇将英国最伟大的社会主义者罗伯特·欧文视为英国合作运动之父，罗伯特·欧文的理想是通过抑制竞争的残酷力量，并代之以兄弟般的信任和联合来重塑世界，因而，"合作信念"只可意会不可言传，并受到了精明的实干家的热切追捧；合作提倡保护私有财产、坚持自立自救、反对政府救助和所有不必要的对个人自由的干预；合作致力于推动诚实、公平正义、节约在生产和交换中的实践。马歇尔夫妇研究了信用合作机构和零售合作组织，并讨论了产业伙伴关系和合作生产的可能性、零售合作组织建立的必要性及其特点。在这一章的最后，同时也是《产业经济学》的结尾，马歇尔夫妇希望各行各业中的合作运动能够给英国的民众带来丰厚的经济利益。这一章的内容不仅仅是经济学理论，更为重要的是，这一章的内容显示了马歇尔年轻时的社会主义倾向，以及马歇尔对罗伯特·欧文的赞赏。

三

阿尔弗雷德·马歇尔是一代经济学巨匠,是经济学界翱翔的鹰,其在《产业经济学》、《经济学原理》、《工业与贸易》等经典传世著作中所提出的或者由他发展完善的大量经济学概念、分析框架与研究工具,以及所蕴含的诸多深刻的经济学思想,一直都在滋养着后辈的经济学家,影响着从事经济学研究与教学的工作者。追溯《经济学原理》中马歇尔的经济学思想和主要观点,事实上早在其《产业经济学》中就已经形成,尤其是该书中关于现实经济问题的一些内容和材料,非常珍贵,也为《经济学原理》中关于价值的内容提供了详细的补充。

2012年5月,应商务印书馆的邀请,我开始着手翻译这本著作。"高山仰止,景行行止",作为一名从事农业经济管理研究和经济学教学的青年教师,我很荣幸能够翻译阿尔弗雷德·马歇尔的著作,而且是翻译其第一本著作。在本书的翻译过程中,我始终怀着对前辈大师的虔诚之心来对待这项繁重而又光荣的翻译工作。在忠实原著的基础上,本着认真负责的态度,尽量采用直译的方式、通俗而又直白的语言,力争我的翻译尽可能准确地反映本书的内容和特点。对于书中所涉及到的一些经济学专业术语,在翻译时尽可能地与现代经济学中的表述相一致。对于书中所涉及到的很多历史上的哲学家、经济学家、社会学家、其他学者和知名人物,以及书中所提到的当时的经济社会背景、历史计量单位等,为便于读者理解,大都以"脚注"的形式进行了说明。

本书的翻译历时三年。到目前为止,参与翻译工作的主要人员及其翻译任务如下:我本人总揽全书,制订翻译计划,确定翻译人员、校对人员及其分工;我本人翻译了初稿,山东师范大学经济学院王耀辉博士对初稿中第一篇的第一章至第六章进行了初步校正;山东师范大学经济学院贾茜老师对初稿进行了全面、系统的校正,并对部分章节进行了重新翻译;最后,我本人对校正稿进行了细致审阅,形成了最终的翻译文本。

在本译著即将出版之际,我要衷心地感谢阿尔弗雷德·马歇尔教授,感谢他为新古典经济学理论体系的创立和发展所做出的卓越贡献,感谢他的夫人玛丽·佩利·马歇尔;感谢山东师范大学于洪波教授的鼓励和指导;感谢山东师范大学经济学院王耀辉博士、贾茜老师的辛苦的校正工作;感谢我所任职单位山东师范大学公共管理学院李松玉院长的关心和支持;感谢我的妻子李吉娜女士在译稿录入方面的辛苦工作;感谢商务印书馆的刘涛编辑;感谢为本译著出版做出贡献的所有人士;最后,感谢阅读本译著的每一位读者,希望这本译著能够为每一位读者带来思想的火花和精神的愉悦。

由于水平和时间有限,译文中还存在不少错误和遗漏,恳请读者朋友批评、指正。当然,译文中所存在的纰漏由译者负责。

肖卫东
2015 年 6 月于山东师范大学

目 录

序言 ………………………………………………………… 1

第一篇　土地、劳动和资本

第一章　引言 ……………………………………………… 3
第二章　生产要素 ………………………………………… 12
第三章　资本 ……………………………………………… 19
第四章　报酬递减规律 …………………………………… 32
第五章　人口的增长、马尔萨斯、济贫法 ……………… 41
第六章　资本的增长 ……………………………………… 56
第七章　产业组织 ………………………………………… 67
第八章　劳动分工 ………………………………………… 77
第九章　土地所有制 ……………………………………… 93

第二篇　正常价值

第十章　需求定理 ………………………………………… 103
第十一章　供给定理 ……………………………………… 112
第十二章　租金 …………………………………………… 124

第十三章	租金与价值之间的关系……………………………	133
第十四章	需求对价值的影响…………………………………	137
第十五章	分配…………………………………………………	141
第十六章	非熟练劳动的供给…………………………………	150
第十七章	熟练劳动的供给……………………………………	155
第十八章	经营能力的供给……………………………………	168
第十九章	利息…………………………………………………	175
第二十章	工资…………………………………………………	187
第二十一章	管理报酬……………………………………………	196
第二十二章	正常价值与市场价值的关系………………………	211

第三篇 市场价值

第二十三章	货币购买力的变化…………………………………	219
第二十四章	市场波动……………………………………………	230
第二十五章	习俗对地方性价格和工资变化的影响……………	244
第二十六章	垄断与联合…………………………………………	262
第二十七章	工会…………………………………………………	272
第二十八章	工会对工资的影响…………………………………	290
第二十九章	工会对工资的影响(续)……………………………	300
第三十章	仲裁与调解…………………………………………	311
第三十一章	合作…………………………………………………	317

索引……………………………………………………………… 333

序　言

本书应剑桥大学的邀请为函授部讲师做教材所撰写,其内容设计也是为满足讲师们的当时所需。

本书试图沿着约翰·斯图亚特·穆勒(John Stuart Mill,1806—1873)在《政治经济学原理》(*Political Economy*)中的研究路线,构建一个有关价值、工资和利润的理论,这个理论将包含当代经济学家们研究工作的主要成果。这个理论中的主要概述在剑桥大学多年的教学课程中已经得到了检验,在近期,布里斯托大学所开设的教学课程也对其予以了检验。

关于银行、对外贸易和税收等主题的探究,将搁置在本书的姊妹篇——《贸易与金融经济学》(*Economics of Trade and Finance*)中。

H. 西奇威克(H. Sidgwick)先生、H. S. 福克斯韦尔(H. S. Foxwell)先生、W. 穆尔·伊德(W. Moore Ede)牧师为本书的出版提出了许多宝贵的建议,并给予了巨大帮助,对此,深切地表示感谢。

第一篇

土地、劳动和资本

第一章 引言

1. 让-雅克·卢梭（Jean-Jacques Rousseau，1712—1778）曾说过，"要正确地观察我们眼前的事物，需要运用大量的哲学思想"。同理，要正确地观察我们日常生活中的事件和风俗，亦是如此。习惯总是让我们对日常生活中的很多事件和风俗习以为常，以至于我们常常忽略了它们。只有一些非常罕见的、能给人印象深刻的事件和风俗，才会引起我们的注意。

让我们以一个从事卑微职业的人为实例，例如村庄木匠，观察他向社会所提供的各种服务和社会所给予他的回报；对于村庄木匠的所得回报与其付出之间的巨大不相称，我们将会感到非常震惊。

村庄木匠每天的工作就是刨平木板，制作桌子和五斗橱。作为对村庄木匠工作的交换，他从社会中得到了什么？

每天早晨起床，村庄木匠首先要做的就是穿上衣服；但是，他自己不会去做衣服。原因很简单，因为一件衣服的制成，需要投入大量的劳动，需要运用许多独创性的发明。一件衣服的制成，需要美国人生产的棉花、印度人生产的靛蓝染料、英国人生产的羊毛和亚麻、巴西人生产的兽皮，而且，这些原料还必须要运送到不同的城镇，以进行加工、纺纱、编织和染色等。

村庄木匠将他的儿子送去上学,他的儿子从学校得到的教导很简单,但是,这些简单的教导却是由数千个思想凝练而成的成果。

村庄木匠如果要去旅行,他就会发现,为了自己时间和精力的节省,就需要由其他人来夷平土丘、填平山谷、削低山脉、贯通河岸,并且使蒸汽机的应用服从于人类的需要。

村庄木匠从社会获得的享有与其独立付出所能获得的回报之间存在难以度量的不相称,对此,我们感到非常震惊。因此,社会机制必须具有独创性并且强大有力,因为,社会机制会导致这样一种奇特的结果,即每个人,即使他的命运处于最卑微的环境中,每天也都会有所得,而且他所得到的东西,是仅凭他自己就算经过许多年也无法生产出来的。

对社会机制的研究是政治经济学的主要内容[①]。

换言之,政治经济学考察的是财富的生产、分配和消耗。政治经济学研究工资、利润和租金的决定因素,并探究这些决定因素:在多大程度上是由不可改变的自然法则所决定,以及在多大程度上可以由人类的努力所改变。最后,更为重要的一点是,政治经济学探究工人的特质与工人所从事工作的特性之间的关系。正如以下所言,"做一个你想做的人,你就会成为这样的人。"什么样的工作,就需要什么样的工人;什么样的工人,就做什么样的工作。

国家通常被称为"政治体"。这一表述在很长一段时间内被普

[①] 弗雷德里克·巴斯夏(Frederic Bastiat,1801—1850)的《和谐政治经济学》(*Harmonies of Political Economy*)。

遍使用,以至于当人们提及"政治"一词时,想到的便是整个国家的利益;所以,"政治经济学"也就成为这一学科的一个很好的代名词。但如今,"政治利益"通常意指国家的某一部分或者某几部分的利益;所以,弃用"政治经济学"这一术语,而将其简称为"经济科学"或者更简短的"经济学",这似乎是最好的选择。

此卷为《产业经济学》,因为它探讨了生产者(包括雇主和工人)的问题。有关银行、对外贸易和金融等方面的问题,将在《产业经济学》的姊妹卷中予以探讨。

2. 经济学是一门科学,因为它收集、整理和探讨了一类特定的事实。一门科学将大量相似的事实收集在一起,并努力找寻这些特殊事实在本质上存在的那些较大的一致性。经济学用简洁、明确的陈述或者规律对这些一致性进行描述。

无论何时,自然科学规律描述了在一系列特定条件下必然会引发的结果。①

[②自然科学通过阐明不同规律之间的因果关系和包含关系来探寻彼此之间的联系。它从这些规律中进行推导,并且将它们运用于更复杂的情况中,进而得出相应的结论。然后,科学会去找寻这些研究结论与其观察到的情况是否具有一致性,以便检验其研究成果。如果有必要,科学还会追溯到最初的规律,并改正、修

---

① 规律一词用在此处有些不妥,从权威命令意义上来看,运用规律一词也有些不妥。陈述语气中的规律与祈使语气中的规律,在本质上大不相同。在陈述语气中,规律是指 A 是 B 的原因;而在祈使语气中,规律是指要做的事情和不要做的事情。这种本质上的不同,就如飞行的蝙蝠与板球运动中使用的球拍的不同一样。

② 正文方括号中的内容是关于相关问题的一些讨论。对于这些内容,初学者在第一次阅读时可省略。

订或者补充这些规律,以使得这些规律能够更加真实地反映大自然。这样,科学就可以更有信心、更精确地预测未来事件的发生①]

但是,这就是自然科学所能做的全部。它不能作为处事指南,也不能为事件的实践行为制定规则。在以前,这些都是人文科学的主要任务。人文科学主要考虑一些重要的、可实现的结果,并引导人们去努力获得那些结果。首先,人文科学对某一事件发生的各种条件进行一般性的探究;然后,每次拿出其中的一个条件去寻求科学的回答,科学的主要工作就是回答与特定类型条件相关的问题,对直接带有某种目的的问题做出回答。收集了诸多科学的答案后,人文科学将这些答案进行总结,并指出自然科学所告诉我们的:每一个原因都倾向于产生某一个确定的结果。因此,我们最好能遵循某一特定过程:在考虑了所有情况的条件下,这一过程将会引导我们达到或者接近我们所期望的结果,产生尽可能多的好结果,并减少尽可能多的不好的结果。

因而,铁路工程师将他的全部精力都贡献给了修建铁路这个行业:当决定在两个城镇之间修建一条铁路时,铁路工程师首先会求教于地质科学和其他科学,在得到了某些确定问题的答案之后,他才会决定在哪一条线路上修建铁路。

但是,真正决定通过修建铁路将两座城镇连接起来的主体是

---

① 在经济学中,当研究得出了新的规律时,这被称为归纳法;当运用这些规律来推理并探究这些规律之间的关系时,这被称为演绎法。经济学的第三项任务是检验。经济学是一门归纳性的学科,还是一门演绎性的学科,存在较大的争议。经济学是归纳和演绎的结合:归纳产生新的演绎,演绎又产生新的归纳。

政治家或者资本家,他们是更广义上的人文科学家。因为,他们不仅要考虑修建铁路所发生的成本,还要考虑修建铁路所能带来的净利润,可能还要考虑修建铁路所带来的间接的政治影响、社会影响和道德影响。对于这些所要考虑的问题,他们需要进行许多经济学的探究。因为,经济学使用特定的方法来考察决定行业增长的规律、修建铁路和使铁路正常运行的成本。

虽然,经济学本身无法指导现实中的日常事务,但是,经济学解答了许多经常被政治家、商人和慈善家问及的难以回答的问题。经济学被划分到道德科学或者社会科学的范畴,因为,经济学只是附带地讨论一些无生命的东西。经济学的主要目的是找寻那些可以引导人们日常工作行为的道德规律和社会规律。经济学研究那些能够引发人们在某一行业和职业谋生而不是从事其他行业和职业的动机;研究人们在工作中与他人相处时,那些影响其行为的动机。经济学研究那些影响人们日常工作的因素、人们花费其收入的方式、工作对人的性格的影响。

3. 社会科学的发展明显滞后于自然科学。其中的一个原因,就是人们只是在近期才将分类法、对每一类事实的系统研究应用于社会科学,而这些研究方法早就成功应用于自然科学。现在,人们已经着手独立地研究各类不相关的社会事实,社会科学亦开始稳步向前发展。

在自然科学发展的任何一个阶段,我们都会发现,只要人们妄图对所有不同的自然现象进行简单的解释,自然科学就无法取得快速发展。前人时常会用新的理论来解释宇宙,但是,在随后的时代,这些理论就会被抛弃。随着时间的推移,人们逐渐认识到:必须将对无机生命的研究从对有机生命的研究中分离出来,将化学研究从力学研究中分离出来,等等。当人们开始每次都专注于研究某一特定类别的自然现象,并开始通过细致和平稳的工作去发现自然现象的规律时,自然科学就会取得重大发展。当然,自然科学研究很少得出完全正确的结果,但是,新的结果通常要比那些被取代的结果更接近于事实,也正因为如此,每一代的人们都会站在比上一代人更为有利的位置上开始自然科学研究,由此,人们逐渐地获得了对自然的控制,正如小仙子或者魔术师逐渐地获得了幻想力。

同时,在道德科学中,如果一个人将自己的研究完全地限定于某个狭窄的研究分支,那么,这个人就难以取得很大的进步,这种现象在自然科学中表现更为突出。经济学家应该熟知一些风俗习惯、法律法规,应该熟知一些关于心理科学、道德科学、法律科学和政治科学等方面的基本原则。经济学家必须避免出现以下错误:"将人类的现有经验视为是普遍正确的;将人类在某一暂时时期或者某一局部时期的性格错误地认为是人类的本性,而不相信人类的心智具有令人惊叹的易适应性;即使在最有力的证据面前,仍然认为地球不可能孕育出与他生活在相同时代甚至相同国家却不属于相同类型的人。抵抗这种狭隘的唯一防护手段就是大量的心智耕耘……对其他事物一无所知的人,不太可能是一个优秀的经济学家。各种社会现象之间相互作用和反作用,如果将各种社会现象孤立起来,我们就无法正确地理解它们;但是,这绝不是说我们对社会物质和产业现象不能做出有用的概括,而只是说,这些概括必须与一定的文明形态和一定的社会发展阶段相联系。"①

因此,经济学家有时需要停下来思考他所主要关心的决定人生幸福的因素与其他因素之间的关系;因为,只有通过这种方式,经济学家才能弄清楚自己的研究结果的真正意义,更为重要的是,经济学家才能知道自己的研究该向哪个方向扩展。

4. 对经济学的解释可以概括如下的定义:经济学就是研究人类为了直接获取物质财富而发生的行为,以及为了获得幸福(这种幸福直接依赖于物质财富)所需要的条件的科学。经济学收集、考查、整理和解释一系列事实,这些事实在不同国家不同时代与经济习惯和幸福条件密切相关。

5. 经济学的主题是财富。但是,要弄清"财富"一词的含义,存在一定的困难。

必须将财富与幸福区分开来。

不管是物质性的东西,还是人们的享乐技能和能力,只要是有用的或者令人愉快的事物,则它们都是幸福的要素。

但是,人们的某些特性不能算作财富,并且,"财富"也不能仅限定于那些在市场上用来买卖的东西。因为,在估算每一个国家的财富时,需要将拉货车的马或者奴隶所具有的劳动能力的市场价值估算在内。而且,如果只是因为自由人不能在市场上出售,导致其没有市场价格,而将自由人排除在"财富"之外似乎是不合理的。

---

① 约翰·斯图亚特·穆勒的《论孔德》(On Comte),第 81—83 页。
奥古斯特·孔德(Auguste Comte,1798—1857),法国哲学家,社会学家。——译者

但是,我们需要找到某一术语,这一术语能够恰当地描述那些可以用来交换并可以明确地估算其价值的东西。于是,我们找到了"物质财富"这一术语,这样一来,财富包括物质财富、个人财富(或者称之为非物质财富)。

物质财富包括那些能够被私占并能够用来交换的享乐的物质来源。

因此,物质财富不仅包括那些人们拥有并且能够直接给人们带来享乐的商品或者东西,而且包括那些制造出来或者私占的用来帮助人们生产商品的机器和其他东西。

"个人财富"或者"非物质财富"包括人的精力、才能、习惯、生理、心理和道德,它们能直接有助于人们获得产业生产效率,并因此增强人们物质财富的生产能力。

因此,人的手工技能、智力和诚实都可能包含在国家的个人财富中。

人的所有其他的优势才能和特性、所有其他的享乐来源,都是人们幸福的要素,但是,它们不能算作是财富。

因此,欣赏音乐的能力和从音乐中获得享乐的能力,都是人们幸福的要素,但是,它们不能被称为财富。因为,一般来说,它们不能使得人们在物质财富的生产中获得工作效率。

6. "生产性的"这一术语被经济学家在许多意义上使用,并引起了许多误解。当"生产性的"一词仅作为一个专业术语时,其最佳解释应该是生产财富。

当劳动生产财富时,不论是个人财富还是物质财富,我们就说劳动是生产性的。

但是,只要还存在一丝疑虑,我们就要提及所生产的特定类型的东西。因此,我们就可以说劳动生产财富(或者可以说劳动是财富之源),或者预言一下很快就会被定义使用的术语:劳动生产资本,劳动生产工资-资本,等等。

通常来说,我们不能使用一条清晰定义的分界线将生产性劳动与非生产性劳动分隔开。牧师经常被划归为非生产性劳动者这一类,但是,如果牧师能够通过施加道德影响的方式使得劳动者更加理智、更加诚实、更加能干,则就此来看,牧师是个人财富的生产者。再者,为了达到最高的劳动效率,一些娱乐活动是必需的,此时音乐家就很有可能间接地增加国家的财富,从而是间接生产性的。

"生产性"一词不仅经常应用于劳动,而且经常应用于消费。诚然,这种做法有一些不妥当之处,因为,劳动是生产性的;而如果说消费是生产性的,则只不过是在消费可以支持生产性劳动这一层面上讲得通罢了。

第二章　生产要素

1. 人类通过作用于大自然供给的物品来生产财富。自然界恩赐给我们的礼物,首先是物质原料,例如铁、石头、木材等;其次是自然界的力量,例如风的力量(即风力)、太阳的热量,它们是所有其他力量的来源。

人类所能做的只是对自然物品进行移动。例如,木匠从大自然获得一些木材,然后将这些木材切割成木板,并将木板组装在一起制作成一个箱子。严格意义上来说,木匠并没有制造出或者创造出木箱,他只是对木材进行整理,使之变得更加有用。"如果我们观察任何所谓的人类行为或者自然界行为,我们就会发现,人类对自然物品所做的,只是表现为通过发挥其自身的内在力量和存在于其他自然物体中的力量,将自然物品放置于适当的位置……人类所完成的工作,仅仅是将某一自然物品移近或者移开另一自然物品。人类将种子撒向大地,之后,植物自身的天然力量使种子生根、发芽、长叶、开花、结果。人类将火花移向燃油使之燃烧,然后利用燃烧所产生的力量烹饪食物、熔化或者软化钢铁。人类将麦芽或者甘蔗汁事先放入特定的装置,然后使其转化成啤酒或者蔗糖。除了移动外,人类没有任何其他作用于自然物品的手段。人的肌肉所生成的全部功能只能是促进或者阻碍自然物品的运动。"①

因此,生产并不意味是创造,而仅仅是重新整理。像有些人所认为的,人的运输或者出售物品的行为不是生产性的,但这种认为是错误的。木匠制作箱子,首先,他要从一种整理中获得某种木板,在这种整理中,木板的用处不大;然后,他通过另一种整理将木板组装在一起,制作成箱子,在这种整理中,木板发挥了更大的用处。之后,运输商或者交易商将箱子从制造工厂,也即箱子的生产地和用处不大的地方,运送到购买者手中。的确,运输商和交易商都没有使箱子的外形发生永久性的变化,但是,这并不能阻碍运输商和交易商被认为是生产性的,也即:他们是生产性的。因为,他们同木匠一样,有助于使大自然恩赐于人类的物质原料对人类更加有用。

2. 随着人类文明的进步,脑力劳动相对于体力劳动的重要性发生了变化。 脑力劳动变得越来越重要,而体力劳动变得越来越不重要。随着每一项机器的新发明,工作逐渐由依靠肌肉的力量或者人的生命力转向依靠自然力。虽然我们现在所拥有的机器并不完美,但是,运用这些机器却能把 100 磅重的物品运到 1200 英尺的高处。即使我们将一个人完全变成一台工作机器,并使之拥有这个人一生中所有的劳动能量(包括推力和拉力、劈力和锤打力),也无法完成上述工作。在一场普通的潮汐中,潮水急速涌入水库,然后便急泻而下一英里,在这一过程中,虽然因为机器本身固有的不完善浪费了 3/4 的水能,但是剩余水能一天所产生的力

---

① 约翰·斯图亚特·穆勒:《政治经济学原理》,第一篇,第一章,第二节。

量也可以抵得上 10 万人的体力。

3. 生产要素包括自然界的力量和人类的力量。一般而言,如果我们将人类的力量用于控制、引导自然界的力量,而不是阻碍自然界的力量,那么人类的力量就会变得更有效率。一国的财富取决于自然力和人类力量在财富生产中共同发生作用的方式。

首先,我们将一国迄今的财富看作是依赖于大自然的慷慨恩赐。大自然恩赐于我们的不仅有肥沃的土地和丰富的矿藏,还有这些恩赐物品的适当安排,即这些恩赐物品在地理上的合理分布。在铁路还没有发明之前,如果没有便捷的内河运输或者海洋运输,一个地区就不可能开展繁荣的贸易活动。一个地区如果没有煤矿,则该地区的铁矿的价值就会相对地变小。当前,英格兰在世界上占据的地位,在某种程度上就是因为以下事实:英国不仅拥有丰富的煤矿和铁矿,而且这些煤矿和铁矿都集聚在一起。

在人类世代相传的进程中,人们致力于改变大自然的面貌,利用和改进大自然的恩赐物品,或者毁坏大自然的恩赐物品。荷兰人通过孜孜不倦的勤劳付出,将其贫瘠的沙地改造成为了肥沃的草地;而南美洲奴隶制下的棉花种植者,对大自然的恩赐物品肆意浪费、毁坏,致使南美洲一些世界上最富饶的地区变成了荒芜贫瘠的地区。

4. 接下来,我们探讨人类在生产中的劳动效率问题,并将劳动效率的影响因素划分为:(1)人的体力和精力;(2)人的知识和智力;(3)人的道德品质。

首先,关于人的体力和精力。

人类在改造着自然界,同时,自然界也在改变着人类,二者相互作用。宜人的气候是大自然给予人类最重要的恩赐之一。酷热会让人们变得懒散无力；在热带国家，人们会倾向于听信谗言——沐浴在大自然恩赐的果实上懒惰地生活。在许多地方甚至温带地区的夏季高温时期，人们会暂停全部工作。在美国的许多地区，人们会在酷暑时节选择去度假，而在严寒时节则避免从事诸如木匠们所做的户外工作。而英格兰则是幸运的，因为英格兰的气候四季宜人，人们可以全年精力充沛地露天工作，也因此，逐渐养成了英格兰人积极稳定的劳动习惯，从而为英格兰的强大做出了巨大贡献。

当然，人们体力和精力的大小，部分地取决于种族特质的遗传。但现代科学表明，一个种族所显示出来的特性可以通过改变其自身的生活习惯、饮食习惯、卫生习惯以及居住环境而发生巨大变化。因此，一个种族的活力，还部分地取决于其富裕程度。对一个人来说，拥有即给予，也就是说，一个人拥有的越多，其给予的也就越多。

还有一点需要牢记，即一国的平均劳动效率不仅取决于劳动者在壮年时的工作效率，还取决于劳动者真正有效率的工作年数。在创造物质财富这一方面，与要求劳动者每天超负荷工作到40岁时就变成了一个老人相比，要求劳动者每天适度地工作到60岁更加合理，创造出的物质财富也会更多。

5．劳动者的知识和智力。

上述分析说明，相较于未开化种族使用蛮力来对抗自然界，人们运用技能与智力来控制和引导自然力，变得更加重要。诚然，接受彻底全面的普遍教育以及某些特定岗位的专门培训对于劳动者来说,变得更加必要。几乎没有工作是不需要付出脑力劳动的。即使在农业生产中,也已经引入了机器,想要操作这些机器,就必须掌握大量的技能,具备较高的智力水平。

如果一个人所懂得的,远远多于胜任某项工作所要求的,那么,他会将这项不需要技能的工作做得更好。一个人所受到的教育都能够使他快速地理清方向,找到应对方法:假如机器出现了故障或者是工作计划受挫,他都能够马上纠正所出现的问题,将其引入正确的发展方向以避免造成较大损失。通过各种有效的方法,工人智力的每一步提升,都会相应地减少雇主或者领班的监管工作。并且,随着人类文明的进步,工人的进一步发展越来越取决于工人阶级教育的普及。

这种教育可以分为普通教育和技术教育。正像穆勒所说:"所有针对大众群体进行的智力培训,其目的都是增强他们的常见认知,并使他们能够对周围环境做出可靠的合乎实际的判断。无论在知识部门中加入什么东西,所加入的东西都是陪衬性的,但这也是教育所依赖的必不可少的基础。教育可以将正确的认知传播给大众群体,这些正确认知可以使大众群体有效地判断他们的行为趋向。可以肯定的是,即使人们没有受到直接的教育,人们也必然会形成这样一个共识:任何形式的放纵和浪费都是可耻的。"

普通教育的目的,就是使人们对生活中的平常之事有一个明智的看法,遇到紧急情况时有充足的资源和方法来应对。

技术教育的目的,就是使人们理解和熟悉他们所从事的工作的流程,掌握相关机器的使用。技术教育能够帮助人们理解他们所从事的工作的基本原理,进而使人们能够适应新的机器或者新的生产模式。技术教育还能训练人们的动手能力。技术教育首先应该是在学校里开办的,但是,许多行业所要求的大量技术教育只能在车间里开展,也就是说,许多行业所要求的大量技术,人们只能在车间里亲身实践才能获得。

6. 劳动者的道德品质。

劳动者正直的品性和彼此之间的相互信任是财富增长必不可少的两个条件。"但凡富裕之地,人们在日常生活中必然受到很大程度上的道德约束,人们都拥有独属于自己的义务准则,并且人们对各自的义务准则都有着比较准确的认知;除此之外,人们还拥有属于自己的土地,在肥沃的土地上密密麻麻地散布着许多谷堆场,随处都可以听到吱吱呀呀的织布机声音以及叮叮当当的铁锤锤击声音,这些劳动景象表明,财富的增长与那些烈士和英雄的事迹毫无关系。有些人,他们每天忙于工作,在许多行业中驾轻就熟,技艺精湛,生产出来的商品物美价廉,尽管我们不能给他们赋予非常美好的名字;但是,他们在这些过程中所表现出来的坚韧忍耐、理智清醒、忠诚正直的高尚品德,已经为他们赢得了美名。"①

一个民族的特质主要取决于其祖先们的性格特点——坚定、善良和真诚。劳动者必须孩提时代在家庭中就学会诚实可靠、爱整洁、细心、积极向上、谨慎周密,学会尊重他人、自尊自爱。

最后,正如穆勒所说,产业生产不可能实现完全的自由和获得百分之百的效率,除非受到政府的保护或者得到了来自于政府的保护。

---

① 麦克唐奈(Macdonell)的《政治经济学研究》(*Survey of Political Economy*)。

现在，我们已经了解了土地和劳动力是如何成为生产活动的必要条件的。接下来，我们要了解生产的第三个必要条件——资本。

第三章　资本

1. 在野蛮时代，人们考虑到的仅仅是满足自身的当前需求，而在文明时代，人们将大量劳动投入到修筑道路、建造楼房、制造工具、寻求生产原料等活动中去，因为这些东西将会服务于他们未来的生活。人们不再将百分之百的劳动投入到寻求当前的物质享受中，而是剥离出一部分劳动用于生产那些有助于其以后工作的东西。我们将这些用于继续生产活动的必要要素统称为资本。

资本是劳动和节约的结果。资本包括所有注定用于有效生产的财富[①]。

我们说"注定"或者"专用"，是因为在无法确定某一东西的所有者将其用于何种用途的情况下，我们无法确定该东西是否是资本。因此，当燕麦的所有者将燕麦用于喂养拉车马时，则该燕麦是资本；但是，如果用于喂养赛马时，则该燕麦不是资本。再者，当有些东西用于商业用途时，则它们是资本；当他们用于娱乐时，则不是资本。一位法国农民如果将他的马车用于耕地，则该辆马车是资本；但当农民全家乘坐这辆马车去短途旅行，即农民将这辆马车

---

① 参见本书第一章，第6点。

作为全家外出短途旅行的交通工具,则该辆马车不是资本。还有,对于医生所拥有的住所和四轮马车,我们不能总是很明确地判断它们在何种情况下是供医生诊疗之用的资本。

"为了更深入地理解资本的概念,我们看看一个国家的任何生产性产业部门究竟怎样使用所投入的资本。例如,在一位制造商所拥有的资本中,一部分资本会以建筑物的形式存在,建筑物之所以是资本,是因为这些建筑物适合而且注定要为制造部门的生产经营活动提供支撑。另一部分资本则会以机器设备的形式存在。对于该制造商的第三部分资本,如果他是一位纺织品织造商,则会以原棉、亚麻和羊毛的形式存在;如果他是一位编织品织造商,则会以亚麻线、毛线、丝线或者棉线以及细绒线等形式存在。凡此种种,都取决于制造品的性质。根据现今的习惯做法,雇工的食物和衣物已经不由资本家直接提供。除了食物和衣物的生产者之外,很少有资本家将其资本的一部分以食物和衣物的形式存在。取而代之的做法是资本家直接给雇工发放工资,使得雇工可以自行供养。资本家拥有存放在仓库中的产成品,通过对外出售这些库存产成品,资本家可以获得更多的金钱。除了以相同的方式雇用劳动者之外①,资本家还可以将这些金钱用于补充原材料的库存、修缮厂房、维修机器设备、重建报废的厂房和重置报废的机器设备。然而,资本家所赚取的金钱和拥有的产成品,并不能全部被视作是

---

① 资本家通过直接以发放工资的方式雇用劳动者,而不需要向雇工直接提供食物和衣物。——译者

资本,因为资本家并没有将金钱和产成品全部用于上述用途。资本家将金钱和产成品的一部分用于个人和家庭其他成员的消费,或者用于雇用马夫和贴身男仆,或者用于供养猎人和猎犬,或者用于教育孩子,或者用于缴纳税款,或者用于慈善事业。那么,什么是资本家的资本呢?准确地说,资本家所拥有的以任何形式存在的资本,其中用于维持再生产的那一部分资本,即是资本家的资本。在形式上不能直接满足雇工需要的那部分资金,甚至是全部资金,是与资本无关的。"[1]

土地本身和自然物,例如瀑布,不是资本,因为它们不是人类制造出来的,也不能被人类储存。我们不是依赖于祖先的劳动和节约才获得了土地和水能,土地和水能是自然形成物。但是,我们将在土地上所获得的所有改进和增值视为资本,因为它们是人类劳动和节约的结果。这些劳动并没有用来生产即时享乐的财富,而是被用于生产有助于人们后续生产的东西。因此,人工运河是资本,但是,为人类创造出了巨大财富的泰晤士河,虽然其重要性远远高于任何一条运河,却并不属于资本。由此,可能就有这样一个问题:我们是否不应该将资本定义为包括所有能够适用于生产财富的自然物和资源。如果我们如此定义资本,那么,美国的资本量将远远大于英国。但是,经济学家们一致认为:资本不包括那些非人类制造出来的东西,这样一来,美国的资本量可能小于英国。

---

[1] 约翰·斯图亚特·穆勒:《政治经济学原理》,第一篇,第四章,第一节。

2. 资本是劳动和节约的结果；人们将资本储存起来，但也会在某些时候将其消耗掉。

确实存在这样一种情况：人们将财富储存起来，在储存期间不会将其取出使用，但是，在文明国家，储存财富已经变得过时了。例如，一个英国人将资本储存起来，其目的要么是自己所用，要么是出借给他人使用；当人们使用资本时，往往会竭尽其用，把资本全部花费完，但是，也正因为如此，人们才会再次生产出资本，因而可以说，资本花费是生产性的耗费。

伟大的布里奇沃特（Bridgewater）公爵的毕业事业，很好地验证了生产性开支这一问题。在他生活的那个年代，因为将产品从一个地区运往另一地区需要高额的运输成本，导致英国的工业发展遇到了极大障碍。在通往曼彻斯特的所有道路中，没有一条道路可以通行大货车。在夏季，煤、谷物、布匹和其他物品都用马来驮运。但是，在冬季，当道路被损坏时，曼彻斯特便像一座陷入困境的城市。于是，布里奇沃特公爵提出了一个大胆的计划：修建一条运河，以将曼彻斯特煤区的加工厂和利物浦海岸连接起来。布里奇沃特公爵将全部的财富和精力都投入到了这项工作。他生活俭朴，经常在破旧的小木屋里与工程师布林德利商谈相关细节，一谈就是好长时间。他从这项事业中所得到的快乐，要远远多于他将财富花费在奢侈品上所得到的快乐。他将大量财富遗留给后代，而且，他的储存财富的行为更是为大量工人提供了工作机会。布里奇沃特公爵致力开凿的运河为国家的繁荣发展做出了巨大贡献，而且还为数以千计的工人提供了长久稳定的工作岗位。

事实上，资本主要用来生产非生产性消费品，以供养正处于生产过程中的劳动者。但是，该资本并不能创造出新的资本供给以用来支持和帮助劳动者。假如，有这样的两个人，一个人雇用一些劳动者来制作装饰性花边或者铺设装饰性地面，在劳动者工作期间，雇主需要给劳动者进行支付，以供养劳动者①。劳动者的工作结束，雇主的支付也随之结束。另一个人，则将资本投入煤矿开采，在煤矿开采期间，不仅劳动者得到了收益，而且，资本投入者还能将开采出来的煤储存起来，这些储存起来的煤还能再次用作资本，也即，这个人的资本花费所带来的效应是：他会有更多的东西用来支持和帮助劳动者。

3. 现在，我们要研究巴斯夏关于"看得见的行为后果"与"看不见的行为后果"之间的区别。当一个挥金如土的人在浪费他的财富时，街坊邻里可以很直观地看到：他让厨师、仆人和驯马师得到了工作，并给予他们丰厚的工资。但是，当一个人省吃俭用地节省财富，并将财富投资于某一领域时，例如开凿运河或者修建铁路，人们就不能很容易直观地看到：他出钱雇用了当代的挖土工和其他工人，并且也将继续为后代的其他劳动者提供就业机会。虽然他花费了财富，但是由于这些财富没有花费在他自己身上，所以他的街坊邻里根本无法看到：他的财富被花费了。虽然他所花费的财富能产生增加劳动者就业机会的远期效应，现在，我们无法直观地看到这些远期效应，但是我们能清晰地预见到这些远期效应。

---

① 即雇主将资本投入到他的事业中用来对劳动者进行支付，劳动者将雇主的支付用来购买食物等非生产性消费品，可见，雇主投入资本所生产的制成品不能用来直接供养劳动者，而只能通过对劳动者进行支付来间接地供养劳动者。——译者

"在经济领域中,一种行为、一个习惯、一项制度、一部法律所产生的后果不仅仅是一个,而是一系列。在其所产生的一系列后果中,只有第一个后果是即时的,这个后果是伴随原因同时发生的,并且是看得见的;后续的其他后果会接连地显现出来,但是,是看不见的。如果我们能清晰地预见后续的其他后果,这对我们是有益处的。优秀的经济学家和蹩脚的经济学家的最大区别在于:蹩脚的经济学家只是考虑那些看得见的后果,而优秀的经济学家既会考虑那些看得见的后果,又会考虑那些有必要去预见的后果。经济学家之间的这一最大区别所产生的影响是十分巨大的,因为,我们通常会发生这样一种情况:虽然某一经济行为所引发的即时后果是有利的,但是,最终的结果却是致命的或者是不利的。在人类的摇篮时期,无知就已经存在;人们的行为取决于其无知所造成的第一个后果,这也是人们在初始阶段唯一可见的后果。随着时间的推移,人们才逐渐学着去考虑其他后果。在这一过程中,人们必须向两位截然不同的'大师'学习,这两位'大师'分别是经验和预见(或者先见、远见)。经验是有效的,但也是残忍的。经验可以让我们亲身感受一种经济行为所带来的所有后果,从而对所有后果有所认知,例如,我们只有在被火烧伤之后,才会知道火会烧伤人。相对于经验这位粗野的'大师',如果可以选择,我愿意选择预见这位更为温和的'大师'。为此,我会把不同经济现象所产生的看得见的后果与看不见的后果,放在相反的位置上进行考察与研究。"正如巴斯夏(Bastiat)所要继续表明的,虽然我们无法直观地看到人们经济行为所产生的许多重要的后果,但是,借助于经济学原理,我们却可以预见这些重要后果。

在诸多经济学原理中,最为重要的一条为"产业的发展受制于资本"。① 但是,我们经常对这一条经济学原理产生误解。实际上,这一条经济学原理的真正含义是:劳动需要资本的支持和帮助。从长远看,如果一个地区所采取的经济措施无法增加资本供给,那么,该地区的劳动需求也不会增加。

［如果劳动效率奇迹般地提高了两倍,而国家的物质资本不变,那么,劳动的实际工资必然会发生大幅度的上涨,即每个劳动者花费其工资所能购买到的生活必需品、享受品和奢侈品,会有大幅度的增加。劳动效率得到提高时,现有资本存量在劳动者之间的分配速度,要远远快于劳动效率未提高时在劳动者之间的分配速度;并且,工作效率的提高会快速地弥补这些减少的资本存量。实际上,劳动效率的提高,必然会引致资本供给的增加。对"产业的发展受制于资本"这一经济学原理的过度阐释,引发了许多谬误。②］

---

① 约翰·斯图亚特·穆勒提出了关于资本的四个基本命题或者基本原理,其中,"产业的发展受制于资本"是第一个基本命题。第四个基本命题是"用来维护并且雇用生产性劳动的是使劳动得以进行的资本,而不是购买者对于劳动所完成的产品的需求",这个基本命题从另一方面表明了一个相同的事实:对商品的需求(在商品制造完成后进行支付,即购买商品所发生的支付)不是对劳动的需求(在商品制造完成之前进行支付,即雇用劳动力所发生的支付)。第二个基本命题也具有类似的效果,"资本来源于储蓄",这是关于资本来源的阐述。第三个基本命题是"资本是节省的产物,但是,节省的结果是为了满足消费"。关于第二个基本命题和第三个基本命题,在前述内容中已经有了说明或者解释。

这一相同事实还可以表述为:"购买商品并不是雇用劳动力",即对劳动的需求取决于生产之前所预付给劳动者的工资,而不是取决于对生产出来的商品的需求。——译者

② 在所引发的许多谬误中,主要表现为各种形式的工资-基金理论。见本书第二十八章。

4. 现在,我们来看看与"产业的发展受制于资本"这一经济学原理有关的一些结论。

首先,事物的破损不利于交易。例如,用易磨损布料做成的衣服是不利于交易的。因为,如果人们不花费自己的财富来购买新衣服,那么,他们就会通过其他方式来花费其财富,从而为劳动者提供就业机会。成衣制造行业为穷人定制一定数量新衣服所得的利益,与为他们自己定制相同数量新衣服所得的利益一样多。但是,如果成衣的需求急剧下降,成衣制造商就会被迫去寻找新的职业。这使得我们不得不考虑这样一个问题:我们是否应该为失业人员提供就业机会?

在劳动者暂时失业的情况下,通过为他们提供就业机会而使其摆脱困境的做法是正确的,因为这种解救方式不会伤害他们的自尊。然而,如果某一行业并非是暂时性地陷入困境,那么,劝阻人们离开这一行业的行为,并非是善举。在电力织布机终究替代手工织布机的事实得到证实之后,那些试图让手工纺织业再度繁荣的人就犯了极大的错误。对于工资报酬较低的纺织工人来说,如果我们不是通过发放少量的贫困补贴来资助他们,而是努力帮助他们自谋其他生路,这样或许会收到更好的效果。

虽然,将财富铺张地花费在穿着上,或者衣服的流行式样变化得太快,并不利于交易;但是,我们也不得不承认,那些衣着讲究的人,虽然无助于增加财富,但是有助于增进国家的福祉。在没有产生不必要开支的条件下,每个人都可以通过提供高雅的娱乐方式来服务于社会。当一个人购买了一幅优秀画作时,我们就可以说,他将财富花费在刀刃上了,实现了这些财富的最大价值;一件真正具有艺术价值的衣服对人们品位的培养,与一幅优秀画作对人们品位的培养是一样的。或许会出现这样一个时代:当一位女士携带大量昂贵物品和刺绣品,以炫耀其财富时,人们会认为这种炫耀行为既荒谬又可笑;正如一个画家到处宣扬其作画用的涂料如何昂贵,人们会认为这种宣扬行为非常粗俗。

需要注意的是,对奢侈品的逐步了解,是社会进步的一个必要条件。在许多国家,人们渴望买到国外的奢侈品,这一渴望促使他们更加努力,从而促使他们从以往迟缓且冷漠的状态中觉醒过来。但是,奢侈品消费的每一次增加,除了会促进财富生产力的增强外,还会导致社会财富储备的减少,进而抑制财富的积累。

5. 基本的事实是,任何不能使资本增加的人为手段,也断然不能增加劳动者的就业机会,这一基本事实说明了:一个国家如果限制其他国家商品自由地流入,这在表面上会造成某些国内产品需求增加的假象,但是,从长期来看,这种做法不利于该国的贸易发展和行业进步。

对此,巴斯夏以蜡烛制造商为例进行了论证和解释。蜡烛制造商请求政府当局颁布一部法律,以命令人们把自己房屋的所有窗户和开口都关闭,从而防止太阳光照射进房内。这样,人们对人造光源的需求就会大大增加,从而,蜡烛制造商的生产积极性就会得到极大的鼓舞。蜡烛制造业繁荣发展了,蜡烛制造商们就会有足够的财富去购买其他商品,这会极大地带动各个行业的发展和本国贸易的繁荣。同时,政府也会因此在许多行业中创造了就业机会。蜡烛制造商这一做法所引发的一系列看得见的后果,都是有益的。但是,蜡烛制造商没有预见到:流入他们这个行业中的资本是从其他行业中流出的①。例如,玉米种植业的发展给劳动者提供了就业机会,这使得玉米种植者也能像蜡烛制造商一样有能力去购买其他行业生产的产品。这样一来,政府颁布的法律其实不会促进劳动者就业机会的增加,反而只会使得没有劳动需求的蜡烛制造行业可以雇用到更多的劳动者,而有劳动需求的玉米种植行业却难以雇用到其所需劳动者。

巴斯夏撰写这个事例的目的是想给法国政府提供一些教导,因为,法国政府为了让本国生产者获利,通常会对进入本国的外国商品征收重税。由此,法国各行各业的生产者搭建了所谓的"众多高大耸立的烟囱",并将自己置于"烟囱"顶端,攫取着大量利益。而他们没有看到,投入到那些行业的资本并未增加本国现存的资本;他们也没有看到,资本进入某些行业是人为操控的,其他行业却为此付出了巨大的代价。我们发现,经济学中许多重要的有实际意义的结论均可以概括为:凡是阻碍人们从事他们最能胜任职业的规章制度,不论它是由政府、行业协会或者工会制定的,都不会有益于整个国家。

6. 劳动需要资本的支撑和协助。为方便起见,对劳动起支撑作用的那部分资本和对劳动起协助作用的那部分资本,我们分别给予不同的称谓。

报酬性资本或者工资-资本,即对劳动其支撑作用的那部分资本,包括食物、衣服、住所等。

辅助性资本,即对劳动其协助作用的那部分资本,包括劳动工

---

① 即蜡烛制造行业中的一部分现存资本来源于其他行业。——译者

具、机械、厂房和其他用来进行交易的建筑物、铁路、运河、公路、船只,等等;还包括原材料。

报酬性资本快速地转变成辅助性资本,会暂时性地对劳动者造成伤害。

例如,假设将大量劳动力和资本从农业生产中转移出来,用以修建铁路或者制造蒸汽机。玉米原本用来供养玉米种植者,现今,玉米还用来供养那些离开农业生产转而在铁路部门和工厂车间工作的工人。由此,到了年末,会出现这样一种情况:铁路里程和蒸汽机数量增加了,而玉米产量却减少了;这导致劳动者所需食物的供应出现不足,但是,这种伤害(即食物供应不足)只是暂时性的。

在"铁路狂热"时期,大量资本投入到修建铁路上,以至于没有足够的剩余资本来支撑国家的一般业务。1847年的"铁路恐慌"让人们遭受了极大的苦难。然而,从长远来看,将资本投资于铁路建设,会促使一国总财富增加,从而使英国的工人阶级从中受益,因为工人的工资取决于一国的总财富。相较于修建铁路为国家所带来的报酬性资本的增加量,每年从国家资本总额中抽调出来的用以修建新铁路的资本数量,是九牛一毛的。

7. 报酬性资本与辅助性资本之间的区别,和流动资本与固定资本的区别密切相关。

"在一次性使用中就完成它在生产过程中所应当履行的全部职能的资本,称为流动资本。"

"以具有一定程度耐久性的形态而存在,并且还可以在相应的持续的时期内提供报酬的资本,称为固定资本。"[1]

---

[1] 约翰·斯图亚特·穆勒:《政治经济学原理》,第一篇,第六章。

有时,我们也使用流动资本和固定资本的称谓,因为它们能分别替代报酬性资本和辅助性资本。但是,农场劳动者所居住的免租小屋是报酬性资本,而不是流动资本;再者,原材料是流动资本,而不是报酬性资本。

现今,我们应该认识到区分固定资本和流动资本的重要性,同时,还要认识到它们之间第三个区别的重要性,因为,有些时候使用固定资本和流动资本的称谓,但是有些时候又要求使用其他的称谓。

无论在什么时候,只要人们意欲将资本投入到某一个行业中,人们再想将资本转投到另一个行业中去,就会面临一些困难;如果资本转投所要面对的困难很大,则该类资本为专用资本;但是,如果资本转投所要面对的困难很小,则这类资本为非专用资本①。

流动资本与固定资本之间没有明确的界限。劳动者的食物、衣服、各种各样的劳动工具,以及木材和金属材料等,都是非专用资本,因为,这类资本有多种用途。各种各样的办公室、商业建筑物和工人在城镇中的住所,都是非专用资本。但是,包括农场劳动者房舍在内的农业改良,除了其最初的作用外,也没有什么其他方面的作用。如此,铁路、码头、钢材厂、印刷机和收割机被视为专用资本。但是,对于某些机械,我们往往很难判断出它是专用资本还是非专用资本:一个拥有大量蒸汽机和"过顶式装置"的工厂,几乎

---

① 杰文斯:《政治经济学理论》(Theory of Political Economy),第232—234页。
威廉·斯坦利·杰文斯(William Stanley Jevons,1835—1882),英国经济学家、统计学家和逻辑学,边际效用学派的创始人之一,也是用数理方法表述边际效用理论在英国的创始人,1871年出版的《政治经济学理论》是其代表作之一。——译者

不会被称为专用资本,因为这样的工厂既可以适用于纺织业,又可以适用于打火机金属外壳制造业和木制品业。

8. 几乎所有的个人财富都是个人资本,或者将会成为个人资本。正如亚当·斯密(Adam Smith)所说:"一个人在受教育、进学校和做学徒期间获得的所有有用才能,总要花费财富,并且所费不少。这样花费出去的财富是资本,好像已经实现并且固定在学习者的身上。这些有用才能,对于学习者个人来说,自然是其个人财富的一部分;对于学习者所属的社会来说,也是社会财富的一部分。工人增进的熟练程度,可与便利劳动、节省劳动的机器和工具一样看作是社会上的固定资本。学习的时候,固然要花一笔费用,但这种费用可以得到偿还,赚取利润。"

第四章　报酬递减规律

1. 我们已经看到，基本的生产要素包括三种：土地、劳动和资本。现在，我们开始依次考察土地肥力规律、人口增长规律和资本增长规律。其中，土地肥力规律又被称为报酬递减规律，是人口增长规律和资本增长规律的基础。

我们用一个实例阐释"报酬递减规律"这一标题的含义。需要明确的是，报酬递减规律并不适用于所有土地十分肥沃但人口非常稀少的新兴国家。假设在某一地区的每平方英里上有20位农业劳动者，在小麦种植季节，他们能生产出2000夸脱①小麦，即平均每位农业劳动者生产出100夸脱小麦。现在，随着人口的增长，如果这一地区每平方英里上的农业劳动者增加至30位，则该地区的小麦总产量也会随之增加，但不是成比例的增加；小麦总产量可能会达到2600夸脱，这时，新增的10位农业劳动者所生产出来的小麦产量是600夸脱，即新增10位农业劳动者的劳动投入所带来的小麦产量增加量是600夸脱，平均每位新增农业劳动者生产出60夸脱小麦。如果这一地区的人口进一步增长，使得每平方英里

---

① 在英语口语中，夸脱为谷物等粮食作物的容量单位，1夸脱约等于8蒲式耳。——译者

上的农业劳动者增加至35位,则该地区的小麦总产量又会有一个较大幅度的增加,但仍然不是成比例的增加;小麦总产量可能会增加到2850夸脱,于是,最后新增的5位农业劳动者所生产出来的小麦产量是250夸脱,即最后新增5位农业劳动者的劳动投入所带来的小麦产量增加量是250夸脱,平均每位新增农业劳动者生产出50夸脱小麦。

每增加一位农业劳动者的劳动投入所带来的谷物产量的增加量,被称为农业劳动者劳动的报酬;我们可以说,上述实例中,在土地上投入的农业劳动者越多,每增加一位农业劳动者的劳动投入所带来的报酬就越少,这就是报酬递减规律的含义。

2. 土地耕作不仅需要农场主投入资本,还需要农业劳动者的辛勤劳作,对这一事实,至今还未做出相关阐释。 从农场主的角度对这一事实进行考察,非常适合:因为,既然农场主已经普遍地提高了农业劳动者的工资,那么,生产出来的农产品应归功于农场主所投入的资本,包括耕作工具、种子、黄牛等辅助性资本和农场主支付给农业劳动者的工资等报酬性资本。

前述实例说明,当农场主将新增的农业劳动者投入到农场之后,农场主发现:农产品产量的增加应归功于所投入农业劳动者的辛勤劳作,或者说是劳动的报酬。现在,我们假设农场主将连续使用的各剂量①的资本投入到土地上,然后去观察:投入每一剂量资

---

① 詹姆斯·穆勒使用过这个词语,其含义为:将相同数量的资本投入到土地上。

詹姆斯·穆勒(James Mill,1773—1836),苏格兰历史学家、经济学家、政治理论家、哲学家,古典经济学家的创始人之一。他是经济学家约翰·斯图亚特·穆勒的父亲。詹姆斯·穆勒认为,可以把投入到土地上的劳动和资本看作是由等量的连续使用

本所带来的产量增加情况，或者我们称之为"每一剂量资本投入所带来的报酬"。例如，假设农场主连续 4 次将 1 英镑的资本投入到 1 英亩土地上，则农场主可以收获 20 蒲式耳小麦，即 1 英镑的资本投入可以带来 5 蒲式耳的小麦产量。如果第 5 次将 1 英镑的资本投入到这 1 英亩土地上，无论所投入的这 1 英镑资本是用来做一些增施粪肥或翻耕土地的工作，还是不做任何工作，这 1 英亩土地的小麦总产出量亦会增加，但是，这 1 英镑的资本投入所带来的小麦产量将低于 5 蒲式耳。如果这 1 英亩土地的小麦产出量是 24 蒲式耳，则第 5 次投入的 1 英镑资本的报酬是 5 蒲式耳的小麦产量。如果农场主第 6 次将 1 英镑的资本投入到这 1 英亩土地上，这 1 英亩土地的小麦总产出量可能增加到 27 蒲式耳，则第 6 次投入的 1 英镑资本的报酬是 3 蒲式耳的小麦产量。农场主投入资本所得的报酬或许无法弥补其花费或者支出。如果是这样的话，农场主投入到这 1 英亩土地上的资本便不会超过 5 英镑。

3. 由此，英国农场主的经验告诉我们：当土地已经得到了精耕细作时，增加的单位资本投入所带来的报酬，将以一个超低的比例增加；或者，我们可以说，农场主将获得递减的报酬。

因此，我们可以将报酬递减规律的内容表述为：当一定数量的资本投入到土地上之后，除非农业技术水平也得到了提高，否则，

的各种剂量构成的。一剂通常指的是将劳动和资本结合为一体的一个增量，这个增量既可以是由自耕农独立地在自己的土地上耕作时使用的一个增量，也可以是由自己不从事耕作的农业资本家付费的一个增量。按照詹姆斯·穆勒的界定，1 英镑的资本投入就可看作是 1 剂量的资本投入。——译者

土地产出量的每一次增加需要资本投入的超高比例增加。①

---

① 报酬递减规律的内容还可以表述为:当一定数量的资本投入到任何一块给定的土地上,每一次增加的各剂资本投入所带来的报酬,都会低于以前各剂资本投入所带来的报酬。这一表述可以用图形来阐明。

横轴 Ox 被划分成相等的部分,分别为 OA、AB、BC 等,每1等份表示相等剂量的资本投入,连续投入的每剂资本都可以带来相应的报酬,用垂直于横轴 Ox 的矩形来表示,每一个矩形的面积表示相应剂量资本投入所带来的报酬,并且每个矩形的厚度与横轴 Ox 每等份的宽度是一致的。

如果有5次相等剂量资本的连续投入,分别为 OA、AB、BC、CD、DE,资本投入的总剂量为 OE,其所带来的总报酬为图1中 $OPQE$ 所代表的面积。报酬递减规律的内容在图1上就表现为:从 OA 开始,依次连续地投入一定剂量的资本之后,相应的矩形越来越短,也就是说,所得的报酬越来越小。

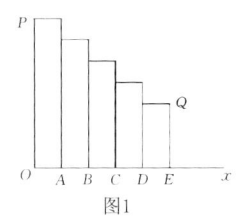

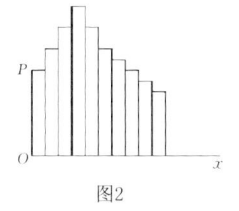

图1　　　　图2

如果我们将横轴 Ox 上所划分出的每一等份的宽度降低至无限小,则每一等份所对应的矩形便会变成一条直线,这些直线的顶端都位于一条曲线上,也就是说,这些直线的顶端构成了一条曲线,见图3、图4中的曲线形状,分别由图1、图2中的矩形形状演变而来。图3表示,随着土地产出的增加,从中所能获得的报酬总是递减;图4表示,随着土地产出的增加,从中所能获得报酬刚开始呈现递增态势,之后,呈现递减态势。

但是,报酬递减规律并不是说:在每一种情况下,报酬递减都会马上出现。正如图2中所反映的,最初的少数几剂资本投入所带来的报酬可能很小;随后的几剂资本投入所带来的报酬可能会变大。由此,报酬递减规律的内容是:在连续地投入一定剂量的资本之后,所得的报酬必然会递减。

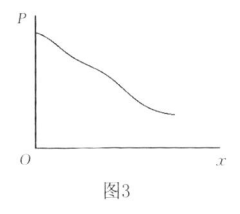

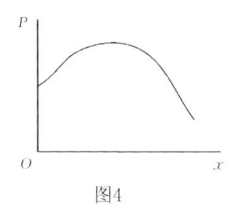

图3　　　　图4

报酬递减规律内含两个资格条件：一是农业技术进步；二是新兴国家存在的特殊情况，这些新兴国家只将少量的资本投入到土地上。对于这两种情况，我们分别进行考察。

4. 首先，关于农业技术进步。

随着时代的发展，新的耕作方式、新的轮作①方法和新的土地排水方式不断涌现。人们在科学技术的指导下喂养和繁殖黄牛，在不同类型的耕地上施加不同的肥料。除草机、割草机、收割机、蒸汽犁、蒸汽脱粒机和切草机的发明，大大减轻了农业劳作量。同时，农场主和农业劳动者的受教育程度、体力和精力也逐渐提高。通过举办农业展览会和创办面向农场主的报纸，新发明、新方法的知识不断地得到广泛传播和扩散。

再者，当一国的人口密度非常高时，则该国更倾向于从其他国家进口食物以满足本国的食物需求，与此同时，该国还容易出现人口移居外国的现象。因此，文明的进步虽然给土地资源带来了较大的压力，但是也使得土地资源得以增加。

5. 其次，关于新兴国家存在的特殊情况。

报酬递减规律受到了美国学派领军人物凯里②先生的直接抨击。虽然，凯里先生对报酬递减规律的抨击，似乎主要是基于他对报酬递减规律真实本质的误解，他所主张的某些符合客观实际的

---

① 轮作是指在同一块田地上有顺序地在季节间和年度间轮换种植不同作物或复种组合的种植方式，它是用地养地相结合的一种生物学措施。——译者

② 亨利·凯里（Henry Carey, 1793—1879），美国学派的创始人和领军型人物，他的经济学著述有《政治经济学原理》（三卷，1837, 1838, 1840）、《农业、制造业和商业的利益调和论》（1850）、《社会科学原理》（三卷，1855—1859）。——译者

结论并不是很适用于像英国这样人口稠密的国家。但是，美国学派的著作在许多方面具有很强的启发性，他们的观点在欧洲大陆也引起了广泛关注。所以，在此，我们有必要好好地对美国学派的经济思想和观点做些介绍。

美国学派的经济学家坚持认为，历史发展经验表明，最肥沃的土地并不是最先被开垦的土地，新兴国家居民选择耕种地点的顺序，经历了从较为贫瘠的土地上扩展到较为肥沃的土地上的转变过程。造成这一现象的原因有很多。考虑到防御外来敌人的手段，居民会选择在山区耕种，但更多的时候，居民会选择在陡峭且可自行排水的山脚耕种，因为，在地势较低的肥沃的土地上，在水没有排尽之前，它们是滋生疟疾热病的温床。

事实上，如果土地非常肥沃，并且遍布茂密的灌木或者大量的沼泽地，如果只是投入少量的资本和劳动，这样的土地根本无法开垦。但是，随着人口的增长和文明的进步，人们就可以想出办法来开垦这类土地，并且，开垦这类土地给人们所带来的报酬将足以弥补人们在这类土地上的付出。在人口稀少并且居住分散的国家，排干沼泽地、遏制疟疾滋生、修建公路和铁路的任务将很难完成。美国学派的经济学坚持认为，当达到了某一特定点时，一国的人口越多，投入更多劳动和资本的组织能力也就越大，从而，从土地上所能得到的报酬也就越多。他们一致认为，在没有达到某一特定点之前，人们从土地上所得到的报酬呈现递增态势，而不是递减态势，而且，地球上可能还有超过一半的最肥沃的土地尚未被开垦。

但是，这一事实与报酬递减规律并不相悖，报酬递减规律只是强调：在一国人口已经很稠密并且还在快速增长，而农业耕作技术并未取得明显进步的条件下,投入到土地上的资本所能带来的报酬是递减的。

造成英美两国经济学家所持观点不同的原因,或许是因为美国拥有大面积的可供开垦的肥沃土地,而英国则没有大量的可供开垦的肥沃土地。

6. 接下来,我们来看矿物开采的递增规律。报酬递减规律适用于农业生产,据说,同样也适用于采矿业。但严格来说,这种说法并不正确:至少,在这两种情况之间存在着一个根本性的区别。因为,耕地的肥沃度是可以提高的,所以,如果人们对农产品的需求保持不变,即使投入到土地上的资本和劳动不断减少,人们对农产品的需求也可以得到满足。但是,每一座矿山都会因开采而逐渐变得枯竭。并且,当储量最为丰富的矿物层全部被发现后,即使人们对矿产品的需求保持不变,开采储量最为丰富的矿物层以满足人们对矿产品的需求,其难度也必然会增加。开采技术的进步可能会阻止报酬递减规律情况的出现,但是却不能完全阻止报酬递减规律情况的出现。

农业与采矿业之间的另一个区别还在于,在农业生产中,不论在精细耕作的土地上投入多少劳动,一年中,该土地的正常产出量也不可能增长十倍。但在采矿业中,在拥有充足的矿场和开采技术熟练的矿工的条件下,一年中,以不超过十倍的劳动投入所能开采出来的矿产品却可能增长十倍。但事实上,矿物开采中存在较多的困难和危险,这使得人们自童年时期就不习惯于从事矿物开采。在这种情况下,只有通过给开采技术并不熟练的新矿工支付高额工资,煤炭供给才能实现快速增长。另外,开发新煤层所需要的机械、竖井和矿井中水平巷道，不能毫不拖延地提供。正是由于这些原因，当人们对煤炭的需求突然增加时，会引发煤炭价格的大幅度攀升。即使可供开采的优质煤矿是无限的，以上这些原因也会发生作用，从而，采矿业不受报酬递减规律的支配。1873年，煤炭价格的急剧上涨，并不是因为煤矿的逐步枯竭，而是因为人们对煤炭需求的急剧增加。于是，大量资本和劳动涌入煤炭开采业，这导致煤炭供给大量增加，从而导致当前的煤炭价格低于其原先的价格水平。

尽管报酬递减规律不会像适用于农业中那样适用于采矿业，但是，地球表面上煤层的逐步枯竭，最终会对世界历史的发展产生重大影响。

当蒸汽能变得越来越昂贵时，科学技术必定会教会我们运用空气和水来替代它们。风浪、潮汐和瀑布为我们提供了丰富的能量，而且，这些能量是全世界范围内人们总需求的几千倍。现在，人们更偏好于选择煤炭作为能量来源，那是因为，无论什么地方的人需要煤炭，都可以很容易地运送到，并且，人们还可以随时从煤炭中获取其所需要的蒸汽能，这是自然能所无法做到的。然而，或许在以后，我们可以找到输送自然能的方法，从而就可以将自然能很容易地输送到各个所需地；可以找到储存自然能的方法，从而就可以很轻易地将自然能储存在"蓄水池"中，人们什么时候需要自然能，就什么时候从"蓄水池"中取出。到了那个时候，我们差不多就可以摒弃蒸汽能的使用了。

但是，期望寻找一种重要的成本低廉的替代物，以代替煤炭给人们供暖，这似乎是不大可能的。在地球表面上的严寒地区，最终，人口的增长很可能更多地受限于人们对取暖的需求，而不是受限于人们对食物的需求。

7. 当我们考虑报酬递减规律对人们获得原材料困难程度的影响时，就一定不要忘记：生产技术是不断进步的。因此，人们获得精细织品、餐具和手表等物品的困难程度是不断降低的；而且，在获得这些物品的成本中，原材料价格已经不是一个重要因素。但是，诸如此类的商品更多的是被富人所消费，而不是被穷人所消费。"一位普通劳动者的妻子有可能穿着令皇室人员都艳羡的纺织衣物，但是，我们要知道，绝大部分劳动阶级所消费的商品，大多是外表粗糙、只是经过简单加工的农产品。"

第五章 人口的增长、马尔萨斯、济贫法

1. 报酬递减规律告诉我们，当人口数量达到某一密度时，劳动和资本投入量的增加，并不会带来食物供应量的成比例增加。但是，农业技术和制造业技术的进步以及新土地的开垦延迟了报酬递减规律情况的出现。等到全世界的土地都得到了精耕细作的时候，土地所能供养的人口将会是地球表面上现有土地所能供养人口的 5—10 倍。土地所能承载的人口增长终究是有极限的。

地球表面包括海洋和陆地的总面积大约是 6×10^{14} 平方码①，假设每平方码的空间面积可容纳 4 人，则地球可承载的人口数量为 24×10^{14} 人。接下来，我们来看看英国和威尔士的人口增长率，从中我们发现，1801—1851 年，这两个国家的人口增长了 1 倍。如果按照这个人口增长率来测算，则在不同年限中，相应的人口增长倍数见下表：

---

① 平方码是英制面积单位，其定义是"边长为 1 码的正方形的面积"。1 平方码等于 9 平方英尺，约等于 0.000000322830579 平方英里。所以，6×10^{14} 平方码也就约等于 19369.84 平方英里。——译者

年限(年)	人口增长倍数	年限(年)	人口增长倍数
100	4	1000	10^6
0	16	2000	10^{11}
400	256	3000	10^{17}
500	1000(或者1024)	—	—

按照以上人口增长率来测算,一对夫妇在3000年后的后裔,将会在地球表面上形成一个超过800米深的立体型圆柱。

这些事实表明,人口增长迟早要得到控制,但并不表明,我们现在就要开始控制人口增长。控制人口增长是否是一个必要之举,这是一个很难做出决定的问题。因此,在本章中,我们将用较大的篇幅来分析这个问题。

2. 在野蛮国家,人们倾向于早婚,并且,如果杀婴行为、战争、瘟疫和饥荒等都不存在,则这个社会的人口会出现快速增长。 即使脱离了野蛮状态,生活在稳定的政府统治时期,人们却仍然保留着野蛮人的那些毫无远见的习惯。只有他们接受了教育且怀有某种抱负或对自己的孩子抱有期望,以上这种情况才有可能得以杜绝。不仅中国人、其他亚洲种族人,而且爱尔兰甚至英格兰某些地区的农业劳动者都会不顾后果地选择结婚。的确,他们对未来既没有太大的期望,也没有什么可畏惧的;他们并不奢望生活条件能有太大的改善,而且他们认为,他们的生活绝不可能下降到一个较低的水平。贫困家庭生养的孩子比较多,而所拥有的资源较少,导致孩子们的父母无力抚养他们和供他们上学。尽管,在欧洲很少有残杀婴儿的行为,孩子们也不会因为真正的饥饿而发生经常性的死亡,但是,在非常贫困家庭中,孩子的死亡率仍然非常高。食物和衣服短缺、缺乏照料、垃圾、污浊的空气和传染性疾病等因素，使得城镇和农村中较为贫困的劳动者家中的孩子早早就失去了生命。相对于贫困劳动者，熟练的技工正处于一个过渡阶段。我们希望他们在短时间内能有和中产阶级一样的想法：当能够担负起孩子们接受教育的责任时才会结婚。熟练技工想法的这种改变，意味着他们的生活舒适标准正在提高。

由此，我们可以说，如果人口中的任何一个社会阶层的人都拥有深谋远虑的习性：对能够享受某一给定数量的生活必需品、奢侈品和某一给定水平的舒适生活不抱有期望，就不愿意结婚。这时，我们就称这一度量为相应社会阶层的生活舒适标准。

不仅一个家庭中的父母们要拥有和享受这些生活必需品、奢侈品和舒适的生活，孩子们也要拥有和享受。其实，最重要的还是要让孩子们能够接受良好的身心教育、心理教育和道德教育。经济发展更多地取决于生活舒适标准的改变和亲情的力量。

3. 如果某一个社会阶层的人的收入增加了，那么，该社会阶层中结婚和生养孩子的人就会增加。众所周知，在商业繁荣时期，所有社会阶层中结婚的人数会多于商业衰退时期。根据英国出生和死亡注册局最近30年来所公布的数据，我们可以发现这样一条规律：在食物价格低廉岁月中的结婚人数，要多于食物价格昂贵岁月中的结婚人数。

然而，可能还会出现这样一种情况，当某一社会阶层的人的收入有所增加时，其生活舒适标准也会随之提高，而生活舒适标准的提高又会阻碍出生人口的增加。但是，生活舒适标准的提高会促进人们改进照料和供养婴儿的方式。由此，如果人们的生活舒适标准很高，那么，在每一百名出生的婴儿中，有很大一部分会成长为下一代的高效率劳动者；如果人们的生活舒适标准很低，则在每一百名出生的婴儿中，能成长为下一代的高效率劳动者的人数也不会太多。

因此，我们可以总结出人口的增长规律是：工资上涨会导致人们生活舒适标准的提高，或者导致结婚人数和生养孩子人数的增加。生活舒适标准的提高无疑会促使更高比例的孩子在将来成长为高效率劳动者。因此，工资上涨，人口增长率上升；工资降低，人口增长率下降。

工资的上涨总会引发人口的快速增长，自约翰·洛克[①]时代以来的经济学家就曾假定，非熟练劳动者的所得工资从来就没有达到过一个可以让他们繁衍后代的充足水平。但是，亚当·斯密极具远见，他认为，劳动阶层很可能会改变他们对生活必需品的界定。在英格兰，鞋是生活必需品，但在苏格兰却不是。在亨利七世统治时期前的英国，全麦面包是生活必需品，从那之后，工人阶级大量食用黑麦面包，但在 17 世纪末，全麦面包又重新成为了生活必需品。现今，各个国家对生活必需品的界定有很大不同，即便是同一国家的不同地区也会不一样。

4. 1798 年，马尔萨斯[②]出版了其著作《人口论》。或许没有任

[①] 约翰·洛克(John Locke,1632—1704)，英国伟大的思想家、哲学家和著述家，其代表作有《论宽容》(1689)、《论宽容第二篇》(1690)、《论宽容第三篇》(1692)、《政府论》(1689)、《人类理解论》(1690)。——译者

[②] 托马斯·罗伯特·马尔萨斯(Thomas Robert Malthus,1766—1834)，英国人口学家和政治经济学家，其代表作有《人口论》(1789)、《政治经济学原理》(1802)、《地租的性质和增长及其调节原则的研究》(1815)。——译者

何一本书能够像《人口论》一样广受人们的讨论,并且参与讨论的人可能从来就没有阅读过这本书。也正因为如此,在这里,我们还是非常有必要对这本书说点什么,并交代这本书的写作背景。

从 19 世纪末到 20 世纪初,英国的《济贫法》使得人口数量上升了,但人口素质却下降了。《济贫法》助长了早婚和不顾后果的结婚,同时,该法不仅扼杀了人们的节俭和深谋远虑,而且也扼杀了所有的活力和男子气概。"根据《济贫法》,在英国,如果农民的工资被判定为不足以维持其生存,则他们就可以按照贫困等级的不同,领取到相应的国家贫困救济金。农民的孩子也可以领取到属于自己的那份国家贫困救济金,分发给孩子的救济金比例取决于孩子的数量。劳动者无法通过晚婚为自己挣得小部分的初始资本,或者在这样的一个过程中,劳动者至少需要做出最大限度上的自我牺牲。对于那些没有结婚和生养孩子的人,他们提供服务所得到的报酬,被降低到仅能满足其基本生活必需品开支的水平。像奴隶或者马一样,劳动者每天的食物供给几乎一成不变,并且很努力地工作,但是,他们却仍然无法为自己的基本需要而储备一些必需品。"①

这些错误的制度安排所导致的结果是使劳动者陷入无边的苦难。马尔萨斯,一位心地善良的牧师,致力于研究这样一个问题:不重视人口质量,而一味地增加人口数量,究竟是对还是错。对此,他的研究结论是,在人类的自然本性的驱使下,人口的增长会

---

① F. W. 纽曼(F. W. Newman):《马尔萨斯人口论的对与错》(*Malthusianism true and false*)。

等于或者快于支撑人们生存和发展的财富的增加。因此,立法者和道德家们的主要工作应该是致力于提高人口的素质和品德,限制而非鼓励人口的快速增长。

于是,马尔萨斯主张将"道德的自我抑制"作为一种"预防抑制",以控制人口的过度增长。但是,他对这一主张的解释会让人产生许多误解。人们误认为,他想要给穷人施加大量苦难,但是,事实上,"他再三地向质疑者解释,他只不过是希望穷人能像中产阶级中每位谨慎的父母所施加在孩子身上的婚姻限制一样,对自己的婚姻能有所约束。他建议人们晚婚,并且主张,没有坚固和永恒的情感,婚姻给人们所带来的痛苦要多于快乐,并且,人与人之间所形成的情感,随着时间的流逝会慢慢演变为亲情。"[①]

现在,我们似乎能够很容易地反驳马尔萨斯的人口理论,在人们没有为马尔萨斯的人口预防抑制理论而担忧的情况下,这个世界已经安然无恙地运转了好几千年。因此,即使人们不理会马尔萨斯的人口理论,这个世界仍然会如人们所期望的那样:安然无恙地继续运转好几千年。他所预料和遇到的反对意见是这样的一个最令人接受不了的反击:孜孜不倦和敬业的科学研究为反对者提供了鲁莽的、不顾后果的主张。马尔萨斯将世界上的不同国家在古代、中世纪和现代的情况,一个接一个地进行了考察与对比研究,研究发现,在有些地方,预防性地抑制人口增长已经实际实行了好几个世纪,例如,在瑞士的部分地方,大量人口仍然处于未婚状态。同时,他的研究还发现,在其他的许多国家,人类之手习惯

---

① F. W. 纽曼:《马尔萨斯人口论的对与错》。

于通过残杀婴儿和战争来控制人口;任何一个有着几百年历史的有人烟的国家,人们即使不使用上述方式来控制人口,令人生畏的自然之手也会通过所谓的"积极抑制",即通过贫困、饥饿、婴儿死亡率、可怕的疾病和瘟疫等来控制人口。因此,这个世界至今都在安然无恙地运转的说法并不属实。因此,马尔萨斯认为,上天所赋予人类的思考和预见能力,使得人类能够让世界更好地运转。

[马尔萨斯认为,人口数量趋向于以几何级数无限增长,并且在有利条件下,25年内,人口数量将增长为原来的2倍;而食物却仅仅趋向于以算术比率增加,因此,人口的增长必然会快于食物的增长。其中,"算术的"一词的表述,不是很严密,现在也没有人对此进行抗辩,但是,这个词所想要表达的是报酬递减规律的内容,也即,在长时间内,即使持续高比例地增加劳动投入,土地的产出也不可能持续地获得相同比例的增长。]

5. 马尔萨斯关于远古时期人们所遭受的苦难的论述,已经被近代的许多历史学家所证实,但是,马尔萨斯从中所推演出的现实结论却更容易引起他人的质疑。因为,马尔萨斯在撰写相关论述时,他并不能预见到即将会出现的新发明和新发现;他也不能预见到:以后会出现以蒸汽为动力的交通运输工具,这类交通工具一方面能使英国从人口稀少的国家进口食物,另一方面还能将英国的过剩人口输送到其他国家去开垦新的土地,并将英国人的活力和精神传播到世界各地。

毫无疑问,英国的扩张对世界的发展是有益的。如果我们只是抑制更聪慧人种的人口增长,尤其只是抑制这类人种中更优质阶层的人口增长,这对人类发展必然会产生巨大的损害。这样的有害行为确实会对人类的发展产生一些损害。例如，在英国，如果道德低下、体格弱小人口的增长速度成倍地快于道德高尚、体格健壮人口的增长速度，则英国人的素质就会大大下降，就连居住于美国和澳大利亚的英国后裔的素质也会有所下降，并且，英国后裔不如其他人种的人聪明。再者，如果英国人口的增长速度成倍地慢于中国人口的增长速度，则了无生气的中国人就会侵占本该由生机蓬勃的英国人所应占有的土地。

我们必须牢记，人口的增长不是取决于人口的出生数量，而是取决于人出生以后能够成长、成熟的人口数量。婴儿的死亡是鲁莽婚姻的自然结果。如果人们在财富不充足的情况下而过早地结婚，则这个国家人口的素质就会大大下降。如果一个家庭所生养的孩子太多，尽管这个家庭的父母能够将孩子养活，但是，他们却不能很好地对孩子进行良好的身心教育、心理教育和道德教育。

对于我们在本章开头中所提出的问题，我们所给出的最切合实际的答案为：正如借款人必须连本带利地向债权人偿还借款的道理一样，相较于自己所接受到的教育，父母让孩子所接受到的教育应该更好、更全面。

如果一对夫妻在婚后能够做到这一点，那么，我们就说，这对夫妻为国家做出了贡献。这一实践原则同样可以适用于公平地衡量穷人和富人各自所应承担的公共职责。如果上述实践原则能够得到广泛应用，则会导致给经济发展蒙上一层阴影的马尔萨斯人口论幽灵就此消失，或者会使得人们至少不再对马尔萨斯人口论幽灵产生畏惧心理；同时，还会使得人们不用再去争斗食物，争斗食物似乎会阻碍经济发展的后劲。

6. 到这里，我们暂停讨论三种生产要素增长规律的相关问题，转而讨论一个简短的题外话，即马尔萨斯所提出的关于合理实施《济贫法》的问题。

目前，为救助贫民而征收的税收①交由贫民监督官来进行管理。在有薪俸的官员的帮助下，贫民监督官可以根据贫民的不同情况，决定对贫民发放哪一种类型的救济金（这些救济金来自于济贫税）。贫困监督官可以将救济金发放给院内的贫民（即在教区济贫院中的贫民），也可以将救济金发放给院外的贫民。正如巴斯夏所言，那些接受院内救济的贫民的苦难是"看得见的"，而那些接受院外救济的贫民的苦难是"看不见的"。

院内救济并不是很普及。贫民进入济贫院就像是进入了监狱一样，类似于坐牢；这样的命运，对于院内的贫民来说确实是太过悲惨，因为他们的贫困并不是真实罪恶的结果。当一个贫民进入到济贫院时，他的家庭通常也就破碎和解散了，变得无依无靠了，因此，他也不能轻易地离开济贫院，也无法开始新的生活。

因此，乍一看，对那些并非完全无生存能力的体弱者发放院外救济，似乎更好一些。这类体弱者所能得到的院外救济，再加上自己或者家庭的微薄的收入、亲戚和朋友的一些接济，使得他可以勉强维持生活。在自己的陈旧的住所中，他可以通过使用自己的家具凑合着生活。因而，即使政府可以持续地发放救济，发放院外救济的成本也会低于发放院内救济的成本。一旦他可以再次获得可观的工资，就应当停止给他发放院外救济。相较于院内救济，实施

---

① 即济贫税。——译者

院外救济的直接后果可以大大减轻纳税人的沉重负担,并且可以令人愉快地接受。

但是,院外救济也会产生许多不利影响。根据以往的经验,如果所发放的院外救济主要来源于工资的援助,这会导致工资水平过低,从而会出现这样的情况:如果劳动者不能得到税收的资助,则劳动者就无法生活。自1834年以来,人们已经普遍地认同这样一种做法,对于四肢健全、身心健康的劳动者,在他们遇到了某些突发的紧急情况时,可以给他们发放院外救济,以使他们能渡过难关,除此之外,一般情况下不应该给他们发放院外救济。但是,即使有了这样的限制性规定,院外救济经常还是成为懒惰者、挥霍无度者、狡诈者和伪善者的战利品。因为贫民监督官和救济官员没有时间去彻底地调查每位救济申请者的功过等具体情况,而且,他们也没有加入包含了私人慈善团体在内的系统性联盟。于是,那些真实贫困的人仍然遭受着巨大的苦难,而那些谎称贫困的人却能够得到院外救济,同时,因为能够得到私人慈善团体所提供的救济,他们的需求也能够得到充足的满足。总的来看,我们可以发现,无论在什么地方,如果院外救济可以无限制地发放,则这个地方的大部分人都会变得懒惰、挥霍无度和低劣,简言之,这个地方的人"被贫困"了。

出现这样一种情况的另一个原因是,贫民监督官在巨大的诱惑下向贫民发放院外救济,因为发放院外救济的不良后果要到未来才会显现,是长期的,而发放院内救济的代价和艰难是现时的。因此,我们要正确地引导贫民监督官实行"济贫院检验"。也就是说,一般情况下只向贫民发放院内救济,因此,真实贫困的人申请院内救济时,如果愿意接受济贫院所提出的限制性条件①,则就说该贫民申请者通过了"济贫院检验"。1870年,在戈申先生的提议和推动下,英国政府通过了一项法案,该法案规定,伦敦所有济贫院的花费或者支出全部来自于城市地区的税收。现在,每位贫民监督官都要知道,在他们所发放的救济中,全部的院外救济必须来自于由他们选举出来的济贫税纳税人的口袋,但是只有一小部分的院内救济必须来自于济贫税纳税人的口袋。这一法案使得伦敦的富人区必须为支持和帮助贫民做出应有的贡献,尽管到目前为止,伦敦的贫困人口仍继续增加,但是,这一法案的实行,使得伦敦的贫困状况有所改善。许多人都希望这一法案能够在英国全国实行,并且希望济贫院的花费或者支出应该由郡或者其他较大的行政区来承担,而院外救济的花费或者支出则应该由本地区来承担。

不管这些希望最终能否实现,都应该遵循这样一个原则:当一个人去申请院外救济时,自己有责任去证明自身拥有接受院外救济的资格。除非一个人要么能够证明,在没有鲁莽地结婚的情况下仍然无法养活自己;要么能够证明,自己努力地通过支持、捐助一个储蓄互助会和以其他进行节约的方式②来防范不幸的生活,否则,这个人就没有资格获得院外救济。

确实,有人认为《济贫法》的每一次改变的目的就在于院外救

---

① 1834年,英国颁布了《济贫法修正案》,即新济贫法。《济贫法修正案》的主要思想是通过惩治"懒惰"贫民来根治贫穷问题,其主要特点是实行院内救济,贫民必须进入济贫院才能得到救济,同时规定,接受院内救济者不再拥有选举权,以示对济贫者在政治上的一种惩罚,其目的是让任何一个贫民都要通过个人努力来摆脱贫困,而不是一味地依靠政府与社会的帮助来摆脱贫困。——译者

② 乔治·巴特利特(George Bartlett)将节约作为院外救济的测试。

济的最终废除。但是,那些应获得救济的贫民被迫进入济贫院了,他们的心理就遭受到了极大的痛苦,当然,这也是他们必须要承受的痛苦。当一个人因为不能为自己的孩子提供公平接受教育的机会而无法承担婚姻的责任时,当一个人过着勤勉的、慷慨的生活和积蓄着最大的力量时,却被日积月累的痛苦压垮了。施加在这个人身上的每一个不必要的痛苦,对于他来说都是不公平的、残忍的。现今,院外救济滥用的现象确实非常严重,如果滥用现象不能得到缓解,就应该废除院外救济。然而,现实状况却是,我们还不能证明:我们不可能明确地区分出两类贫民,即应接受救济贫民和不应接受救济贫民。

7. 我们还真不能说,能够区分出应接受救济贫民和不应接受救济贫民的检验方法,迄今还没有公正地试行过。但是,有薪俸的官员确实没有时间去查证不应接受救济贫民的卑劣谎言。一些勇敢地与不幸进行斗争的贫民,对于自己在底层社会所经历的那些悲惨经历、所发生的那些悲惨故事很不愿意谈及和避而不谈,但是,有薪俸的官员却有能力将他们的悲惨经历和故事打探出来,即使如此,有薪俸的官员却很少有时间打探。"如果贫民们的生活条件要得到持续改善和提高,则必须以'一对一'的方式对他们进行扶持,这需要数百位工作人员来完成这项工作,需要招聘志愿者,并将志愿者培养成工作工人的得力助手。目前,如同我们所安排的相关事务一样,志愿者的帮助工作并未发挥太大的作用。因此,我们现在急需解决的问题是如何将志愿者凝聚成一个和谐的集体,在这个和谐集体中,每一个志愿者都能够自由而又有秩序、有组织化地开展志愿服务;如何通过由法人团体和私人个体所组成的联合机构来管理救济金;在中央委员会投票决定所要发放的救济金没有失去支配地位或者优越性,并有明确的原则可供遵循的前提下,如何切实地促进所有的个人交往和友谊,如何在工作中满怀真情、和蔼可亲。"①

在英国,许多人都准备投入到这项工作中去,并且愿意做这项工作的人数日趋增长。他们具备做这项工作的诸多条件:有空闲时间、有方法、受过教育、有意愿。"我们听到了来自各个阶层人们的反映,只要能确定是在做好事,他们就愿意挤出时间去做这项工作。他们说,他们对访问街坊这一行为感到不满,这一行为只会造成更多的不满和贫困,这一行为不会产生持久的有益效果。他们想要找到一些方法,以使他们的努力能适应更多的组织工作……有了志愿者的协助,我们首先要考虑的必须是也应该是人们的住房要求,确切地说,我们应该首先考虑那些对住房有迫切要求、家庭生活高尚、在贫困家庭中有广泛影响力的贫困者的住房要求。但是,如果这项工作是有价值的,值得去做,那么,我们就必须想办法充分利用零碎时间去做这项工作,不管发生了什么变故,都要坚持不懈地把这项工作做下去。"

每一位申请者的救济申请都要由一个委员会来做决策,这个委员会可以是《济贫法》监管机构,也可以是与《济贫法》监管机构

---

① 奥克塔维娅·希尔:《伦敦穷人的家》(*Homes of the London Poor*),113页。
奥克塔维娅·希尔(Octavia Hill,1838—1912),19世纪英国慈善家、女性环境主义者、杰出的住房改革家,她所创建的住房管理制度在1881年被"慈善组织协会"住房委员会誉为"奥克塔维娅·希尔制度"。其代表作为《伦敦穷人的家》(1875),在该书中,奥克塔维娅·希尔集中表达了自己的住房改革思想。——译者

协同行动的志愿者委员会。同时,这个委员会应该收到申请者提交的三份报告。第一份报告由有薪俸的官员出具,该官员必须要查证出申请者所有不诚实的欺诈;在出具报告之前,所有关于申请者申请救济的目的的问题,该官员必须当作一项业务来对待,应一一询问清楚,不得有任何的保留或者隐藏。第二份报告由就近的社会慈善组织出具,该社会慈善组织要让委员会知道:申请人已经受到了那些资助。第三份报告由志愿巡查员出具,志愿巡查员详细调查并了解了申请者的过去,从而能够真实地列举出申请者的善行或者美德。

委员会可能会发现,救济申请会牵涉到一些私人社会慈善团体,救济金发放除了现金拨付方式之外,还可以采取比现金拨付更好的方式。在一些地方,有很多私人社会慈善团体,如果能够把这些社会慈善团体有序地组织起来,那么,一些必要的院外救济几乎都可以交由这些私人社会慈善团体来做。但是,如果委员会能够确定申请者并未接受任何一家私人社会慈善团体的救济,并且能够确定申请者是一个节俭、克己、勤奋的人,那么,这个申请者也就具备了获得院外救济的资格,即应该获得院外救济,委员会就可以毫无顾虑地向这个申请者发放救济金,而不用担心这种救济会使申请者成为贫民。在这样的一种制度下,院外救济很少发放,但是,有资格接受院外救济的申请者也不会像现在一样因自身生活状况被误判而被迫进入济贫院[①]。奥克塔维娅·希尔女士一直努

---

① 这个体系的一部分已在波士顿和埃尔伯菲尔德实行。

力向人们证明这种计划①在缓解贫困的不良后果上的必要性和可行性,她还致力于通过改善贫民的住房来防止和缓解贫困问题。奥克塔维娅·希尔女士对即将参与这项工作的人提出了以下几项建议:

"最好能促进所有职责的实现,例如,租金支付,等等。"

"给予他们工作远胜于给予他们金钱或者物品。"

"要站在贫困者的角度去考虑问题,以同情之心感其所感,这是加强与贫困申请者交流的最有效方法;满怀热情、干劲,终将有所收获。"

"我们必须记住,每个人都有自己的人生观,并且其人生观能够自由地得到实现;在许多方面,对于每个人的人生观,他自己有比我们更好的评判,因为每个人亲身经历和感受了自己的人生,而我们只是一个旁观者。我们所要做的,不是替他去思考或者判断,而是引导他自己去思考,引导他自己做出正确的判断。"

"伦敦地区(如同所有大城镇)穷人的每一项应有权利都需要得到发展和落实,从而让穷人能够开启他们崇高的幸福之源。"

---

① 这种计划是指奥克塔维娅·希尔女士提出的"改善穷人住房计划"。——译者

第六章　资本的增长

1. 前面已经讨论了两种生产要素的增长规律，即土地生产增长规律和劳动增长规律。接下来，我们要考察第三种生产要素的增长规律，即用于支撑和协助劳动的资本的增长规律。

资本的增长取决于人们节省的能力和节省的意愿。

节省能力取决于通过节省而形成的财富数量。虽然，有些国家人口众多且拥有巨额财富，但是，人们的节省能力却非常低下。例如，整个亚洲大陆的节省能力远不及英国。从工业总产量来看，整个亚洲大陆的工业总产量确实要高于英国，但是，因为亚洲人口众多，导致分摊到每一个人身上的产量份额，也就只够维持其基本生活所需。

正如穆勒所说，"通过节省而形成的财富数量，是劳动的产量在向所有与生产有关的人员提供生活必需品之后所剩余的部分（包括用于重置原材料和用于维护固定资本的部分）。在任何情况下，通过节省而形成的财富数量都不会超过这一剩余。虽然，通过节省而形成的财富数量从未达到过这一剩余的水平，但是，不管怎样，总的来说，还是有可能达到这一剩余的水平。这一剩余来自于可供生产者享乐的那部分资金，而有别于向生产者提供生活必需品的那一部分资金；这一剩余是用于供养所有并不亲自参与生产活动的人员的资金,也是用于增加全部资本增量的资金。这一剩余是一个国家真正的净产量。"

因为生产要素包括土地、劳动和资本,所以,相应地,我们可以把产业总产量所依赖的条件划分为三类:第一类是土壤的肥沃、矿藏的丰富、水路的通达和宜人宜居的气候;第二类是劳动力人口的数量和平均效率,平均效率的高低取决于劳动者的道德品质、心理素质和身体素质;第三类是产业积累的充足,过去的产业积累有助于当前的产业生产,产业积累的充足是指公路、铁路、运河、码头、工厂、仓库、机器设备、原材料、食物和衣服的充足;简言之,就是一个国家已有的资本积累。

一定劳动力人口数量的增加所带来的产业总产量的增加,与相应的劳动力人口质量的成比例提高所带来的产业总产量的增加是一样的。但是,这一结论并不适用于产业净产量,因为我们要求得净产量,就必须将劳动者所需的生活必需品从总产量中扣除,由此,劳动力人口数量的增加所带来的产业总产量的增加,与相应的劳动力人口质量的成比例提高所带来的产业总产量的增加是不一样的。因此,一个国家资本积累能力的大小主要取决于这个国家劳动力人口的劳动效率,劳动力人口的劳动效率主要取决于个体劳动者的品质(包括道德品质、心理素质和身体素质),对于这个问题,我们已经讨论过了。但是,产业的劳动效率还取决于产业组织。在接下来的几章中,我们将讨论与分析产业组织如何通过将劳动和资本投入到能让它们发挥最大作用的行业中,来充分利用一个国家的资源。

2. 接下来,我们探讨分析节省意愿的问题。

积累欲望的强度取决于一个国家的道德状况和社会环境,而道德状况和社会环境将因时代和国家的不同而大不相同。

(a)智力。节省的倾向来源于对获得未来利益的期望,如果未来利益是促使人们进行节省的动机,那么,人们就必须意识到未来利益的存在。在早期的文明国家,孩子和国家都几乎意识不到未来利益,他们不顾未来,而只关心现在。例如,在北美洲的印第安部落,尽管有些残存者拥有大量的肥沃的土地,但是,他们所需要的许多物资仍然处于短缺状态,其中的原因就是他们对未来漠不关心。只有在他们的工作能够获得即时回报时,他们才会变得非常勤劳,但是,他们仍然不会为了未来而预留一些储备。他们甚至连为耕地修筑篱笆这种可以带来巨大的、即时的利益的事情都不愿意去做,因为他们觉得做这种事情不能给他们带来即时的利益。但是,当一个孩子或者一个民族逐渐变得成熟时,他们不仅会学着为现在的利益做打算,还会学着为未来的利益而深谋远虑。

然而,即使在高度文明的国家,贫困的人对未来也漠不关心。他们过于专心致志于满足即时需求,从而导致没有时间或者意愿去考虑未来。另外,即使是那些可以挣得高工资的群体,也很少有人会把工资储存起来,除非他们接受过一定程度的教育。

(b)同情。在上一章中,我们已经了解到,家庭情感是影响经济发展的因素之一。在此,需要注意的是,对他人的感情即使不是资本积累的首要动机,也是资本积累的主要动机之一。为他人着想而积累的财富,可能会高于为了自己将来的享受而积累的财富。如果人们只是考虑自身利益,那么,他们就会把财富用于投资养老金以维持自己的生计,而不会为他的家庭及其成员留下一些储备。

一般地，挥霍性的消费显露了一个人自私的本性，这说明，一个人关心所有事情的目的都是为了自己的享受。相较于那些花光自己所有收入的人，那些挂虑他人幸福的人更加节省。毫无节制的习惯在一个国家的盛行，会使该国劳动者一周的工作天数和一生的工作年数大大减少，而那些需要养家糊口的人则可以拿到全额工资。节制的习惯会使一个人的本领和力量得到增强；同时，为了自己孩子的利益和健康成长，节制的习惯还会使一个人节省的意愿得到增强，使一个人将个人资本投入到孩子身上。

(c)出人头地或者飞黄腾达的愿望。如果人们感觉到他们的一生总是被一种严格的种姓等级制度限定在某一社会地位，那么，他们就不会为了提升自己的社会地位而去节省；他们自然也就没有节省的动机。"让人恐惧的不是命运的不公，而是日常生活的一成不变，因为，无论在哪里，无论什么情况，有运动就有生命。"

(d)如果拥有财富就意味着能够获得较高的社会地位，那么，不管人们对他人的无私的爱的程度是大还是小，人们节省的动机将是强烈的。中产阶级就深受这一考量因素的影响，同时，这一考量因素也是中产阶级的节省意愿高于其他阶级的原因之一。另一方面，对炫耀的喜爱在一定程度上阻碍了人们的节省行为。一般而言，如果一个国家正处于由贫穷转向富裕的阶段，则这个国家财富积累的速度就会比较快，这是因为，这个国家的人在生活变得富裕时仍然保持着贫穷时所养成的勤俭节约的好习惯。我们的父辈们在第一次世界大战的重压下所养成的过度节俭，无疑是我们这一代资本得到极大增长的主要原因之一。

(e)政治安全和商业安全。每一个厉行节约的人，都希望自己和家人能够安全地享受到自己节省的成果。要达到这样的一个目标,首先,政府要保障他的财产免遭诈骗和侵犯;其次,如果他或者其遗产的继承者不愿意或者没有能力将资本用于商业运作,那么他或者其遗产的继承者就一定要能够将资本放贷给他人以获得利息,依靠这些利息,他们可以很好地生活着。在现代,资本快速积累的原因之一就是人们有了一些积蓄后,他们就可以用这些积蓄去购买铁路公司或者其他公众性公司(又称上市公司)的股票,继而赚取收益,所赚取的收益数额虽然不大,但是却是无风险的,而且,有了这些收益,他们也就不用担忧自己的未来。储蓄银行、互济会和建房互助协会能够吸纳一些人(他们每次只能把总收入中的小部分储存起来)的小额储蓄并将其储存起来。商业安全和人们乐观的自信是文明的产物,而且,随着文明的进步,商业安全和人们自信的程度也不断得到增强。要获得政治上的安全,必然要付出一定的代价。但是,如果一国政府为了保障政治安全而对财产征收税收或者实行义务兵役制,那么,这个国家将要付出高昂的代价,因为这会极大地削弱这个国家的资本积累能力。资本如同产业一样,既需要政府的保护,也要避免其权益受到政府的侵害。

3. 一个人为获得熟练工作而发生的支出主要来源于他父母的工资,也就是说,这种支出主要来源于他父母的体力劳动收入或者脑力劳动收入。 这种支出属于资本性支出,它与喂养和训练一匹年轻的拉车马所发生的支出的性质是一样的,即都属于资本性支出。由此,我们可以说,工资是个人资本积累的一个主要来源。尽管体力劳动的工资有可能成为物质资本积累的重要来源,但是,到目前为止,它还没有发挥太大的作用。脑力劳动的工资是物质资本积累的一个更为重要的来源。

在英国,目前,资本积累的主要来源是资本收益。虽然某些经济学家声称,与资本积累的资本收益来源相比,资本积累的其他来源是可以被忽略的,但是,事实上,由资本收益而形成的物质资本积累,也仅仅是在某些国家和最近一段时间才有了一定的规模。

在世界历史相当长的一段时间中,土地租金是资本积累的主要来源。目前,英格兰从土地租金中获得了大量资本积累,而世界上其他国家从土地租金中所获得的资本积累,或许已经超过了从资本收益中所获得的资本积累。在其他国家,从土地租金中获得资本积累,显得尤为重要,其原因有二:一是相较于从资本中所获得的收益,从土地上所获得的收益要多得多;二是在英格兰,大部分土地为少数人所拥有,而在欧洲大陆的其他国家或者新兴国家,土地则为大多数人所拥有。目前,富裕的土地所有者并不是一个储蓄阶层,我们几乎可以断定,富裕的土地所有者的平均资本积累量要少于那些从交易中获得同等收益的商业从业者。但是,自耕农是一个储蓄阶层。在英格兰,穷人的储蓄-收入比要远远低于富人的储蓄-收入比;但是,在拥有大量自耕农的国家,其储蓄额却非常大。

对手工劳动者而言,任何一家储蓄银行对他们的吸引力都无法超过土地对他们的吸引力。"给他一块荒凉贫瘠的土地,他们就能将它变成一块沃土……所有权的魔力就在于能将沙子变成金子。"[①]自耕农把属于自己的每一小时、每一分钱都投入到自己的

---

① 阿瑟·杨格。

土地上,并且确信自己的努力和自我牺牲终究会有回报。他热爱属于自己的土地,并引以为荣;在假期,他的最佳娱乐就是在田间地头散步,并以此为乐。① 但对于工资劳动者来说,情况就大不相同。如果他想用自己的工资来赚取其他收益,他就必须找到一些借款人,由于他能够贷出的资金数额很小,所以这个借款人必须是储蓄银行。储蓄银行从工资劳动者得到借款之后,再将其放贷出去,至于储蓄银行何时贷出、放贷给谁,工资劳动者一概不知。从自耕农方面来看,他将所得投入到土地上,以土地为生;他感觉所占有的土地全然属于自己,在自己死亡后还可以留给孩子。因此,相较于自耕农将自己的所得投入到土地上,工资劳动者将自己的所得出借给储蓄银行是一件非常冷血的事情。储蓄银行既不能给工资劳动者带来美好的想象,也不会为他们付出真挚情感。另外,储蓄存款的取出还存在延迟现象,虽然延迟现象并不严重,但是却打击了很多人的储蓄决心,从而使得他们把出借给储蓄银行的储蓄的一半消费在杂货店或者酒吧。②

自耕农的缺乏使得英格兰在很多方面都遭受到了损失,对此,

---

① 在一些地区,自耕农具有较高的智力水平,他们将大量资本投入到土地上,并从土地上获得农作物的丰收,关于这些方面的证据,见穆勒的《政治经济学原理》中的第二篇第六章和第七章,以及克利夫·莱斯利的《各国的土地制度》(Land Systems of Various Countries)。

克利夫·莱斯利(Cliffe Leslie,1826—1882),爱尔兰经济学家,代表作为论文集《各国的土地制度》(1870)和《政治与道德哲学论文集》(1879)。——译者

② 沃克,《工资问题》(The Wages Question),第十八章。

弗朗西斯·阿马萨·沃克(Francis Amasa Walker,1840—1897),美国经济学家和统计学家,其代表性著作为《工资问题:论工资和工资阶级》、《论货币》、《货币及其对外贸易和产业的关系》、《土地与地租》等。——译者

一味地抱怨没有任何益处。正如我们所看见的，在大农场与小农场之间的竞争中，拥有现代化的农业机械和掌握先进的农业耕作方法的大农场占有较大的优势。在现实情况下，自耕农完全可以自己单独经营管理好一处市场性园林，并让每一棵植物都能得到精心养护，但是，自耕农却无法单独掌控一个农场的工作。当一个人只拥有一小块土地时，如果他是一个聪明人，他会把这一小块土地卖掉，从而获得较大的收益，主要包括两部分：一部分是出售土地的收益；另外一部分是将出售土地的所得投资于农场经营或者其他行业而获得的收益，这两部分收益的加总要比自己耕种土地获得的收益多得多。① 在同样的商业企业精神的影响下，英格兰资本积累的速度要快于欧洲其他国家，这在很大程度上阻碍了自耕农这一群体的存在和发展。

然而，所有的历史都表明，人们勤勤恳恳工作、过着有节制和节俭的生活的最强大的动机之一，就是希望能够购买到一小块土地或者一栋带有庭院的小屋，以备在年老退休时能老有所依。但在现实中，英国人在这一希望面前却都望而止步了，其中的原因是如果他们决定购买，就必须要面对和应多许多不确定性，要承担和支付巨额法律费用。购买一小块土地所支出的法律费用在总支出中的所占比重，要远高于购买一大块土地时所支出的法律费用在

---

① 参见克利福德的《1874 年的农业工人罢工》(The Agricultural Lockout of 1874)。

弗雷德里克·克利福德(Frederick Clifford，1828—1904)，英国新闻工作者、报纸撰稿人，律师。1875 年，他在英国《泰晤士报》上发表了一篇报道《1874 年的农业工人罢工：对东方国家农场和农业劳动者的评论》。——译者

总支出中的所占比重。如果能对英格兰的《土地法》进行改革,则英格兰的物质资本和个人资本都能得到大量的增加。

4. 接下来,我们探讨利润率和资本所有者将资本放贷给他人所获得的利息率对资本积累的影响程度。①

毫无疑问,高利率为节制带来了巨额回报,并激励那些渴望凭借自身财富来获得社会地位的人去厉行节约。另外,如果一个人为了给自己和家人留下一些储备,在是否要节约这一事上还在犹豫不决,那么,高利率的预期会诱使他去节约。因为利率越高,以牺牲一定数量的现有享乐来获得的未来享乐也就越多。

但是,过往历史和对当前情况的观察均表明,相较于利率,一个人的性格对其节约意愿和行为的影响更大,从而,他的节约意愿和行为决定了他是否要为自己的年老和家人留下一些储备。绝大多数留下储备的人都会做同样的一件事:在留下储备时不会考虑利率的高低。当一个人一旦决定想要每年都获得一定数额的收益时,他会发现,要实现这一目标,他就必须确保在低利率时的储蓄比高利率时的储蓄要多。例如,假定一个人想要为退休后的自己提供每年 400 英镑的收益,或者为自己死亡后的妻儿提供每年 400 英镑的保险,那么,在利率为 5% 的情况下,他只需要储蓄 8000 英镑,或者需要为自己的生命购买 8000 英镑的保险;如果利率变为 4%,则他必须储蓄 10000 英镑,或者需要为自己的生命购买 10000 英镑的保险。

---

① 关于利息与利润之间的关系,在本书的第二篇进行了解释。本节的大部分内容引自萨金特(Sargent)的《近代政治经济学》(*Recent Political Economy*)。

再者，高利率也是促使人们提前退休的重要因素，人们退休后可以依靠在高利率时就已经积累下来的资本来维持生活。两个世纪前，乔舒亚·蔡尔德①先生就曾经说过，"在高利率国家，所有商人在获得大量财富后，便会退出商业经营，转而将钱放贷出去以获得利息，这种获取收益的方式比较容易、可信，而且所能获得的收益数额很大；在低利率国家，人们世世代代经商，这样既使得自己变得富有了，又使得国家变得富有和强大了。"在高利率国家，当前商人退出商业经营的情况比以前更为普遍，许多人会在年富力强时期退出商业经营，或者在其所拥有的人生阅历使得他能将商业经营得比以前更有效率时退出商业经营。因此，利率的降低在一定程度上会促进财富的生产和积累。

但是，在资本积累额既定的情况下，低利率会使得储蓄力下降，因为，一个人从自己的商业经营中所获得的收益越多，则他可用于储蓄的财富也就越多。同时，低利率还会促进资本的外流。然而，一般说来，资本的大量积累又必然会促进利率的降低。在低利率时，从大额资本中获得的收益所形成的总储蓄力，要大于在高利率时从小额资本中获得的收益所形成的总储蓄力。

总的来说，我们可以得出以下结论：一个国家利率的降低，从某些方面来看，可能会阻碍这个国家资本的增长；但从其他方面来看，可能会促进这个国家资本的增长；但是，利率降低产生的促进作用要小于其所产生的阻碍作用，所以，利率的降低会造成资本在一定程度上的减少，不过这只是小范围内的轻微影响。

---

① 乔舒亚·蔡尔德(Joshua Child,1630—1699)，17世纪英国最富有的商人。

5.现在,我们可以看出,在报酬递减规律的作用下,利率下降的情形即使不会出现在不久的将来,但会出现在久远的将来;并且,利率下降终将阻碍资本积累。但是,层出不穷的发明创造却为资本的有效利用提供了新方法。铁路、工厂和机器设备每年都会吸收大量资本,并给经营者带来丰厚的利润;同时,也给资本所有者带来丰厚的利润。所以,我们不必太担心:利率下降对资本积累的强大阻碍作用,会马上呈现在我们眼前。事实上,在英格兰,当其人口每年以大约 1.3% 的速度在增长时,资本每年以大约 3% 的速度在增长[1]。

假如人口增长迟早要受到抑制,则对于农业来说,报酬递减规律的作用并不会太大。即使人口根本就没有增长,数百年后,地球上丰富的矿物也终究会被消耗殆尽。

---

[1] 英格兰的物质总财富从 1865 年的大约 61 亿英镑增加到 1875 年的大约 85 亿英镑,年均增加 2.4 亿英镑。[参见吉芬(Giffen)的《统计学会报》(*Journal of the Statistical Society*),1878 年 3 月]

第七章　产业组织

1. 到上一章,我们已经完成了关于财富生产的自然要素(主要指土地)、劳动、资本这三种要素的讨论。在开始考察现代生产方式和交换方式之前,我们先来好好地看看这些现代生产方式和交换方式是如何逐渐形成和发展的。

在原始社会没有多样性。原始社会中的部落由所有做同一种工作的人所组成。通常,部落中的每一个人都是战士、狩猎者、渔民、工具制造者和建筑者;每一个人都为自己提供所需要的全部商品,即自给自足。部落中的人只有在防御外敌时才会聚集在一起,在其他的任何时候,部落中的人都过着散居的生活。

即使是原始社会中的人,他们也会在特定种类的工作上显露其天赋。例如,一个人擅长制作弓,其他人就会用食物或者其他物品来跟他交换弓;如果他自己用制作一把弓的时间来生产这些物品,则他自己所能生产出来的物品数量,要小于他用弓所能换取到的物品数量,于是,他便专注于弓的制作。通过这种方式,社会上便慢慢地出现了劳动分工,劳动分工使得社会变成了一个充满活力的整体或者统一体。在远古时期,我们就可以发现这样的一种分工:那些令人不愉快的工作由妇女和奴隶来做,而那些令人愉快的工作则由妇女和奴隶的统治者和主人来做。

"在原始社会之后,人类取得的第一个伟大的进步是开始驯养更有用的动物,出现了田园生活方式或者游牧生活方式。在这些新型生活方式中,人们不再以狩猎所得的产品为生,而是以动物的奶和奶制品以及每年都在增加的畜群和兽群为生。这些新型生活方式不仅本身更加符合人的心意,而且有益于未来的进步和发展;在这些新型生活方式中,人们也积累了相当可观的财富。同时,这些新型生活方式也是导致财富不平等的根源。为了能及时满足现时需要,人们开始把注意力转向家庭内部生产。"

人类所取得的第二个伟大的进步是向农业社会转变。在农业社会中,耕地所有权为社会建设提供了坚实基础。从前,所有的土地都归国家所有,但是,现在更为常见的情况是,一个村庄周围的土地归该村庄集体所有①。

对于村民们所居住的地方,他们称之为农村社区,在农村社区中,他们过着安定、单调的生活。在这一时期,我们发现了人们所从事的工作有些不同,但从严格意义上看,这还称不上是组织。在有些时候,整个村庄的居民都从事一种工作,例如打造铁器或者制造鞋子。但是,更为普遍的情况是,每个村庄都过着自给自足的生活,也就是说,他们自己所消费的每一种商品几乎都由自己来生产,并且几乎不与他们的邻居进行任何交换。经常发生的情况是,每一种职业都在家庭内世代相传。例如,一个村庄的铁匠就是父传子,子传孙,一代一代地向后传承。人们在自己所从事职业的选择上几乎没有任何的自由。

---

① 即农村土地的所有权归村集体。——译者

这种控制人们生活的固定习俗在东方国家格外盛行。例如，在印度，这种固定习俗导致了印度人在身心上的软弱性格，这种软弱性格使得人们屈服于专制的、独裁的国王的统治，屈从于更加专横和霸道的习俗。历来的暴君，虽然经常实施暴政，但是没有哪一个暴君能够试图或者想要控制每个国民的行为。在东方国家，一些习俗规定了每个人所处的社会地位或者所属的社会等级，阻止每个人与其他社会等级中的人进行任何的社会交往。一些习俗还规定了每个人在工作、娱乐、吃饭时的一些最细枝末节的行为。同时，东方国家的一些习俗还硬性地规定了每一种服务的工资和每一种商品的价格。

如果某种商品处于垄断状态，那么，通过固定习俗的方式来规定这种商品的价格，其所带来的好处要多于坏处，即利大于弊。如果一个村民受习俗影响而经常去购买一个铁匠所制造的犁，那么，习俗最好能规定犁的售价。如果不规定犁的售价，在有些时候，铁匠就可能利用购买者的邻居对犁的需要而向购买者索取高价[①]；如果不规定犁的售价，犁的购买者与铁匠就会在讨价还价上浪费大量时间。

2. 在希腊和古罗马，城市中的产业制度都建立在奴隶制度基础之上。 希腊人和古罗马人都将奴隶制度看作是一种自然公理，即认为奴隶制度是天经地义的。他们认为，没有奴隶，世界就不可能有进步，人们也就没有时间去研究和享受文化，人们也就无法履

[①] 如果没有规定犁的价格，而购买者的邻居对犁也有需求，那么，铁匠就很有可能以需求增加为由向犁的购买者索取高价。——译者

行一个市民应尽的义务。他们有意地接受了这样的一种信念,很多人生来就是为他人的利益而疲惫地劳作、辛苦地工作的,而他们自己是否过着无知的生活、卑微或者低质量的生活,对此,他们认为这是无关紧要的。而雅典人,他们的性情和脾气温和,这使得他们始终都怀着一种友好、仁慈和同情的心态去善待他们的奴隶。

45 但是,历史表明,凡是在奴隶制度基础上所形成和发展的文明,即使在早期呈现出了良好的发展势头,但是,其核心内容都早已变得腐朽,并且腐朽的速度越来越快。一个种族的数代人都在所谓的文明社会中过着令人兴奋的生活,但是,他们轻视、嘲笑劳动,鄙视劳动者,这样的文明已经变得很无情、很肤浅,变得毫无价值,因此,这样的文明最终会走向衰亡。

居住于欧洲西部的条顿族曾一度濒于消亡,其中的原因并非是奴隶制度,而是一种与奴隶制度相比也好不了多少的农奴制度。但是,条顿人总是把人当作人来对待,即总是尊重人,并且,对人的尊重在基督教的宣扬下得到了增进和发扬,在中世纪教会的广受大众喜爱的知名人士的带动下得到了助长和促进。对于那些从事着繁重工作却过着卑微的、低质量的生活的人,他们并没有故意地将这些人视为是无足轻重的。他们从未彻底地鄙视劳动者或者劳动者的工作,因此,他们并没有变得肤浅、冷漠或者自私自利,他们的文明才有可能得以延续。

从古至今,那些桎梏东方人的僵化的习俗似乎严重地压制着我们的盎格鲁-撒克逊的祖先,但实际上,这种压制远远没有那么严重。令人鼓舞、生机盎然的生活氛围造就了他们积极向上、开拓进取的行为作风,以致他们必然不会甘心忍受君王的专制统治或者僵化习俗的压制。但是,人们的愚昧和无知,却以其强大的影响力成为压制人们的"暴君"。在我们的祖先完全处于愚昧、无知的时期,他们能为自己设想出来的唯一的活动就是掠夺和侵吞街坊邻里的财物。这种生活方式给他们带来了许多刺激,但却毫无舒适性可言。随着城镇的发展,人们逐步积累知识,对舒适的偏好也逐渐增强。在城镇中,人们学着不再去掠夺他人的财物,更不希望自己成为被掠夺的目标。城镇居民保卫自己,反抗压迫,学习文明的艺术。在国家由于战争而遭受严重破坏、恶霸横行、国民沦为奴隶的时候,城镇却呈现出秩序井然、安宁祥和的良好氛围,成为人们开拓智能事业、和平事业的理想场所。在这样的良好氛围和理想场所中,人们有条不紊、孜孜不倦地工作着。

3. 随着城镇的快速发展,各种形式的技术性产业随之出现,劳动分工也随之产生。一个人可能只从事某一种工作或者一种工作中的部分事宜。他的工作直接或者间接地为他的同胞(住在同一城镇中的人)提供一些服务,而他所消费的东西也将由他的同胞的联合劳动所生产出来。

我们可以将其简要地表述为:城镇中的产业变得高度组织化了。一个整体中的每一部分各司其职,都在为整体的良好运作各献其力,以致整体中的任何一部分如果停止了运行,都将使得整体的有效运行受到损害;同时,另一方面,一个整体中每一部分的健康运行也取决于整体中其他部分的有效运行。如果出现了上述情形,我们就可以说,这个整体被高度组织化了。

只要一个城镇正处于与灾难做斗争的时候,所有市民都会怀着公益精神和公共事业心而团结一致、众志成城,以维护所有市民的公共福利。但是,当一个城镇已经获得了完全自由,并开始走向繁荣时,贸易商中最古老的家族便开始坚决主张并维护自己所享用的特权,声称自己才是真正的、正式的、土生土长的城镇居民,而且还是城镇同业工会的成员。城镇同业工会的特权遭到了一个名叫手工业同业工会的抨击,手工业同业工会是一个年轻的同业工会,其成员均来自于各个手工业中的劳动者。手工业者与商业领军者之间的斗争持续了好几个世纪,但是,历史发展证明,年轻的、更具活力的手工业同业工会在长期的斗争中,会取得最终的胜利。在一个城镇中,大量的手工业同业工会结成联盟,团结一致地推翻了城镇同业工会,夺得了城镇的统治权。

手工业同业工会在很多方面为城镇发展做出了贡献。他们促进了城镇工业的系统化发展;帮助每一个人了解、熟悉他所从事的行业,这使得每一个人都能全心全意地做好他的工作;注重培育劳动者良好的道德操守,引导良好的道德行为;确保劳动者及其家人的生活所需能够得到满足。但是,过了一段时间后,关于劳动者开展工作的方式,手工业同业工会出台了压制性的、令人难以忍受的规定;他们禁止人们将资本或者劳动投入到自己感兴趣的行业中;他们阻碍资本和劳动力的自由流动。随着时间的推移,人们开始不断地反抗手工业同业工会的这些规定。当手工业同业工会给城镇发展所带来的坏处大于其好处时,他们的权势和统治地位开始减弱,直至完全消失。当人们在选择自己喜欢的谋生方式面临的障碍很少时,资本和劳动力流动的自由程度就会大大增强。

同时,银行也逐步成长和发展起来。在中世纪,高利贷者或者放债者主要将资金出借给急需者,以收取高利率。实际上,在产业领域并没有太多可盈利的资本投资机会。将资本从不急需的地方转移到急需的地方，面临着许多技术上的难题，但从中所获得的经验却极大地有益于世界。资本组织发展受到了现代金融市场中的银行和其他机构的影响，银行和其他机构为资本组织的发展铺平了道路。

4. 时代越向前发展，劳动分工也就越细化，专业化也就越强。最广泛的分工就是农业劳动与制造业劳动之间的分工。在中世纪，农民经常利用农闲时间纺织、制鞋和建造房屋。但是，随着农业系统化和组织化程度的增强、机器设备在制造业中的引进以及训练有素技工技能的提高，农业人口的自给自足程度越来越低，而从城镇购买的物品越来越多。因此，农业从业者散居在各个地方，而制造业从业者则聚集在人口密集地区。

在人口密集地区，劳动分工进一步深化，专业化进一步增强，不同的行业选址于不同的地理区位。于是，纺织业从其他行业中分离出来。从事羊毛纺织业的工人集中居住于约克郡，他们不会与在兰开夏郡①从事棉纺织业的工人生活在一起；并且从羊毛纺织业分离出了羊毛纺织业和精纺纺织业两个分支纺织业，每个分支纺织业又分离出不同的行业，每个分支行业都选址于最适合于自身发展的地理区位。大量从事同一行业的厂商集聚在一个地区，我们就可以把这个地区称作为产业区。

制造区能产生许多社会效益。经验告诉我们，即使是技艺精湛的技工所从事的工作很是单调乏味，他们也能聪明地应对，坚持

---

① 约克郡位于英格兰的东北部，兰开夏郡位于英格兰的西北部。——译者

自力更生。他们摆脱了习俗的控制和束缚，而倾向于通过转移工作地点或者转换职业的方式来改善自身境况。

因此，现阶段，社会和经济的一系列变革使得财富分配更多地受到自由竞争的影响。在工人之间，他们竞争最有益的职业。在雇主之间，他们争夺最廉价且最高效的劳动力；他们还在新机器、新生产模式上进行竞争。每一项新发明和对旧工序的改进，都会为经营提供新方式、新方法。一个行业中的每一次变革都会导致岗位空缺，新的雇主和劳动者才得以进入该行业。事实上，火车、轮船、印刷机和电报机等工具的发明，促进了竞争的全面展开，也为竞争的全面展开提供了便利和工具。在早期的文明社会，这种形式的竞争根本不可能发生或者存在。

一个行业中发生的变革也引发了另一个重大变革。以前的产品主要是由小业主①来生产的，小业主雇用一两个学徒和工人，他们所生产的产品主要销售给他的街坊邻居。但是，在下一章中，我们将会看到，行业中发生的变革和进步使得小业主在与大工厂所有者之间的竞争中，处于越来越不利的地位。大工厂的机器设备稳定增加，制造商在机器设备购置上的投入要远远高于他们在劳动力雇用上的投入。也就是说，辅助性资本增加的比例大于报酬性资本增加的比例。

集聚于一个地方的大工厂将他们所生产的产品销售给世界各

---

① 小业主是指以生产资料个人所有和个人劳动为基础的小生产者。小业主有少量手工工具、原料等生产资料和为数不多的财产，从事独立的、小规模的生产经营；以出售自己手工劳动生产的产品为主要生活来源，一般不雇用工人，有时雇用辅助性质的助手和学徒，以本人劳动为主。——译者

地的市场。曼彻斯特的制造商、工人和店主的幸福安康不仅有赖于彼此之间的管理合作,而且还有赖于英格兰其他地区和其他国家的行业发展和变革。因此,"正如我们所看到的,整个社会已然变成了一个劳动者们相互依存的复合体,这一变化过程如此轻微,年复一年,导致在很多人的眼中,产业布局还是以前的老样子,没有发生什么变化;这一变化过程如此缓慢、无知无觉,仿若一粒种子突然变成了一棵参天大树。"

　　相较于其他国家,这些变革在英格兰表现得相当引人注目。英格兰各民族聚居于海边,热衷于探险,富有冒险精神、开拓精神,并将这些精神传承于后代。英格兰国内拥有的广阔海域、众多河流促进了商业贸易的发展,促进了该国人与远地区人们的自由交往,从而造就英格兰人灵活的个性。气候为英格兰农业的快速发展提供了得天独厚的条件。毁灭性的战争阻碍了欧洲大陆资本积累的进程,但是,英格兰被海洋所环绕,幸免于毁灭性的战争。英格兰的土地法、济贫法、政治和社会安排在穷人与富人之间划定了一条清晰的界限,以致几乎全部的资本都相对地积累在少数人手中。正如我们所看到的,某些产业生产规模较大,也能创造最大化的利润,而且,投入的资本规模越大,其获得更多利润的机会也就越大;投入的资本规模越小,其所面临的风险也就越小。国家应该将储量丰富的煤矿、铁矿的开采权优先给予这样的产业。

　　5. 劳动者智力水平的日益提升、人们来往于世界各国的便利程度的增强,在一定程度上促进了不同产业中心之间的密切交流和劳动力的自由流动。 资本在每天都处于自由流动状态,资本的管理技能和能力也是如此,即每天也都处于自由流动状态。正因为如此，不同行业、不同地区的资本收益也趋于相等。

但是，我们不能说，将 1000 英镑投入任何一个行业中所能带来的收益是完全相等的。在一些极其艰苦和经营困难的行业中，利润会异乎寻常地高。资本的自由流动无法消除这些原因所导致的收益不均等性，但是，资本的自由流动可以确保英国每一座城镇、每一行业的商业贷款利率趋于一致。由此衍生出一项重要法则，并且这项重要法则的完整的意义在将来会进一步的显现出来。

如果所有行业都承担着同等的风险，面临着同样的困境，付出了同样的努力，并且需要同样罕见的、天生的才干，以及同等昂贵的培训，则所有行业所获得的利润将继续保持一致。

第八章　劳动分工

1. 柏拉图高度赞美了古埃及人的智慧,因为古埃及人充分利用劳动分工去提升每一个特定工人的技术熟练度,并从中获得利益。劳动的使用性成为第二属性。许多种类型的工作必须从童年时期就开始练习和实践,才有可能在以后的时间中把工作做好。一个木匠、铁匠或者矿工只有倾其一生从事某一行业,他才能在这个行业中做得很好。

当劳动分工非常细化的时候,每个人的所有注意力都会集中于工作中的某一个操作上。例如,一个木匠要学会操作大量工具,学会做各种各样的工作;但是,在一家大规模的家具厂,每一个人一年到头只是专注于制造一张桌子或者一把椅子的某一部分。在制衣厂,许多妇女和童工每天的工作只是把断掉的线头连接到珍妮纺纱机[①]上。在一家五金制造厂,许多工人的工作只是将金属放入模具的凹槽,然后压下把手以给金属穿孔或者切口,或者采用某种特定方式在金属上压印标记或者图案。男工、女工甚至童工都可以以很快的速度来完成这些操作,其速度之快、动作之精湛,

---

① 珍妮纺纱机(Spinning Jenny)是英国布莱克本织工詹姆斯·哈格里夫斯在1764年左右发明的现代机械纺纱机,它是工业革命的早期成果之一。——译者

"已经超越了人类双手的极能,他们完成这些操作的迅速程度、精准程度简直使人难以想象,如果你不曾亲眼见过,你决不会相信:人的手能有这样大的本领。"①

从严格意义上来看,许多技术并不是手工技术,但是却和手工技术一样,需要从早期的儿童时期就开始不断地练习和实践。例如,羊毛的分类工作,其要求是将剪下的羊毛按照质量的不同分成八堆或者十堆。经过长期训练的人对羊毛会逐渐形成一种很强的辨识力,他只要轻轻地触碰一下羊毛,快速地观察一下羊毛,他就可以分辨出羊毛的质量等级。

2. 劳动分工所带来的第二个好处是始终将劳动者配置到他

---

① 一般认为,在这种情况下,直接控制人的手的动作的神经发生了一些物理上的变化,而且控制人的手的动作的神经与控制人的视觉的神经之间的联系变得日益紧密,这两类神经的紧密联系使得它们能完美地协调工作,从而使得特定的活动能够得以更好地完成。当一个人刚开始执行某一个操作时,他的眼部和手部的感觉神经就会向他的大脑发送一个信息,以了解这个操作的最精确无误的状态。这个人也会把大部分精力都投入到这个操作上去,它由人们关于下一步该做什么这一意愿行为所决定。这个人的精力会因为手部传出神经发出的或多或少有点不灵便的指令而降低,这些指令的不灵便或多或少地决定了其执行的不灵便。但是,经过年复一年的练习和实践,感觉神经与传出神经之间的更加直接的联系会逐步增强,它们之间必须协作运转。于是,当一个手指的特定活动开始时,可以诱发这个特定活动的刺激,也就能够立刻被感觉神经所激发,因为,感觉神经已经将这个特定活动的记录传送给了大脑。当感觉神经与传出神经之间的联系已经很好地建立起来后,这个操作中的每一部分都会自动地遵照以前的程序来执行。也就是说,我们根本没有必要把精力都集中在这些事情上,不用太在意这些事情,我们应该把所有精力都放到自由地思考其他事情上去;或者把精力暂时搁置不用和储存起来,以准备投入到一个人在工作间隔所开展的那些丰富的、新鲜的活动中去。我们可以看到,跑步、写作和弹奏钢琴,这些人们从小就开始训练的活动,在人们长大后就可以几乎无意识地继续开展,但是,对于那些从来就没有接受过这些训练的人,即使让他们完成这些活动中最简单的部分,他们也需要全身心地投入。

适合从事的职业中的最高级别的工作岗位上,以使他的技能、智力优势和身体长处得到充分利用。

巴贝奇①先生是这一观点的首位支持者。他说,"制造业主将一项工作细分为很多道不同的工序,每一道工序对劳动者所要求的技术熟练程度和所投入的精力大不相同,由此,制造业主就可以根据每道工序在这两个方面的所需②来准确地雇用最优数量的劳动者。如果这项工作也被细分为多道工序,但只由一个人来完成,则这个人就必须拿出足够高超的技术、非常充足的精力来完成多道工序中最难、最费力的那个操作。"在任何一家大规模工厂,我们都会看到这样一种现象:年龄小的孩子所做的工作主要是搬运重量较轻的物品或者拾捡松散的线团,年龄大的孩子或者妇女所做的工作主要是搬运较沉的物品或者看管那些容易管理的机器设备,而熟练技工的主要任务则是确保机器设备按照工作指令正常、高效运转。那些确保机器设备按照工作指令正常、高效运转的熟练技工所领取的高额工资,应该等于那些负责建立会计核算制度的会计人员所领取的高额工资。但是,如果让熟练技工抽出部分时间去从事会计工作,让会计人员抽出部分时间去从事机器设备的修理工作,则他们的工作效率都会大大降低,产生效率损失。

当某一行业中的部分从业人员全身心地投入到其所属行业的

---

① 查尔斯·巴贝奇(Charles Babbage,1792—1871),英国数学家和发明家、现代自动计算机的创始人,科学管理的先驱者,其主要著作有《各种人寿保险机构的比较观点》、《关于科学在英国的衰落及其某些原因的思考》、《论机器和制造业的经济》、《有关征税原则的思考、关于财产税及其免除》。他进一步发展了亚当·斯密关于劳动分工的利益的思想,分析了分工提高劳动生产率的原因。——译者

② 指劳动者的技术熟练程度和投入的精力水平。——译者

每一个新发明的研究中时,则这些新发明就能够得到最好的充分利用。因为每一个关于工作工序和机器设备方面新的指引性的思想都具有许多现实应用性。在一项新发明的应用过程中,我们学到了知识,并可以应用所学到的知识去探寻其他的新发明。然而,如果我们的工作思路变得狭窄,则劳动分工所带来的好处与我们所预想的好处相差太远。据说,在制造业的机器发明和机器改进方面,美国相对于英国所取得的任何优势或者超越,其中的原因,大部分应归功于美国雇主鼓励他的员工要有独立的、原创的思想。

毋庸置疑,雇主是整个公司的智囊。雇主不应该把时间用于完成某一具体工作上,而应该把时间用于决定应该做什么工作、如何去做这项工作、谁去做这项工作等事项上。正如白芝浩[①]所说,"雇主决定哪些产品应该生产,哪些产品不应该生产;决定哪些产品应该投放到市场,哪些产品不应该投放到市场。雇主是整个工作队伍的最高领袖、最高指挥官,他来制定生产经营计划,组织财物投入,并监督它的执行。如果雇主能够把这些工作做好,则生产经营就能成功并持续发展;如果雇主把这些工作做差了,则生产经营就会失败并终止。每件事情的成功与否取决于那些看不见的决定的正确性,取决于那些决定性意见的睿智性。"

3. 接下来是关于机器设备的充分利用问题。

机器设备闲置不用所造成的浪费,正如一个熟练技工从事无

[①] 沃尔特·白芝浩(Walter Bagehot,1826—1877),英国经济学家,政治社会学家,公法学家,其一生的著述集中在他的五部文集中,分别为《英国宪制》(1867)、《物理与政治》(1875)、《伦巴第街》(1873)、《文学研究》(1879)和《经济研究》(1880)。——译者

法施展其技能的工作所造成的浪费一样。铁匠在工作中有时会用到蒸汽锤,但在一天的大部分时间中,这个蒸汽锤处于闲置状态,所以,我们说铁匠负担不起这个蒸汽锤。

对于一些市场需求量很大的产品,虽然在很久以前就已经通过使用机器设备来生产了,而且物美价廉,但是,在现今,这些产品仍然继续采用手工生产。因为,无论发明所应用的生产规模是大还是小,发明一个新方法、一种新机器设备并取得相应专利所面临的困难、所发生的支出、所承担的风险是一样的。但是,发明所带来的收益却取决于该发明在生产中的应用范围。机械生产替代手工生产,有时候只能等到一项能够克服一个极大现实难题的杰出发明出现时才能实现。但是,大多数新机器设备对旧机器设备的改良、改造,一旦市场上有这个需求就必然会发生。

事实上,相较于机械生产,手工生产的最大优势在于:在生产工具和原材料备齐的情况下,手工生产活动几乎可以在任何地方开展。而许多重要的机器设备发明仅仅是一个新方法,而且这个新方法还仿效了手工生产中工具、原材料之间的协调方式或者适应方式。有时,新方法也可以是通过机器设备的运用来使得工具的位置发生移动,但是,新方法更多地表现为:制造一些新的固定的或者可移动的托座将原材料牢牢地固定在其所应该在的某一位置上。

4.我们发现,只有在产品的市场需求量非常庞大从而生产数量也非常庞大时,该产品生产过程中的劳动分工的优势才能显现出来。接下来,我们探究厂商规模对生产中劳动分工优势发挥所产生的影响。

这是一个非常重要的问题,因为,在世界上,飞黄腾达是人们积极生产、勤俭生活的主要动机之一。一个国家繁荣的程度在很大程度上取决于有多少出生于下层阶级但却最具力量和能力的人跃升至上层阶级。通往上层阶级的最容易、最合理有效的一条路径,就是一个工人在自己还是一个工头或者监工的时间能够积攒一些钱,然后用这些积攒的钱在其所熟悉、精通的行业或者行业的分支领域建立一个属于自己的小公司。正如我们前面所看到的,劳动分工的某些优势只有在规模非常大的工厂中才能够获得。但是,当一个行业中有数量庞大的小工厂和车间时,劳动分工的许多优势在小工厂和车间中也能够获得,而且所获得的优势要多于我们第一眼所能看到的。

每一种商品的生产过程通常都包括多个独特的阶段,每个独特阶段的操作都在工厂中的一个单独的车间中完成。如果商品的生产数量非常庞大,则商品生产过程中的每一个独特阶段都由各不相同的小工厂来完成,这也是有可能获得收益的。

如果许多大工厂或者小工厂都从事相同的生产工序,则辅助性产业就会接踵出现,以满足生产过程中的专门需求。

5. 首先,商品生产过程中所需要的专门工具和机器设备,都由相应的辅助性产业来生产。例如,毛纺织行业中所需要的机器设备,就是由相应的辅助性产业部门通过使用大量复杂的机器设备所生产出来的。

其次,辅助性产业的存在,极大地促进了一个行业中不同分支领域之间的交流。辅助性产业对所有不同种类工厂的发展起到了重要的助推作用,尤其是对完全专注于商品生产过程中某一阶段的工厂所起到的助推作用更大。在辅助性产业的助推作用下,运输公司、铁路公司、各种各级代理商和中间商、通过行业报纸或者其他渠道从事信息收集和传播的机构不断涌现。在辅助性产业的助推作用下,社会上还出现了银行家,这大大方便了商品销售中的货款支付,正如同铁路的出现方便了货物运输一样。从更深层次的角度来看,银行家通过转移资本控制权的方式来帮助那些只拥有少量资本的新人,这可能是一股最重要的反对生产过度集中于少数大公司这一新兴趋势的力量。

无论小工厂数量的多寡,它们在与大工厂竞争时,总是处于极其不利的地位。只有数量众多的小工厂都集聚于同一个地区,它们在竞争中的劣势地位才有可能得到改变。下面,我们讨论分析产业地方化的优势。

6. 产业地方化促进了技能和偏好的培养以及技术知识的传播。

大量的劳动者都在一个地方从事同一种行业,劳动者之间便会相互学习。工作所需的相关技能和偏好总是在劳动者之间不断地传播,劳动者的孩子们在这种氛围的熏陶中不断成长。这种现象在玻璃制造业和陶器制造业中尤为常见。

另外,每个人还会受益于周围人的思想:他与那些喜欢追求新尝试、新试验的人建立起紧密联系,并从中获得激励和动力。每一个成功的发明,不论它是一台新机器设备、一道新工序,还是一种新型经营组织形式,一旦开始传播,就很有可能在现有的基础上得到进一步的改进。

在一个地区,如果某个产业已经地方化了,则技术熟练的人在该地区总能找到适合自己的工作，雇主也能很容易地填补工头的空缺；而且，一般地，相较于一个孤立的工厂，无论其规模有多大，产业的本地化发展能使得工人的技能得到更充分的利用。因此，在一个地区上的大工厂和小工厂，都能够从产业本地化和辅助性行业的协助中获得相应利益。但是，对于小工厂来说，这种受益显得尤为重要，因为，这种收益能使小工厂摆脱与大工厂在非地方化状态下竞争时的不利地位。

7. 大工厂仍具有许多特殊优势。

首先，在购置厂房、蒸汽机和其他机器设备，以及雇用记账员、门卫、锅炉工和机器设备修理工等方面，相较于小工厂，大工厂更具竞争优势，并能让它们得到更充分的利用。一根高耸的烟囱既可以为小火炉通风，也可以为大火炉通风；同理，一个门卫既可以很轻松地看管好 50 人的出入，也以很轻松地看管好 500 人的出入。

另外，在大工厂中，某些工作如果采用机器设备作业，大工厂通常能够负担得起；但是，在小工厂中，这些工作就只能采用手工作业。确实，如果一家小工厂只专心致力于商品生产过程中的某一个短阶段，则这家小工厂就可以拥有最好的、高度专门化的机器设备。但是，短阶段生产中，如果拥有高度专门化的机器设备的优势还没有很好地建立起来，则这样的小工厂是不会出现的。如果某种机器设备的市场需求量很大，则人们就可以投入时间、资金、排除一切困难、怀着获得专利权的目的去研发这种机器设备，如果机器设备研发出来了，取得了专利权并许可他人使用，则研发人还可以收取该机器设备专利权的使用费。但是，实际上，在旧机器设备上所进行的一些改良,极少数能获得专利权。在对研发成功没有十足把握的情况下,相较于小工厂,大工厂具有更大的动机去尝试研发。大工厂投入大量的人力、物力和财力,努力地研发一道新工序或者一种新机器设备。如果研发失败,大工厂也不会觉得有什么损失;但是,如果研发一旦成功,则大工厂的研发支出就极有可能获得较好的回报,并且,相较于小工厂,大工厂还能够更好地利用研发成果。

大公司的最重要的优势表现在机器设备的购买和销售上。大公司在购买大量货物时所发生的损失在总损失中的所占比重,总是要小于在购买少量货物时所发生的损失在总损失中的所占比重。大公司在货物的运输中也同样拥有优势,尤其是在大公司拥有铁路专用线的时候,其从货物运输中所能获得的优势更多、更为显著。大公司还可以从中介机构高价买进及时、可靠的信息,并根据这些信息来决定购买时间、向谁购买、生产时间、生产什么、销售时间、向谁销售、该相信谁、不该相信谁等问题。大公司还可以通过大量印刷广告和依靠商业推销员等方式大肆宣传公司。有时,大公司也需要通过做一些事情来取得消费者的信任,让消费者相信大公司是不会自降身价地耍小聪明、采取欺诈行为,否则,大公司必将损失惨重。

在许多行业中,大公司还会通过商品多样性获取大量收益。一个需要大量黄铜配件的建筑商更倾向于从模具类型较多且能够利用自己所拥有的资源来满足各种大宗订单的公司订货。大公司在公司的监管上也具有优势,但所获得的优势远没有我们第一眼所能看到的那么多。事实上,小工厂中的事务主要由雇主或者经理人来照管，而大工厂中的事务主要由工头或者监工来照管。但是，在防止因工人的粗心大意或者不诚实而造成的浪费方面，那些受雇的监工并不会像雇主那样尽心尽力地工作。在一些行业特别是贵金属行业中，大公司在监管方面与小公司相比，通常处于劣势地位。

8. 在一个行业的许多分支领域中，劳动分工和机器设备专业化所带来的优势几乎已经达到了极限。例如，在棉纺织业中，一家大工厂由许多在所有方面都完全相同的车间组成，就如同一家大工厂是由几个小工厂联合所形成的。因而，在产品的生产上，相较于小工厂，大工厂并没有明显的优势。但是，因为大工厂的资本投入总是大于小工厂的资本投入，所以，相较于小工厂，大工厂在原材料的购买、商品的销售和生产的组织等方面更具有一般性优势。如果大工厂的所有者想要增加资本投入，其背后的目的是想要架起织布机从而将纱织造成印花棉布。因此，相较于专营纺纱的工厂，大工厂更具有优势，因为大工厂总是可以很容易地找到印花棉布的销售市场；相较于专营织布的工厂，大工厂也更具有优势，因为大工厂在购买生产过程中所使用的纱时，从来不会为讨价还价和质量检测的问题发愁。以往需要几个不同的行业共同完成的生产，现今，一家大工厂就可以全部完成。

发生这样的变化，其中的部分原因是现代化机器设备的使用促进了那些能管理巨额资本的公司的发展壮大。最近以来，非常富有的人的数量迅速增加，而且，有限责任法案[①]的施行使得那些

[①] 这些法案大都在1852—1862年通过，这使得那些在公司名称之后带有"有限责任"字样的公司，如果公司经营失败，股东所承担的损失不会超过他在公司中所拥有的股份份额。

并不富裕的人或者那些无暇从事商业经营的人有机会参股他所关注的大型商业公司,并且这种参股不会威及他们的全部财产。同时,有限责任法案的施行,导致了各行业分支领域中的大公司不断涌现。其中的一些大公司还为那些自有资本不足的公司提供担保。例如,伦敦铁路公司和西北铁路公司所掌控的资本,远远大于历史上许多占有举足轻重地位的国家所积累的总财富。一个按照常规方式管理、没有开拓精神和果断决策能力的从事单一行业的公司,在生产经营过程中可以无任何限制地积累财富,并从中获利。

但是,公司经营多元化程度的日益增强和经营方式多样化程度的提高,阻碍了资本集中的大趋势。附属于老产业的产业不断涌现,当这些附属产业发展得很完善时,附属于这些附属产业的产业又会不断涌现。人们需求多样性的日益增加和所能使用发明数量的日益增长,为人们从事商业经营提供了机遇和开放的环境。只要看一看《伦敦行业名录》,或者到制造业重镇去转一转,我们就会发现英国行业的惊人的多样性,并且,几乎所有的行业都由小雇主(即小公司的所有者)所掌控。

9. 不管大工厂与小工厂之间竞争的结果如何,劳动分工必将继续深化。 劳动分工深化是促进人类发展的一个至关重要的推动力,它一方面增强了人类掌控自然的能力,另一方面,促进了财富的增加,进而推动了社会进步。劳动分工深化所产生的影响大部分是积极的,但也会产生部分的消极影响。据说,一方面,劳动分工增强了产业发展的不确定性。如果一个人所掌握的技能只能在一个行业中加以利用,则当这个行业走向衰落或者这个人所掌握的技能被机器设备替代时,这个人便会陷入困境。另一方面,劳动分工使得生产者习惯于将产品销往更广阔的市场,而所有市场同时走向衰落的概率非常小。另外,劳动分工还使得人们在完全不同的行业间的转换变得更加容易。一个国家的钟表制造者很难转换成枪械制造者,反之亦然。但是,很多在大型钟表厂工作的人可以很容易地在大型步枪厂找到工作,反之亦然。在美国战争快要结束的时候,一家著名的步枪制造厂就转向致力于生产缝纫机。随着时代的进步,我们有理由认为,导致产业发展不确定性增加的因素不是劳动分工,而是其他方面的原因。

但是,毫无疑问,劳动分工使得工作变得很单调和枯燥无味,这对于那些需要不断消耗体力、劳损肌肉的工作,或者对于那些需要在恶劣环境下长时间劳动的工作来说,是极其不利的。但是,对于那些工作任务不是很繁重、工作时间很短的工作来说,工作的单调性不会产生太大的危害。正如内史密斯(Nasmyth)先生所说,"如果你要求某一个人使用蛮力去完成工作,则这等于是说,你在贬低这个人的身份。当一个人疲惫不堪地回到家时,你却对他说'多读点书,以提高自己',这是完全愚蠢的做法和荒谬的行为。回到家时他应该立即去睡觉,这才是他所需要和应该得到的激励。但是,如果一个人每天所做的工作就是监管几台机器设备的运转,这样的工作不需要太多的蛮力或者只需要极少的蛮力,于是,在他一无所有的情况下,他就有时间去阅读和学习一些知识,以不断提高自己的修养水平,从而你就会发现这个人的智力水平不断提高,有他的可造之处。这样的事情,我已经屡见不鲜了。我认为,这是机械化发展的结果,机械化发展减少了蛮力在工作中的使用,并极大地提高了工薪阶层的智力水平和道德水平。机器设备的管理需要大量贤才们的判断力和智谋。"[1]从英国落后地区人们那里得到的经验告诉我们,如果一台价值高昂的精密机器由一个愚钝无知的人来操作,即使这个人所要求的工资水平非常低,这台精密机器也不能有益地运转。技工所做的工作,即使看上去很是单调,很是枯燥无味,但是,这会让他变得机灵、细心和敏捷。

此外,虽然劳动分工使得个人的工作内容变得单调和始终如一,但是,劳动分工却给国家创造了多变的、各种各样的工作岗位。对于在城镇里工作的人来说,如果他们所从事的工作不会消耗他们太多的精力和体力,那么,他们就会从周围多样化和刺激的工作中得到教育。像他们一样,他们周围的人也对各种不同的生活方式充满好奇和兴趣,这使得他们能够从周围人的身上学到看待事情的新方法。

在城镇中发生的劳动分工要多于在农村中发生的劳动分工,但是,农业劳动者的智力水平仍然落后于城镇工人的智力水平。最近以来,农业科学所取得的进步主要归功于城镇人口的智力活动。

10. 关于有用的劳动分工规律。劳动分工规律可以表述为:当某种商品的市场需求变大时,该商品的整个生产过程在多个不同的工人类别中被划分为多道工序,并且每一道工序都配备了专门的机器设备,每一道工序都有辅助性产业的协助,由此,劳动分工降低了商品生产的难度。

提前使用以下概述:某种商品的市场需求增加,使得该商品生

---

[1] 第十次联合贸易委员会报告,1868,p.65。

产过程中的劳动分工更加细化,从而导致商品的生产成本降低。对这一概述,在随后的内容中将做出进一步的解释。

劳动分工规律表明,在商品生产过程的任何一道工序中,资本和劳动投入数量一定比例的增加,会带来产出数量更大比例的增加。因此,劳动分工规律有时又可以称为报酬递增规律,这与农业中的报酬递减规律形成鲜明对比。

11. 虽然,农业是最大的产业部门,但是,几乎没有任何其他产业会像农业那样如此少地利用劳动分工优势和大规模生产优势。① 因为,农业劳动者无法大规模地聚集在一起,他们必须分散在全国各地的农村地区。在农业生产中,一年四季中的每一个季节都有专门的工作,每一个农业劳动者所做的工作不可能仅仅是收割农作物。因此,农业劳动无法被分解成大量的不同的部分,因而也就无法让一群农业劳动者只掌握农业劳动中某一部分的专门技能,从而无法让农业劳动者倾其一生只从事农业劳动中的某一部分工作。

然而,农业也遵循着制造业的发展道路。随着农用蒸汽机的普遍使用,由农用蒸汽机驱动和马力驱动的新型农用机械接连不断地出现。农业生产对愚钝劳动者的需求越来越小,而对聪慧的机械工的需求越来越大。

这一变化对大农场与小农场之间的竞争产生了重要影响。因为小农场主总是难以负担得起农用蒸汽机,也买不起太多的只是

---

① 也就是说,农业是劳动分工优势和大规模生产优势最不明显的产业部门。——译者

偶尔使用的农用机械,所以,在每年与大农场主的竞争中,小农场主总是处于极其不利的地位。但是,辅助性产业的快速发展,使得辅助性产业可以为农场主承担一些蒸汽耕作和蒸汽打谷的工作,从而使得小农场主的劣势得到了一定程度上的减弱,但却无法彻底消除。因此,辅助性产业的发展是农业获得劳动分工优势的最为重要的一步。

与小农场主相比,大农场主更能从建筑物和原材料的充分利用中获得一些优势。大农场主有条件更好地开展农作物轮作,并投入大量劳动力以快速完成任何事情。毋庸置疑,与小农场主相比,大农场主能更加容易地从银行借到资本。最后,与小农场主相比,大农场主掌握的知识更丰富,掌握的技能更多、更熟练,具有的进取心更强。因为大农场主从小就开始接受了良好的教育,所以,他可以将很多工作交给他的下属去做,而不必像小农场主那样事必躬亲;他有更多的时间和更多的机会去增加自己的知识。随着农场的代代传承,最能干的农场主很有可能将小农场发展为规模最大的农场。因此,相较于经营小农场,大农场主的能力在经营大农场中更能得到充分的发挥。另一方面,农场主一旦变成了大农场主,则他就无法亲自去监管整个农场的工作了。而小农场主则需要自己辛苦地工作:农场经营中发生的每件事情、每一个微小的节约行为,小农场主都会事必躬亲;这样一来,他手下的工作人员就很少有机会偷懒或者做不诚实的事情。

12. 这些优势使得深耕细作的农业在小规模的耕地上和大规模的耕地上一样成功。与小种植园相比,大的市场型种植园除了在生产要素的购买、农产品的销售上具有一些优势外,在其他方面几乎没有什么优势。聪明的种植园主如果只是依靠自己、家庭成员或者雇用来的两三个劳动力的劳动来耕种几英亩土地,他也要能够支付得起高昂的土地租金,同时自己也能够获得很好的工资水平和资本收益水平。同样地,南欧一个经营良好的小葡萄园在与大葡萄园的竞争中,也能够立于不败之地。每一棵葡萄树都有它自己的历史[①],同理,在相连的多个葡萄园中,每个葡萄园中土壤的特性也极少是完全一样的。一个大葡萄园的经营者是无法事无巨细地亲力亲为的,只有那些倾其一生仅在一小块土地上耕种的人才有可能做到这一点。

但是,在欧洲大陆上,大部分土地的小规模经营者的优势在于他们拥有所耕种土地的所有权。在前述章节中已经指出[②],自耕农所拥有的土地会给他们带来源源不断的享乐和激励,自耕农所拥有的土地就是他们最安全、最便利的"储蓄银行"。自耕农将资本和劳动投入到其所拥有的土地上,他并不要求能像富有的农场主那样获得较高的资本收益,也不期望自己的辛苦劳作能像雇用劳动者那样获得较高的工资。自耕农缺少农用机械或者农业知识,这导致他们只能继续使用那些被英国农场主放弃的耕作方法。自耕农所获得的产出与所投入的劳动之间的比值,要低于英国农场所获得的产出与所投入的劳动之间的比值。但是,自耕农的每英亩土地产出很高,并且,从总体上来看,他将自己的全部份额都贡献给了国家的农业财富。

---

① 也即每一棵葡萄树都有自己的生长过程。——译者
② 参见本书第六章,第3点。

第九章 土地所有制

1. 在前述章节中,我们已经附带地谈及了许多关于土地所有制的问题。 在追溯产业组织逐步形成的过程中,我们注意到,在早期社会中,人们是如何拥有土地所有权的;原始部落是如何在土地上游荡并以狩猎为生的;在开始并适应了游牧生活后,人们是如何将半驯养的兽群慢慢地从一个牧场赶往另一个牧场的。同时,我们也看到,当农业出现后,土地是如何成为村集体所拥有的财产的。近代的历史研究表明,在欧洲各地、亚洲许多地区及其他一些地区,每一个村集体所拥有的土地通常都被划分成三部分,按照条顿人的说法,就是划分成了三种类型。

第一种类型的土地为"城镇土地",主要用于建造房屋,这些房屋是居住于其中的几个家庭的私有财产。第二种类型的土地为"耕地",耕地被划分成三块,其中,每年都会有一块地处于休耕状态,另外两块地处于耕种状态。在每一块耕地上,每个家庭都占有一定面积的耕地,所以,每个家庭总会在可耕种的土地上占有相应的份额。大多数国家都会定期地对这些耕地进行再分配。

第三种类型的土地为"公共用地",公共用地不能用来耕种,每个家庭都有同等权利在公共用地上放牧、砍伐树木。

如今,稍稍经过改变的村集体制度在俄罗斯和印度较为盛行。

村集体制度具有很多优势,它让人们过着宁静和安逸的生活,极端的苦难生活几乎不可见,但是,这种生活略显单调。村集体密切警戒猜忌,以排斥那些与村集体利益相悖或者不符合村集体耕作习惯、容易产生偏见的耕作方式。随着时间的推移,在村集体中便逐渐形成了一个惯性规则网,这个惯性规则网一方面阻碍了个人的自由和事业发展;另一方面,从现在来看,它也阻碍了各种类型的农业进步。

在欧洲,经过中世纪的战争和征服,其村集体制度已经转变成封建主义的军事制度。在封建主义制度下,人们常常将国家所有权与国家统治权混为一谈,认为君主拥有土地所有权。这个国家的国民如果想得到土地所有权,他就必须在国家需要的时候去服兵役。随着时间的流逝,君主逐渐丧失对土地的所有权,如今,个人已经实际上拥有了无可争辩的土地所有权。但是,直到今天,土地的交易也不是自由竞争的,没有像其他东西的交易那样是自由竞争的。关于土地的转让和所有权,在每一个国家专门的法律、惯例和意见中都有相关规定。

2. 在欧洲大陆,大部分土地归自耕农所有。 我们看到,自耕农非常热爱他们所拥有的土地,并视土地为友;非常乐意将自己的收入投入到土地上;非常想知道每一平方码土地的历史。虽然,自耕农可能不知道富有的英国农场主所使用的先进的耕种方法,也可能没有能力像富有的英国农场主那样使用先进的耕作方法,但是,他们却有自己擅长的耕种方法;虽然,自耕农自己所投入的劳动并不能为其带来最好的收益,但是,他们对土地的坚持不懈的热情却为其带来了总产量的大幅提高。

在南欧的部分地区,盛行对分佃耕制。在对分佃耕制下,对分佃农从地主手中获得小块土地的耕种权,这种耕种权可以世代相传,作为交换条件,对分佃农要将土地产出的一部分(通常为土地产出的一半)缴纳给地主。根据当地的习俗,地主为对分佃农提供耕种土地所需要的全部或者部分资本。① 对分佃农像自耕农一样拥有固定的土地耕种权,但对分佃农所拥有的其他土地权利与村集体成员是一样的。地主为了确保自己在土地产出中的分成,对对分佃农做出了很多规定。因为,受到了这些规定的困扰和阻碍,再加之对分佃农只能按照一个固定的比例来分享自己的劳动成果,所以,与自耕农相比,对分佃农没有那么强烈的努力耕种的动机。

在美国,土地由拥有所有权的人来耕种。② 目前,人们可以很容易地获得土地,这种容易阻碍了农业劳动者群体的成长。因此,美国的土地所有制在很多方面都类似于自耕农的耕种方式。但是,美国的农场通常都较大,农场主也都受过教育且精力充沛,因而农场主经常出售他们的农场,并前往西部地区开办更大规模的农场或者获得更加肥沃的土地,他们总是致力于改良机器设备和改进土地的耕种方法。在其他的许多方面,美国农场主与欧洲那些逆来顺受、不思进取的自耕农形成了鲜明对比。欧洲自耕农的

---

① 关于对分佃农、爱尔兰佃农和自耕农,读者可参阅穆勒的《政治经济学原理》的第二篇和克利夫·莱斯利(Cliffe Leslie)的《土地所有制制度》(*System of Land Tenure*)。

② 1874 年,纽约商会发布的拉格尔斯先生的报告显示,"在 1000 个美国农场主中,至少有 995 个农场主就是自己所耕种土地的所有者,即在美国,99.5% 的农场主拥有土地的所有权。"

土地和耕种方法都世代相传，几乎没有什么变通。

对分佃农支付给地主的那部分劳动成果有时被称为"租金"。在本书中，"租金"一词的意思是，土地所有者通过自由竞争的方式将土地使用权转让给他人而获得的报酬。

在资本投入相同的情况下，耕种肥沃土地所得到的收益要大于耕种贫瘠土地所得到的收益。在人口众多的国家，人们对食物有大量需求，因此，如果在贫瘠的土地上进行耕种，人们必须付出巨大代价才能获得人们所需要的食物；如果在肥沃的土地上进行耕种，则土地产出的价值必将大于所付出的代价，即耕种所获得的价值足以弥补其投入。如果土地所有者自己耕种土地，他就可以获得相应的剩余价值。但是，在英国和其他一些国家，资本家总是更加愿意将自己的资本投入到所耕种的土地上，然后将所得的剩余价值以租金的形式缴给地主。在这种生产制度下，人们将土地交给那些资本充足、农业技术水平较高、对农业感兴趣的人来经营，因而，这种生产制度具有巨大的优势。在前述的章节中，我们已经看到，在农业中，劳动分工和大规模生产的优势远远不如制造业中的优势那样重要和显著，但是，农业中劳动分工和大规模生产的重要性和优势也在不断增强。农业技术进步使得农业对资本和高度专门化的农业技能的需求持续增长。一国财富的增长和国民智力水平的提高，促使这个国家拥有充足资本且能力较高的农场主的数量不断增加。在上述这些原因的综合作用下，农场的平均规模不断扩大，农场主的地位不断提升。在苏格兰和英国的一些地区，盛行着一种长期的土地租赁制度，这种租赁制度使得农场主可以获得所投入技能和精力的几乎全部的回报。如果土地的租赁时间较短，租赁者所获得的法律保护也就较少。虽然，一些毫无道德的地主会通过提高租金或者不提供任何赔偿的方式将农场主赶出土地，但是，到目前为止，当地的习俗却会为租赁者提供保护，以保障租赁者免于遭受为改进农场经营所发生的全部投入化为泡影的风险。

在爱尔兰，佃农不仅要为承租的土地支付租金，而且还要承担耕种土地的全部风险。在这里，爱尔兰佃农所得到的结果就如同英国农场主所得到的结果一样。贫穷且未受过教育的爱尔兰佃农，或者直接从土地所有者手中租得小块土地，或者间接从依靠转租土地维持生计的中间人手中租得小块土地。爱尔兰佃农的无知、鲁莽和对土地与生俱来的渴望，使得他们在竞争力的压力下支付了超出其能力范围的高额租金。一些小地主和许多中间人就抓住了佃农的这一允诺。可到头来，佃农发现，自己的最佳策略是懒散，自己的最差策略是节俭。佃农从未享受过标准的舒适生活，婚姻也是草草了事，贫困、疾病和饥荒抑制了人口的增长。如果不首先消除造成佃农鲁莽的原因，佃农就无法摆脱悲惨的境况。佃农的鲁莽在一定程度上（对于在什么程度上的问题，还存在争议）是由先辈们的不合理立法所造成的。因而，我们有理由相信：近几年来，合理、明智的立法正使得佃农的鲁莽在不断减弱。

由于不能确定"最优制度"这一术语的含义，这使得对"最优土地所有制"这一问题的探讨变得很复杂。有些人认为，所谓"最优制度"就是能使总产量达到最大化的制度；还有些人认为，所谓"最优制度"，就是能使扣除劳动者的生活必需品支出后的净产量或者剩余产量达到最大化的制度；还有人认为，所谓"最优制度"，就是能最大限度地提高人们总体幸福感的制度。我们有理由认为，一般来说，净产量最大化只有在大农场制度下才能达到；而总产量最大化则会出现在那些以聪慧的和精力充沛的自耕农为主的地区。这是因为，在土地呈现报酬递减以至于资本主义的农场主不再将资本投入到耕种的土地上之时，自耕农却依然怀着一种坚持不懈的热情将更多的劳动投入到所耕种的土地上。

在哪一种制度能最大限度地提高人们的总体幸福感这一问题上，经济学家并未达成共识。如果让全世界的经济学家来进行投票，大家可能更青睐这样的一种土地所有制：不管是在新兴国家的大农场中，还是在古老国家的小块土地上，耕种者拥有土地的所有权。现在，这一观点已经被许多英国人所接受。但在上一代的人中，几乎所有的英国经济学家都特别偏爱大农场制度。这一现象产生的部分原因，与促进大量资本投入英国制造业的原因是一样的①；另一部分原因是，英国凭借其制造业和农业所取得的巨额净产量，取得了在伟大的法国战争中的主导地位。②

3. 上述论证足以表明，根据英国土地租赁制度租用土地，承租者所缴纳的租金就是土地的剩余收益，即土地产值扣除所投入的

---

① 参见本书第七章，第4点。

② 例如，李嘉图说："亚当·斯密经常夸大的一个国家所拥有的优势，主要来源于该国的总产量，而不是来源于该国的净收入……假定一个国家的土地租金和收益相等，不管这个国家的居民是1000万还是1200万，则这个国家的净真实收入显得不那么重要了。一个国家支撑舰队、军队和所有的非生产性劳动的能力与净收入成正比，与总收入不成正比。"

大卫·李嘉图(David Ricardo, 1772—1823)，英国古典政治经济学家，也是最有影响力的古典经济学家之一，其主要代表作为《政治经济学及赋税原理》(1817)。——译者

资本成本之后的盈余。显而易见,在既定的支出条件下,如果农场主能够提高土地的产出量,或者在市场上农产品能够以较好的价格卖出,则土地租金必将增加。但是,较为困难的事情是如何分析支出的各个构成部分,如何计算产量的总价值,最后,如何通过从总产值中扣除总成本的方式来决定租金数额。当我们能够验证价值理论的首要原则时,我们就能够把以上这些较为困难的事情做好。

第 二 篇

正常价值

第十章 需求定理

1. 本篇我们探讨竞争对工资、利润和价格的影响。当然,在众多的影响因素中,竞争只是其中的一个。在落后国家,竞争对工资、利润和价格的影响很小,因为人们不能预测未来,也不会通过盘算远期收益来深谋远虑地规划自己的行动方向。人们宁愿在习俗的影响下随波逐流,墨守成规地重复每天的工作,领取和父辈们一样的报酬。但在发达国家,特别是在西欧、北美和澳大利亚,在所有影响工资、利润和价格的因素中,竞争是最重要的影响因素。因此,在开始研究竞争如何影响工资、利润和价格之前,我们最好先假定:自由竞争是影响工资、利润和价格的唯一的因素。在第三篇中,当我们讨论市场价值时,我们的注意力将转向直接探讨其他因素对工资、利润和价格的影响。但在第二篇中,即在本篇中,我们将尽可能地回避其他因素,而只考虑在每个人都能快速地寻求并追逐自己的经济利益的情况下,自由竞争对工资、利润和价格会产生怎样的长远影响。由此,在本篇中,我们将研究正常价值。如果某一件事情处于由自由竞争中那些不受扰乱的行动所带来的状态中,则我们就将这种状态称之为"正常状态"。

[**2.** 遵守了政府所制定的法规或者规则,即为合法;在正常经营中遵循了自然规律,即为正常。当然,从某种意义上来说,自然

界发生的任何事情,都是遵循了自然规律的。然而,我们通常关注的只是某些特定的法则。据了解,当我们已经为这些特定法则制定了专门的指引时,我们就可以说,如果一件事情处于由那些不受扰乱的行动所带来的状态中,那么,这种状态即为"正常状态"。每一棵树都是遵循自然规律慢慢成长的,但是,如果将一棵树种植在一个无法让它按照符合其自身特性的自然规律生长的地方,那么,我们就可以说,这棵树的树形是不正常的。从某种意义上来说,一棵树的树枝随风摇摆遵循了自然规律,但是,一棵树在无风时所处的状态才被称为是树的正常状态。也就是说,一棵树所处的没有任何干扰的静止状态,即为这棵树的正常状态。当我们提及正常价值、正常价格、正常工资、正常利润时,所涉及的一系列特定法则,都是那些在完全自由竞争条件下发挥作用的人类本性规律和行为规律。诚然,如果一个人因为受习俗或者偏见的影响,或者因为无知、漠不关心而无法参与自由竞争,那么,这个人的行为就遵循了他的自然规律,这个人的行为就是某种意义上的自然表现,即出于天性。如果我们现在是在讨论一个高度文明国家的经济状况,那么,对上述这个人的行为我们有特别的看法,那就是,这个人的行为没有遵循他的自然规律。因此,从专业或者技术的角度来说,我们不能把这个人的行为称作"正常行为"。

如果风是从四面八方以相同的速度和力度吹向树木的,那么,这棵树树枝所处的中间位置就是这根树枝的"正常位置"。但是,如果刮的风是东风以致东向的风力度大于西向的风力度,那么,这根树枝的中间位置就会移向"正常位置"的东侧。同样,价值也遵循这样的原理:如果竞争是完全自由的,那么,一件物品的平均价值就等同于其正常价值。事实上，现实生活中不存在完全的自由竞争，因而，一件物品的平均价值不同于其正常价值，两者会有偏差，但偏差不会太大。

亚当·斯密及其之前的经济学家也提及过"自然"工资率、"自然"利润率和"自然价格"率等概念。他们所说的"自然"是指自由竞争条件下人们遵循自己的自然规律。但是，如果要对事情进行最好的描述，最好使用"正常"一词，因为，"自然"这个词的用法宽泛，不是很严谨。人们通常所说"这是自然的安排"，这仅仅是因为人们对"自然的安排"予以了认可，而并未不厌其烦地去检验或者考察"自然的安排"是否真的由自然规律所造成。]

3. 在开始阐释正常价值理论之前，最好先对一些将要用到的术语进行界定。

竞争意识的增强促使人们在买卖中遵循以最低价买进、以最高价卖出的交易原则。对于那些小额的零售购买，人们不会太过于计较价格。一个人在一家商店里购买一捆纸需要支付 2.5 个先令①，在另一家商店购买同样的一捆纸，可能只需要支付 2 个先令。这个只有 0.5 个先令的零售价格差，对纸张购买者的购买行为不会产生太大的影响，但是，如果这是一个批发价格差，则其对购买者的影响就要另当别论了。一个造纸商在其周围的同业者将纸的销售价格定为 5 先令/令的情况下，他就不会将销售价格定为 6 先令/令。那些从事纸张交易的人可以非常准确地知道他在购

---

① 先令是 1971 年英国流通的货币单位，1 英镑 = 20 先令，1 先令 = 12 便士。——译者

买纸张时的最低价格,所以他们的出价不会高于最低价格。制造商只能以市场价格销售商品,同时,其他制造商也以市场价格销售商品。当经销商之间的竞争为完全竞争时,则在同一个市场上的商品也就只有一个销售价格。因此,我们可以说,在一个商品市场上,如果买方之间和卖方之间都是完全竞争的,则该商品必然不会同时存在两个不同的价格。

杰文斯先生说,"最初,市场只是指城市中销售粮食和其他物品的公共场所,后来,该词被一般化或者广义化。任何拥有密切的商业关系并广泛经营某种商品买卖的群体都可称为市场。在大城市中,有多少个行业分支,就会有多少个市场,并且,在这些市场中,有些市场可能是地方化的,也有些市场是非地方化的。一个市场的中心点是一个公共的交易场所,或者是一个公共的商业中心,或者是一个公共的拍卖厅。在这个市场的中心点,交易者们进行面对面的谈判、办理相关业务。在伦敦,股票市场、谷物市场、煤炭市场、糖料市场以及其他市场的地方化现象非常显著。例如,在曼彻斯特地区,存在的市场主要有棉花市场、废棉市场和其他市场。但是,各种市场在地理区位上的分隔并不是必需的。虽然交易者可能遍布于整个城区或者国家的各个地区,但是,在他们之间存在密切联系的情况下,他们仍然可以通过举办展览会、洽谈会、公布价目表、邮局寄送等方式组建一个市场。"也就是说,在同一个地方,同种商品的销售价格是相同的。但是,当一个商品市场所覆盖的区域范围很大时,虽然对所有交易者的销售价格是一样的,但对于购买者来说,他还需要支付额外的派送费用。

4. 对于每个人所拥有的物品,人们通常将它的用途定位于两

个方面：一是为自己所用，根据亚当·斯密所言，我们称之为使用价值；二是用以交换其他物品，即为交换价值。

对于一个人来说，**物品的使用价值**或者效用是指这个人拥有这件物品给他所带来的愉悦程度或者满足程度。

物品的交换价值是指该物品用以交换其他物品时所具有的购买力。

单独地来看"价值"这个词，通常指交换价值，而不是指使用价值。

价值体现了商品之间的关系。例如，1磅牛肉的价值相当于3磅糖或者5格令①黄金的购买力。如果糖变得稀缺，而黄金变得丰富，则此时，1磅牛肉的价值相当于2磅糖或者6格令黄金的购买力。这样一种交换比例的改变，只是意味着，相对于糖而言，牛肉的价值下降了；相对于黄金而言，牛肉的价值上升了；而并不是说，牛肉自身价值的下降或者上升。但是，如果一磅牛肉所能交换到的任何其他物品的数量，比以前更多，那么，我们就可以说，牛肉的价值上升了。一般而言，相对于其他所有物品而言，如果一种物品的价值总是在上升，那么，这件物品的购买力也就会变得越大，这件物品所能交换到的其他物品的数量就会变得越多。

在任何一个文明的国家，都会有某种商品被选作为交换媒介、价值的衡量标准，或者被视为其他物品的一般购买力。这种物品通常是贵金属，例如金或者银。国家将这些贵金属铸造成一枚枚具有固定重量的硬币，这种硬币由政府发行通用，并将其作为这个

---

① 格令是英美制的最小质量单位，1格令等于0.0648克。——译者

国家的货币。一磅牛肉所能交换到的货币数量,就代表了这一磅牛肉的价值,也就是我们通常所说的价格。如果牛肉变得稀缺,则牛肉的价格就会上涨。在所有的其他物品的价格保持不变的情况下,牛肉的一般购买力或者价值就会上升。

当然,货币本身的价值也会下降。也就是说,与以前相比,现在一个硬币所能购买到的其他任何物品的数量要少得多。在这种情况下,即使牛肉的价格上涨了,其价值或者一般购买力也很有可能保持不变。牛肉的销售价格虽然上涨了,但它对其他物品的购买力是不变的。

在后面的一章中①,我们将要谈及货币购买力的变化。为方便起见,在考证正常价值理论时,我们通常都假定货币的购买力保持不变。由此,一件物品价格的上涨或者下降,意味着该物品一般购买力或者交换价值的上升或者下降。

5. 如果物品之间的交换不涉及到货币的使用,那么,在买方和卖方之间就不存在任何的区别,即没有买方与卖方之分。但是,如果物品之间的交换一旦涉及货币的使用,则货币就代表了一般购买力,在买方与卖方之间就会存在一些区别,即有买方与卖方之分。

所谓买方,是指愿意通过支付一定数量的可以购买到一般性商品的货币以交换到特定商品的人。

所谓卖方,是指愿意出售其所拥有的特定商品以获得一定数量的可以购买到一般性商品的货币的人。

---

① 参见本书第二十三章。

市场上商品的价格，一方面取决于买方的购买欲望，另一方面，取决于卖方的出售欲望。在本章的剩余部分中，我们将详细阐释买方的购买欲望定理或者需求定理。

6. 人们共同的经验表明，卖方决定出售的商品数量越多，则该商品的销售价格也就越低；反之亦然，卖方出售商品的价格越低，则该商品的销售数量也就越多。对于我们来说，这样的例子每天都会发生。例如，在苹果丰产的年份，苹果的销售价格就越低；在苹果歉收的年份，苹果的销售价格就越高。再如，在季末，时装店都会采用大幅度降价的方式搞促销，这会吸引大量顾客。

这些事实均表明，商品的效用，即商品满足人们需求的能力，部分地取决于人们已经拥有的同种商品的数量。一个人拥有的同种商品的数量越多，则他从中所能够获得的效用也就越少。假设某个人想去买法兰绒，如果法兰绒的最低售价为 5 先令/码，那么，在这个最低售价上，他只会购买 1 码法兰绒。也就是说，用 5 先令货币购买的 1 码法兰绒给他所带来的使用价值或者效用，要大于用这 5 先令货币购买其他商品给他所带来的满足程度。但是，假设他能够以 1 先令/码的价格购买到法兰绒，则在这个价格水平上，他能够购买到的法兰绒数量为 20 码。这表明，用 1 先令货币购买到的第 20 码法兰绒给他所带来的效用，不少于用 1 先令货币去购买其他商品所能给他带来的满足程度。但是，第 21 码法兰绒的效用，会低于第 20 码法兰绒的效用。换句话说，1 先令货币所带来的效用，与第 20 码（即他所购买的最后一码）法兰绒所带来的效用是相等的。借用杰文斯的巧妙用词，1 码法兰绒的最终效用可以用 1 先令货币来度量。

在谈及商品的效用时，我们要时刻注意商品的特定数量、商品对特定个人的有用性。

商品效用的大小取决于当时人们已经拥有该商品数量的多少，取决于人们获得该商品机会的大小，或者人们对该商品期望度的大小，或者人们获得其他替代品机会的大小。进一步地，人们购买商品时愿意支付的价格不仅取决于商品的效用，而且还取决于自己的收入，即取决于自己可以自由支配的货币数量或者一般购买力的大小。穷人只有在商品效用足够大的时候才会去购买商品，而富人则不然。1先令给穷人所带来的快乐度要大于给富人所带来的快乐度。例如，富人和穷人都拥有1先令的货币，富人会考虑用这1先令来购买一支雪茄，而穷人则会考虑用这1先令来购买够他吸一个月的烟叶，权衡比较来看，1先令给富人所带来的满足程度要远逊于给穷人所带来的满足程度。一个年薪100英镑的职员（穷人）与一个年薪300英镑的职员（富人）相比，在下大暴雨的天气条件下，穷人还是会选择步行上班，因为，6便士的公共汽车票价给穷人所能带来的效用要大于给富人所能带来的效用。如果穷人在雨天选择乘坐公共汽车上班，那么，相对于富人的境况，穷人在以后的境况会变得更糟。在穷人的心中，6便士给他带来的效用或者满足程度或者使用价值，要远大于6便士给富人带来的效用或者满足程度或者使用机制。如果富人一年的乘车次数为100次，而穷人的乘车次数为20次，则富人的第100次乘车的效用就刚好等同于6便士的效用，穷人的第20次乘车的效用就刚好等同于6便士的效用。富人和穷人的最终效用就都用6便士的效用来度量，但是，穷人的最终效用大于富人的最终效用。

7. 商品的售价越低，人们的购买意愿也就越强烈。 但是，商品价格的下降并不会使每位购买者都增加购买量。例如，糖价格的下降可能会使每位购买者增加糖的购买量，但是，地毯价格的下降却不会使每位购买者增加地毯的购买量。如果是在一个大市场上，地毯价格的下降，还是会诱使一些房主购买新地毯。正如在疾病多发的秋季，即使很多人并没有感染疾病，但大城镇的人口死亡率仍然在提高。在一个大市场上，肯定会有人通过购买新地毯的方式来替换旧地毯，而地毯价格的下降就恰好影响了这个人的购买新地毯的决定。在商品价格的下降与其需求量的增加之间，并不存在非常确切的关系。一种商品的价格下降10％，可能会使该商品的销售量增加5％或者25％，或者增加2倍。但是，在一个大市场上，商品价格的每一次下降，都会引起该商品需求量的增加。

由此，**需求定理**的内容可以概述为：在一定时期内，一种商品的市场需求量取决于该商品的销售价格。并且，两者之间的关系呈现如下的变化规律：商品价格降低，会引起该商品需求量的增加；商品价格上升，会引起该商品需求量的减少。对于购买者来说，商品价格所度量的就是他购买商品的最终效用，也就是说，购买者可以获得该商品的一部分使用价值，而这部分使用价值恰好就值得他去购买。

第十一章　供给定理

1. 在上一章中，我们已经讲到，商品的交换价值或者价格取决于买方的购买欲望和卖方的出售欲望。需求定理是对买方购买行为的一般阐述。本章将要阐述卖方的出售行为，即供给定理。

根据所销售商品的生产是自由生产还是垄断生产，我们可以将供给定理划分为两种不同的类型。我们仅对自由状态下的厂商供给行为展开论述，暂不考虑垄断状态下的厂商供给行为。

在本章，我们要探究的是，厂商如何确定价格，以期其生产能够获得盈利。这会面临很多困难，所以，我们最好首先考虑最简单的一种情况：厂商自产自销。

假设一个木匠在考虑制造箱子出售是否值得，在核算箱子可盈利的售价时，他必须要通盘考虑工具的磨损、原材料的价格、投资于工具和原材料上的资本的利息以及房租。接下来，他还需要考虑自己的工资。当然，他不是真的要给自己支付工资，而是要估算如果从事自己感兴趣且不会太劳累的工作所应该得到的工资。① 只有当箱子的售价能够弥补前述中所提及的那些支出，能够确保他的劳动能够得到不少于前述中所提提及的工资水平时，

---

① 这是机会成本的含义。——译者

他的制造箱子的行为才是值得的。也就是说,如果箱子的售价低于生产费用,则木匠制造箱子的行为就会得不偿失,因而,我们必须认真而又细致地考察生产费用的含义。

2. 商品生产需要工具、机器设备和厂房等,同时,也需要耗费原材料和劳动。因此,商品生产需要资本和劳动,而正如我们所看到的,资本是劳动和节约的产物。因此,可以采用两种方法来估算各种不同的成本要素。

第一,我们可以将成本要素视为所投入的大量劳动,需要厉行节约。例如,木匠制造箱子需要投入体力劳动和劳累;为了获得工作中所需要的工具,他需要在当期的消费中厉行节约。制造箱子所需要的原材料——木材,可能生长在需要支付租金的土地上,但目前,为了避免考虑租金,我们可以假定木材来自于南美洲的原始森林。这样一来,木匠就不需要为木材而支付额外的土地租金,但必须将砍伐树木投入的劳动和将树木运送到木匠手中的运输费用计算在生产成本中。

另外,在计算生产成本时还需要考虑另一组努力和节约。木匠制造箱子的工作效率不仅取决于其自身的努力程度,而且还取决于自身所掌握的制造技能。为了学到所需要的技能,木匠和老师都要好好努力,也即,老师必须具备充足的知识并努力地将知识传授给木匠,木匠要努力地学习。木匠的父母则必须忘我地省吃俭用,以能够支付得起木匠的教育费用。实际上,木匠的技能属于个人资本,它是依附于劳动和节约而存在的。由此看来,箱子的生产是不同的人分不同的次数投入大量努力和节约的产物。

如果要用一个总的词语来概括生产过程中投入的所有的努力

和节约,那么,一个恰当的词就是"生产成本"。

生产成本包括生产商品所需要投入的全部努力和节约。

然而,木匠在决定是否制造箱子时,并不会将投入的所有努力和牺牲都考虑在内,他往往采用非常容易的方法来做决定。他所要估算的是生产费用。正如我们所看到的,他想知道在一个开放的市场上,他所投入的各种努力和所做出的各种牺牲的代价是多少;他想知道他要为原材料支付的价格是多少,他自己的劳动应得的工资是多少,他借入所想要的资本的利息率是多少,等等。将这些项目加总起来后的金额,就是箱子的生产费用。我们也已经看到,在商品生产中,商品的搬运和整理事实上也是生产过程的一部分。因此,将箱子运送到市场的工作,同制造箱子的工作一样,都是生产性的工作。当一个箱子运往市场上去销售时,箱子的运输费用也是生产费用。由此,我们说,生产费用是指商品生产过程中所投入的努力和所做出的牺牲的总代价;换句话说,生产费用是指在商品生产过程中以市场价格购买所需要的劳动和资本的总花费。

3. 当箱子的售价高于其生产费用时,木匠就会决定制造箱子,在这种情况下,其他的木匠也会决定制造箱子。于是,箱子的供给就会增加,卖方之间的竞争会随之增强,从而,激烈的竞争会导致箱子价格降低,并逐渐趋向于箱子的生产费用。如果大量木匠都认为箱子的需求会持续大于供给,箱子的售价会长期地高于其生产费用,那么,这些木匠不仅会继续从事箱子制造业,而且还会让他们的孩子从事这个行业。这样一来,箱子的供给就会增加,当供给增加到一定程度时,供给力量就会驱使箱子的售价下降直至低于生产费用。

如果箱子的售价下降到低于生产费用的水平,则木匠就会寻找每一个适当的机会转向其他行业。专业技术娴熟的木匠转入其他行业,实际上他就失去了技术报酬这一块收入。一些木匠就会逐渐地退出箱子制造业,也不会让他们的孩子从事这个行业。于是,箱子的供给就会减少,卖方之间的竞争会随之减弱,而买方之间的竞争会随之增强,这两股力量最终使得箱子的售价重新回归到生产费用的水平。

4. 另外,木匠也会使用自有工具、原材料等来制造箱子,此时,箱子的生产费用就包括了自身应得的劳动报酬,也即包括了木匠从事与制造箱子难度相当并对自己有同样吸引力的其他工作时所**应得的工资**。现在,如果木匠变成了雇主,他雇用他人来制造箱子,那么,他估算箱子生产费用的方法与木匠的估算方法非常相近。他所要安排的支出不仅包括原材料等费用,而且还包括所雇用的工人的工资。另外,他还要考虑自己进行经营管理时的劳动报酬,也即他自己的**管理报酬**[①],正如木匠的估算方法,木匠也必须考虑自己应得的劳动报酬。

后面我们会发现,如同存在木匠市场一样,也存在商业经营能力市场。雇主知道自己的时间也是有价值的,因此,雇主自己所投入的管理劳动也应该公平地获得管理报酬,就如同木匠知道自己的时间也是有时间的,其所投入的制造劳动也应该公平地获得相应的劳动报酬。通常来说,雇主会将自己应得的管理报酬与资本

---

① 有时也称为"管理者工资"。

的利息所得加总在一起,把这两个项目的加总统称为"利润",并期望自己的经营能够获得一定的利润率。他希望所投入的所有的流动资本,例如,一次性消耗的原材料,支付给工人的工资等,都能够以利润的形式回馈给自己。他希望能够获得利润,并一同获得固定资本①的折旧补贴。其中,折旧包括自己所拥有的建筑物、机器设备等的磨损,以及因文明进步和行业变革所导致的机器设备的更新换代。

雇主所能得到的利润的多少不仅取决于资本投入额和资本的年利率,而且还取决于商品生产过程中开始投入要素到最终产品出售之间的时间间隔。如果年利率为5%,产品的生产周期为1年,每年投入100英镑,则在产品准备出售之前,生产费用中就包含了5英镑的利息。如果产品的生命周期为2年,投入金额仍然为100英镑,则在产品准备出售之前,生产费用中所包括的利息可达到10英镑。如果采用复利计息方法,则生产费用所包括的利息就会超过10英镑。

箱子制造商在决定是否制造箱子之前,他会估算箱子的售价和生产费用,并像木匠一样将自己所投入的劳动应获得的报酬估算在生产费用之中。他不仅将所投入的资本估算在生产费用之中,而且还将所投入资本的利息、自己本来应得的管理报酬(更严格地来说,应该是利润)也估算在生产费用之中。如果他看到,箱子的售价包含了这些生产费用,他也能获得足够的或者令自己满意的利润,对此,他会非常满意,并继续制造箱子。如果他看到,他

---

① 参见本书第三章,第7点。

所制造的箱子能够卖出一个较高的价格,从而能让他获得异乎寻常的高利润,那么,他就会绷紧所有神经、竭尽全力地工作并借入更多资本,以扩大生产和增加供给。但是,如果他所期望的售价低于生产费用,无法为他带来丰厚的利润,那么,他就会停产,也可能考虑直接将资本和劳动等投入其他的生产领域。

5. 由此,我们可以看出,商品生产者所得利益的大小取决于该商品的市场供给量。一方面,如果市场供给量较小,那么,商品的价格就会上升,并且高于生产费用,这会诱使生产商尽自己所能地多生产,以期能从预期的高价格中获得尽可能多的利润。另一方面,如果市场供给量较大,那么,商品的价格就会下降,并且低于生产费用,在这种情况下,生产商会停产。因此,如果商品价格高于生产费用,则在利益的驱使下,每个生产商都会增加供给;随着供给的增加,商品价格会逐渐下降,并逐渐趋于生产费用。如果商品价格低于生产费用,则在利益的驱使下,每个生产商都会减少供给;随着供给的减少,商品价格会逐渐上升,并逐渐趋于生产费用。

也就是说,商品生产者主要是通过估算商品的售价和生产费用来决定是增加生产,还是减少生产。在自由竞争的条件下,也即某一商品生产者不会联合其他商品生产者共同行动的条件下,商品生产者主要是根据商品价格是高于生产费用还是低于生产费用,来决定是增加供给还是减少供给。因此,如果商品生产者的唯一目标是控制产量,从而能将价格确定在与生产费用相等的水平上,并将产品全部售出;那么,商品生产者就会在各自利益的驱使下采取一致的行动。

这一供给定理也可以称为"正常供给定理",因为,它是指长期中自由竞争的结果。当然,生产费用本身就是一个变量,工资有涨有跌,利息率也有涨有跌。但一会儿,我们也会发现一些例外:有些生产费用在长期中是受经济规律影响和决定的。同时,我们也要理解正常工资、正常利息率等概念的含义。在这里,我们所关心的生产费用是正常费用。

6. 在上述的阐释中,我们假设箱子制造业是高利润行业,高利润会吸引大量厂商进入这个行业从事箱子生产,高利润会促使现有厂商扩大生产。也就是说,箱子制造业是开放的自由竞争行业。

假设箱子是一种特殊的箱子,并且获得了专利权,因此,只有一家箱子制造商拥有制造这种特殊箱子的权利,或者所有的箱子制造商联合起来,以组织新厂商进入这个行业和协商确定箱子的产量。在这些情况下,箱子的供给就不再遵循正常供给定理。箱子的供给可能很小,价格远高于生产费用,而箱子制造商却不会增加供给,反而会进一步地减少供给,以进一步地提高价格。这样的情况在自由竞争条件下是不会发生的,因为,当价格非常高时,箱子制造商如果减少供给,只会遭受损失。在这种情况下,其他的箱子制造商会加速生产,不久以后,价格就会下降。同时,箱子制造商减少供给,只会让他丧失制造箱子并以高价格出售箱子的机会。每一个人都要抓紧时机,否则,机会稍纵即逝。在自由竞争条件下,单个生产商无法控制价格,因此,每一个生产商都要设法在价格较高时出售所生产的产品,以获取尽可能多的利润;只要商品价格高于生产费用,就要尽可能多地生产、出售产品。

7. 正常价值定理总能时时遵从与正常供给定理。只要价格高于生产费用,价格就会被拉低;只要价格低于生产费用,价格就会被拉高。正如悬挂于一根细绳上的砝码，如果有外力作用于这块砝码，它就会从平衡位置或者细绳的右侧向左侧摆动时，在重力的作用下，它便会马上趋向往回摆动，过不了多久，它就会摆动到原来的位置，但它不会停留在原来的位置上，而是继续向右侧摆动，在重力的作用下，它又会向左侧摆动，如此来回摆动。如果外力频繁地作用于这块砝码，则它很难保持在平衡的位置上，而总是来回摆动。

正常价格，或者如亚当·斯密所说，"自然价格就好比每一种商品的价格不断自然地移向中心价格。各种各样的偶发事件使得价格时而高于中心价格，时而低于中心价格，但是，无论是什么样的障碍使得价格不能持续地固定在中心价格上，但是，价格总是不断地趋向于中心价格。"

我们可以将正常价值定理概括为：在自由竞争条件下，如果生产者之间的行为互不干扰，则市场任一商品的正常价值，或称价值的均值，就等于商品的生产费用。只要商品的价值低于正常价值，市场力量就会发挥作用，使得商品的价值趋于提高；只要商品的价值高于正常价值，市场力量也会发生作用，使得商品的价值趋于下降。当生产商生产出来的产品能够以等于生产费用的价格全部售出时，商品的价值就处于均衡状态，既不会提高，也不会下降。

但是，正常价值定理是不完善的，因为，正常价值规律并未考虑"生产费用是不固定的"这一事实。生产费用随着产量的变化而变化，为说明这一点，我们需要重新厘清一下思路。①

---

① 参见本书第十四章，第3点。

基于上述的正常价值定理,我们可以发现,市场上生产费用相等的商品,其交换价值也相同,从而可以在市场上进行相互间的交换。为简便起见,我们通常不考虑交换地点这一因素。但是,只要我们谈及到两种商品的相对交换价值,我们就必须记住他们是在某一特定场所进行交换的。例如,对盐的价值与锡的价值进行比较,我们可以发现,交易市场是在柴郡盐矿附件还是在康沃尔郡锡矿附近,都会使盐的价值与锡的价值产生很大的差别。

8. 到目前为止,还尚未谈及如何将为规避风险而产生的保险费用估算在生产费用之中这一问题。 第一,破损险费和资本折旧费最好归入到建筑物、机器设备等的磨损这一项目中。精明的制造商一般会向保险公司支付一笔保险费用以投保房屋火灾,并将该笔保险费用视为一项必要的生产费用。另外,对于因不断发生的新发明所导致的旧机器设备的报废,制造商要以折旧费用的形式按年计提补助。一个精明的船主如果没有向保险公司支付保险费用,即没有为每次航行都投保,那么,则他必然会在每一年都拿出固定的一笔钱,用以形成自己的保险基金。

第二,制造商还存在亏本销售所生产产品的风险。例如,在行业突然不景气的时候,铁制品和其他商品就会以低于生产费用的价格出售,时尚的改变会迫使服饰制造商以低于生产费用的价格出售过时的服饰。正常价值定理也曾经考虑到了这些风险,如果要以一个单独的项目来计算抵御这类风险的保险金,则需要计算两次。因为,商品价格下降到低于生产费用水平之下的机会,与商品价格上升到高于生产费用水平之上的机会是一样的。如果按照商品销售时的平均价格来计算,那么,就要同时考虑商品可能售出的高价与低价。如果商品的平均价格高于生产费用,那么,这项交易是有利可图的,而不必再单独考虑为规避价格下降的风险而向保险公司投保。

9. 需要重点记住的是,任何单件商品的售价与其生产费用之间并没有必然的关系。但是,某一生产过程中持续发生的生产费用与销售所生产产品的总收入之间是有关系的。渔船出海捕鱼所发生的费用(以下简称"出海费用")与所捕获到的鱼的价格之间是没有关系的。如果捕获到的鱼的数量可能不多,则鱼的价格会远低于出海费用;如果捕获到的鱼的数量可能比较多,则鱼的价格会远高于出海费用。正常价值定理所要阐释的是,从长期来看,如果将鱼的捕获量多的情况和捕获量少的情况同时考虑的话,那么,鱼的总价一定能弥补出海费用。

正如我们在上一章中所看到的,任何单件商品的售价都要受限于该商品给购买者所带来的使用价值。如果渔船只捕获了少量的鱼,那么这批鱼的售价也会较低。再者,有瑕疵的钟的使用价值很小,它只能被当作是一件旧金属制品来使用,因此,它的价格也就只能是旧金属制品的价格。投入相同的费用和辛劳所生产出来的钟,有的钟是有瑕疵的,有的钟是合格的。有瑕疵的钟和合格的钟所发生的生产费用是一样的,但是,合格的钟就具有很大的使用价值,因而其售价也就较高。每一个钟的售价都受限于其使用价值。正常价值定理所要阐释的是,从长期来看,有破损的钟和质量好的钟的总价一定能弥补钟的生产费用。

[**10. 关于正常价值定理内容的主要观点,亚当·斯密和李嘉图都阐释过。**他们一直在促使人们不要误认为:每一件商品的价

格都等于该商品的生产费用。但是,直到现在,这样的错误仍然还在发生。对这个错误,很多人提出了一些改正意见,例如,凯里先生提出,每一件商品的价格都等于该商品的再生产费用,或者如同他所说的,每一件商品的价格都等于该商品的再生产成本。

正如凯里先生所说的,确实,当一项新发明使得钢轨的制造难度大大降低时,人们在购买使用旧的技术生产的钢轨时,没有人愿意支付这样的一个价格:这个价格等于使用旧技术制造钢轨时所发生的生产费用。他认为,人们总是愿意的价格等于再生产费用,即使用新方法制造钢轨时所发生的生产费用。但是,事实并非如此。如果钢轨行业突然变得不景气,铁制品制造商就会有大量的钢轨存货,此时,没有钢轨购买者愿意支付与再生产费用相等的价格,因为此时钢轨的销售量在下降。再如,没有人愿意为有瑕疵的钟、过时的服装支付其再生产费用。当宽丝带不再流行而窄丝带变得日益流行时,宽丝带的销售量就会下降,窄丝带的售价就会高于其再生产费用。战争时期的火药、流感暴发时期的奎宁,其售价远高于其再生产费用。

如果用"再生产费用"一词来替代正常价值定理中的"生产费用"一词,正常价值定理的含义也不会发生改变。因为,从长远来看,商品的再生产费用与生产费用是相同的。单件商品的市场价值一定等于该商品的生产费用,一定等于该商品的再生产费用,这种说法是极其错误的。但是,以下说法则是正确的:围绕市场价值上下波动的正常价值与生产费用、再生产费用是相等的。"生产费用"与"再生产费用"这两个词的表述各有优点,但是,"生产费用"一词的表述的优点更多一些。因为,"生产费用"一词更能让人知道,一种商品生产的难度首先取决于该商品的供给,其次才取决于该商品的价值。生产者决定是否增加供给,取决于商品的售价是否弥补了生产费用,而不是取决于商品的售价是否弥补了再生产费用。]

第十二章　租金

1. 本章探究商品生产中所使用的土地的租金对生产费用的影响。在探究这一问题之前，我们先来回顾或者温习一下在第一篇篇末对土地租金的界定。土地租金是指在自由竞争条件下土地所有者通过让渡土地使用权而获得的收入。现在，我们来探究在任何一种特定情形下，土地租金是如何决定的问题。

假设一个农场主手中有 500 英镑，他考虑将这 500 英镑投入到农场以扩大经营规模，经过估算相关成本之后，他认为这是可行的。经过估算，在扣除雇用劳动力、购买种子和缴纳税收等各项支出后，他可以获得 40 英镑的净产值，即 500 英镑的额外投入带来了 8% 的收益率。我们假设这样正好不会让他亏损。因而，如果他所预期的所得低于 40 英镑，即收益率低于 8%，那么，他就会想到，额外的 500 英镑投入不会取得像样的成功，并且还会带来一些额外的麻烦，这会促使农场主将这 500 英镑投资于铁路股票或者其他证券。

在这时，农场主得知附近有一个 50 英亩的小型农场要出租，并询问了农场的租金。经营这个小型农场正好就需要 500 英镑的投入，而且经营这个小型农场所面临的困难，与将这额外的 500 英镑投入到农场主已有的农场中所面临的困难是一样的。经过估算,将这额外的500英镑投入到租赁的小型农场中,在扣除劳动工资、种子费用和税款等各项支出后,农场主预期可以获得100英镑的净产值。

因而,农场主所能接受的土地租金刚好是60英镑。如果农场主愿意支付60英镑的土地租金,他也不会支付太多的土地租金,则他就可以租赁到这个小型农场。其他人愿意支付的土地租金也不可能会高于60英镑。即使农场主们为了获得这个小型农场而进行竞价,地主所能获得土地租金也只是60英镑,而不可能高于60英镑。这就是竞争性租金,也就是我们有时所说的农场的经济租金。但是,一些干扰性因素(例如习俗、部分农场主积极竞争意识和精神的缺乏、部分地主的慷慨或者懒散)可能使得实际的土地租金低于60英镑。如果土地租赁市场是一个完全健全的市场,则地主就可以获得60英镑的土地租金。也就是说,一方面,地主努力地使自己能够获得最好的土地租金;另一方面,在附近,有很多竞争者想要租赁这个农场。

2. 上述阐释表明:

(1)一块土地的经济租金被定义为从土地的年总产值中扣除农场主应得的足够回报(包括总支出和所得的利润)后的余额。

当然,我们还要考虑歉收的风险。由此,我们假定:最好的收成是平均收成。同时,我们还要假定:农场主与附近的大多数农场主都具有相当的技能和进取心,或者正如我们可以说的,农场主是一个普通的农场主。① 因此,土地租金是指,从土地上获取的平均

---

① 为公正起见,拥有非凡技能的农场主应该为自己保留一部分土地净产出,作为

收成扣除普通农场主所投入的资本和所获得的利润后的剩余回报。农场主总是尽可能地投入足够多的资本,以期获得尽可能多的剩余回报。如果他想投入少量的资本,而其他农场主投入了比他更多的资本并因此而获得更多的剩余回报,那么,他就会乐意支付较高的租金来租赁这个农场。

(2)农场主为了补偿其支出而必须保留的产量,可以通过观测农场主能够得到的额外的回报来确定,这个额外的回报足以诱使农场主或者同一地区的其他农场主对土地进行额外的资本投入。①

也就是说,农场主为了补偿其支出而必须保留的产量,可以通过观测农场主的最后一剂资本投入所带来的回报来确定。如果农场主的最后一剂资本投入所带来的回报能够而且是刚好能够补偿其支出,如果农场主进行多次投入并能够得到多次的回报,那么,农场主所得到的全部回报也就刚好能够补偿其支出。因此,农场主的租金是指总产出减去最后一剂资本投入所得的回报与资本投入剂数的乘积之后的余额。②

由此,我们可以归纳出租金定理的基本内容:如果农场主为了

他卓越才能的回报。这样的农场主肯定会使土地得到改良,并且会以不同的方式将资本投入到土地上。由此,这块土地的地主也就获得了提高租金(将租金提高到高于土地本身能够得到的租金水平之上)的能力。如果这块土地仍然由普通农场主来经营,那么,地主可能会采取收回租地(或者驱赶出土地)、不会为他对土地的改良提供补偿的威胁方式来提高租金。但是,这种情况在英国很少发生。

① 这一理论的第一部分内容已经为亚当·斯密之前的经济学家所熟知。很多人推测,亚当·斯密并不熟知这一理论的第二部分内容,尽管这个推测可能有误。李嘉图为这一理论的第一部分内容所做的创作,比其他任何一个人所做的都要多。但是,李嘉图没有创新这一理论,并且其表述的方式受到了很多公开的异议和质疑。

② 即农场主的租金＝总产出-(最后一剂资本投入所得的回报×资本投入剂数)。——译者

有利可图而尽可能多地投入资本,那么,农场主的租金是指总产出减去最后一剂资本投入所得的回报与资本投入剂数的乘积之后的余额。①

---

① 本书第一篇的第四章第3点的内容表明,如果用 Ox 表示一个农场主在一块特定土地上所投入的资本剂数,则 $OPQM$ 为多剂资本投入所带来的回报。同时,它还表明,由于报酬递减规律的影响,投入到土地上的一定剂数的资本所带来的回报也必然是递减的,也就是说,PQ 线会逐渐趋近于 Ox。

以下图形可以用来表示租金理论。农场主在土地上投入大量剂数的资本后,它带来的回报将开始递减。在某一个点上,农场主投入的资本剂数与最后一剂资本投入所带来的回报是相等的。并且,在这个点上,农场主将停止投入资本。假设农场主所投入的每一剂资本的数量是 10 英镑,第 40 次的资本投入量与最后一剂资本投入所带来的回报相等,如果用 M 点表示第 40 次的资本投入量,则 MQ 表示资本投入所带来的回报,并且,该回报恰好能够补偿一剂资本(10 英镑)的投入,也就是说,该回报恰好就等于一剂资本的投入量,即 10 英镑。

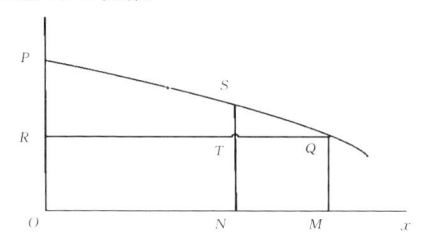

由于在这一点上(M 点),这一剂资本投入所带来的回报刚好能补偿农场主,那么,在 M 点左侧的任何一点上,投入资本所带来的回报都大于投入。例如,在 N 点上,SN 表示资本投入所带来的回报,画一条平行于 Ox 的水平线 QTR,QTR 与 SN 相交于 T 点,与 OP 相交于 R 点。因此,NT 是第 N 剂资本投入所带来的回报,该回报需要用来补偿农场主所投入的第 N 剂资本,TS 是地主可以以租金形式而获得的剩余产量。如果我们在 Ox 上找其他的一点,然后画一条经过这一点的垂直线,则位于 Ox 与 RQ 之间的那部分垂直距离,就是相对应的资本投入剂数所带来的回报,并且该回报需要用来补偿农场主;位于 RQ 与 PQ 之间的那部分垂直举例,就是地主可以以租金形式而获得的剩余产量。

正如我们以前所做的,假设这样的垂直线非常密集,以致这些垂直线填满了整个 $POMQ$ 的面积,则 $POMQ$ 就是这块土地的总产出。其中,$ROMQ$ 为总产出中属于农场主的部分,PRQ 为总产出中的剩余部分,是农场主以租金的方式支付给地主的部分。

3. 在农场附近有一些荒地,没有人愿意去租赁这些荒地,从而地主无法收取到租金。 在这种土地上投入资本所获得的回报,刚好能够补偿农场主。因此,对于这种情况,我们说,农场主为了补偿其支出而必须保留的产量,与将等量资本投入到邻近的不需要支付租金的土地上所得到的产量相等。

由此,租金定理可以表述为,一块土地的租金是指该土地所提供的产量超过邻近土地产量的部分。邻近土地产量是指将等量资本投入到这块邻近土地上进行耕种所得的产量。并且,如果这块邻近土地需要支付租金,就根本没有人愿意耕种。

被耕种但因为太贫瘠而无法获得任何租金的土地,通常被称为边际耕种土地[①]。

[4. 食物需求的增长导致农产品价值的增长,进而导致土地租金的双倍增长。 一方面,随着食物价值的增长,必要的用于补偿农场主支出的农产品数量呈现降低的趋势。因此,农产品产量中的剩余部分,即地主能够以租金形式得到的产量部分,也呈现增长的趋势。随着剩余中的每一部分在价值上的增长,租金的价值增长了两倍。其中,一倍的增长与作为租金的产量的增长成比例,一倍的增长与产量中每一部分的价值的增长成比例。

在还存在未开垦的土地的国家,食物需求的增长导致了边际耕种土地的增加,同时,食物需求的增长导致了土地租金的增长。在这样的一种情况下,有人可能认为,租金增长的原因是边际耕种土地的增加。但是,这种认为是不正确的。因为,租金的增长和边

---

① 即该贫瘠土地是在边际上耕种的土地。——译者

际耕种土地的增加都是由同一原因所引起的,这个原因就是食物需求的增加。

另一方面,食物需求的减少,或者食物进口便利性的增强导致食物价值的下降,进而导致土地租金双倍的下降。因为必要的用于补偿农场主支出的农产品数量呈现增长的趋势,所以,农产品产量中的剩余部分,即地主能够以租金形式得到的产量部分,呈现下降的趋势。随着剩余中的每一部分在价值上的下降,租金下降的数额是剩余的价值下降数额的两倍。其中,一倍的下降与作为租金的产量的减少成比例,一倍的下降与产量中每一部分的价值的下降成比例。

但是,食物进口便利性的增强所导致的租金下降只是暂时的。食物进口便利性的增强使得劳动者可以更加容易地获得充足的食物供应,同时也促进了人口和财富的增长。因此,不久以后,农场主就会发现,人们对不太容易从遥远的国家进口的牛奶、蔬菜、干草、稻草和其他产品的需求大幅度增加,而人们对农场主所生产的其他产品的需求也没有减少多少。1848年,《谷物法》废除,在这之后,人们曾预计:谷物的自由进口会使得租金下降。但是,《谷物法》废除的结果是英格兰财富的巨大增长和租金的大幅度上升。然而,目前美国西北部小麦种植面积的大幅度扩大和铁路的大发展,以及新近发现的进口新鲜肉的方法,都促使了谷物和肉的价格的下降;同时,这些因素也威胁到了租金,导致了租金的下降。我们很难去估计这些固定不变的因素对经济不景气所产生的影响,因为这些固定不变的因素会被以下三个暂时性的因素所遮掩,第一个因素是英格兰连续的歉收;第二个因素是美国"铁路大会战"

导致的极低运费率;第三个因素是由目前的商业不景气所引致的对肉的需求的大幅度下降,特别是工薪阶层对肉的需求的大幅度下降。

在一个进口大量食物的国家,国内食物产量的增加并不会对食物的价格产生很大的影响。因此,生产技术的改进只会使补偿农场主支出并带来利润的那部分产量,发生很小的变化。几乎全部的增加会以更高租金的形式进入地主的口袋。

在一个自己生产食物的国家,耕种技术的快速进步促使了农产品价格的下降、撂荒的出现,同时,使得农场主像以前一样将大量资本投入到优等地将无利可图。这表明,如果食物价格的下降没有立刻导致食物需求的增加,那么,用于向地主交付租金的那部分食物产量(即地主的"谷物租金")就可能减少①;同时,以货币计量的租金必然会下降。然而,一段时间之后,人口的增长会导致食物需求的增长,从而促使食物的价值上升到原来的水平。在农场主每投入一剂资本所带来的谷物产量中,用来补偿各项支出并带来利润的谷物产量不会比以前的多,农场主投入到所耕种的经过改良的土地上的资本,要多于投入到没有经过改良的土地上的资

---

① 继李嘉图之后,穆勒也认为,谷物租金必然会下降。他假设一国所有可耕种的土地可以划分为三类质量不等的土地,在相等的费用投入下,这三块土地的产量分别为 60 蒲式耳、80 蒲式耳和 100 蒲式耳,并且,他提出解释说,将每一剂投入资本所带来的回报中的 1/3 用于改良土地,这会使得谷物租金下降 53%—60%。但是,在一个土地肥力分布不同的国家中,仍假设所有可耕种的土地可以划分为三类质量不等的土地,在相等的费用投入下,这三块土地的产量分别为 60 蒲式耳、65 蒲式耳和 115 蒲式耳。并且,在这种情况下,土地改良会使得谷物租金上升 60%—66%。这类问题不能通过数值实例来妥当地讨论,但是,这类问题可以借助于本章所给出的数学运算或者图形的方法来得到容易而又彻底的解决。

本,因而导致了租金的大幅度增长。]

[5. 我们已经看到,报酬递减规律不能像应用于农业中那样应用于矿物生产,正是这个原因,土地租金理论也就不能直接应用于矿山。矿山租金是矿产品价值扣除补偿给矿山租赁者的部分后的剩余,补偿给矿山租赁者的部分包括租赁者所投入的资本和所应获得的利润。

由此,通过发现将等量资本投入到无须支付租金的矿山所能够获得的矿物产量,我们就可以确定补偿给矿山租赁者的部分是多少。一般来说,一座矿山在被遗弃之前,它已经经历了被开采、但产量中没有任何的剩余可以用来支付租金的阶段。

农场的租金是一个固定的年支付额,但矿山的租金却不是这样。农场主向土地上投入适当的资本后,往往就能够获得一个最大的净剩余,并且所支付的租金是固定的,租金就等于平均收成下净剩余的价值。投入资本以获得净剩余是土地租赁者自己的事情,地主不会关心这样的事情,地主所关心的是土地租赁者没有将他的土地经营得比他所发现的情况还糟糕,地主和农场主所签订的农场合约都会约定这样的一般情况:土地租赁者不能将土地变得贫瘠。

但是,矿山的租赁合约不得约定这样的条件,因为,只要矿山被开采,矿山就会变得枯竭。因此,矿山所有者必须提防这样一种情况的出现:矿山租赁者为了每年都能够获得大量收益,根本不会顾及矿山的可持续发展,并且他们也不会为矿山的枯竭支付等额的租金。矿山的枯竭可以被看作是矿山所拥有的某种能力的下降,这种能力是指矿山弥补超过一般行业的利润的资本剩余利润的能力。因此,矿山的枯竭与矿山承租人通过开采矿山所能够获得的剩余利润相对应,也就是说,与矿山所有者所能够获得的租金相对应。估算任一特定矿山的成交价格是一件极其困难的事情。它应该既要确保矿山所有者的利益,又要给予矿山承租人适当的自由,以让他自己能够决定在每年的矿山开采中投入资本的数量和获得的产量。在实际中,矿山的租金大概包括两部分:一部分是对开采的矿物按吨收取的使用费;一部分是固定的年费[①]。]

[①] 固定的年费是指矿山承租人为获得采矿权需要按年向矿山所有者缴纳的费用。——译者

第十三章　租金与价值之间的关系

1. 现在,我们探究租金与生产费用、价值之间的关系。

我们已经看到,正常价值,即从长远来看,因同类商品生产者在自由竞争条件下的互不影响的行为而产生的平均价值,等于生产费用。但是,因为同一种商品的各个组成部分的生产费用各不相同,所以,对这一正常价值定理,还需要进行进一步的解释。我们发现,商品的价格取决于在最不利条件下进行生产的那部分生产费用。

例如,假定在一个可以获得平均收成的年份,英格兰会生产出1000万夸脱①的谷物,并且,最后100万夸脱谷物的生产费用水平为50先令/夸脱。如果农场主预期从每夸脱谷物中所能够得到的收益低于50先令,那么,农场主会放弃这最后100万夸脱谷物的耕种。当农场主认为生产全部的100万夸脱谷物是值得的,那么,我们就可以知道,在这最后的100万夸脱谷物中,农场主可以得到每夸脱50先令的收益。因为,在同一个市场上的同一种商品只有一个价格,所以,在一个市场上所有谷物的平均价格必定为50先令。

---

① 夸脱是英国谷物等的容量单位,1夸脱约等于8蒲式耳。——译者

其中，有些谷物的生产费用水平仅为 30 先令/夸脱。这是因为，每夸脱谷物的 50 先令生产费用被分成了两部分：一部分是 30 先令，它由农场主支付的支出（除租金）；另一部分是 20 先令，正如我们所看到的，它是支付给地主的租金。如果有人认为每夸脱谷物的全部生产费用弥补了农场主的支出 30 先令和农场主支付的租金 20 先令，那么，在这种情况下，租金就成为谷物生产费用中的一部分。如果他认为，谷物生产费用的组成部分除了投入到土地上的资本、劳动的工资和利润外，还包括其他项目，从这个角度来看，则他的观点是正确的。但是，如果他认为，谷物的售价是由使用土地所支付的租金来决定的，从这个角度来看，则他的观点是错误的，这是典型的因果倒置的错误。租金不是谷物高价格的原因，而是其结果。谷物的平均价格必须足够高，以能够弥补在最不利条件进行生产的那部分生产费用。因而，谷物的生产量及其售价，一方面取决于谷物的需求人数；另一方面，取决于肥沃土地的面积，这些肥沃的土地是供给的来源。谷物价格是由在最不利条件下进行耕种且不用支付租金的那块土地的生产费用所决定。租金取决于谷物价格减去农场主更容易生产的其他农产品的生产费用后的剩余额。

李嘉图认为，租金不属于生产费用。基于这个观点，李嘉图认为，商品的正常价值等于在最不利条件下进行耕种且不用支付租金的那部分生产费用。租金不能决定商品的正常价值，但是，租金由正常价值决定。

[2. 人们经常认为，租金不属于生产费用，这一观点适用于初级产品，但是不适用于制造品。对此，我们需要认真地进行解释。

同农产品一样,制造品的价格也等于在最不利条件下进行生产且不用支付租金的那部分生产费用。在英国,每一个制造商都要支付地租,每一个啤酒花种植者都要支付租金。啤酒花的价格一定等于将最后几剂资本投入到土地上所获得的谷物的那部分生产费用,最后几剂资本投入所带来的那部分谷物产量不需要支付租金,但其他部分的谷物产量需要支付租金。就像一个啤酒花种植者为了达到自己的目的,要估算在每英亩土地上投入的资本数量;一个想要建造毛纺厂的人为了达到自己的目的,要估算在每一码建筑地面上投入的资本数量。如果他要建造一个新的工厂,他就要权衡建造 3 层高或者 4 层高的优势。他可能认为,建 4 层高的优势和弊端几乎是一样的,即各占一半。也就是说,他会认为,利用第 4 层厂房所生产出来的额外的毛织物,基本上刚好弥补了包括建造第 4 层厂房所投入资本带来的利润在内的生产费用,但不包括地租。不管他所建造的厂房是 3 层高还是 4 层高,他都必须支付地租。如果他决定建造第 4 层厂房,那么,利用第 4 层厂房所生产出来的额外的毛织物,就是他刚好被诱使生产出来的毛织物,就是在最不利条件生产出来的毛织物,就是不需要支付地租的毛织物。

的确,制造商在编制经营的损益表时,会将地租计算在生产费用中。如果利兹市①的地租增长,那么,制造商就会发现,他的生产费用也会增长,他就会将工厂搬迁到农村,然后在原来的土地上建造商店和仓库。因为,在一个城镇的土地上建造商店和仓库,比

---

① 利兹市是英格兰北部西约克郡的一个城市。——译者

建造工厂更有价值。① 他认为,将厂商搬迁到农村所节约的地租以及搬迁所带来的其他优势,会抵消搬迁所带来的弊端。在讨论制造商的搬迁行为是否值得时,需要将厂房的地租计算在毛织物的生产费用中。

同样,农场主在编制耕种土地的损益表时,也会将租金计算在生产费用中。例如,因为所支付的土地租金太高的原因,一个啤酒花种植者在土地上耕种所得的啤酒花的价格就不能弥补生产费用,在这种情况下,这个啤酒花种植者就会放弃啤酒花的种植,或者寻找其他的土地来种植啤酒花。这块被农场主弃用的土地可能会出租给一个商品菜园经营者。过不了多久,邻近的人对土地的需求会变得越来越大,以致商品菜园经营者所获得的农产品的价格不能补偿包括租金在内的生产费用。在这种情况下,商品菜园经营者会将这块土地出让给一家建筑公司。]

---

① 实际上,这样的一个搬迁过程一直在进行。当蒸汽投入使用时,一些原来散布在农村以利用水能的产业,慢慢地集中到了几个大的城镇。现在,出现了一个反方向的变化,一些大城镇变成了制造区的商业中心。

第十四章　需求对价值的影响

1. 如果某一因素的变化会使所有商品的生产费用按照相同的比例变化，但是，这种变化不会改变一种商品相对于另一种商品的购买力，也不会改变商品的价值。例如，在所有商品的生产费用中，资本的利息率是一个同等重要的因素，但是，资本利息率的上升或者下降不会影响商品的价值。事实上，在一些商品的生产费用中，利息率是一个非常重要的因素；但是在其他商品的生产费用中，利息率却是一个微不足道的因素。当固定资本的投入量很大时，利息率就是一个非常重要的因素，这种情况尤其会发生在诸如采矿业的产业中，在这样的产业中，在得到回报之前，所投入的资本在很长的一段时间内会成为沉没成本。① 一方面，采用机器设备生产鞋带时需要投入大量的固定资本，此时，利息率就会成为鞋带生产费用中的一个非常重要的因素。另一方面，采用手工生产鞋带时的生产费用几乎就仅仅包括工资，此时，在鞋带的生产费用中，利息率是一个微不足道的因素。利息率的降低会使得机器设备生产的鞋带相对于手工生产的鞋带的价值降低。其他能够改变商品的生产费用进而改变正常价值的因素是新的鞋带生产方法的

---

① 参见本书第十一章，第4点。

发明。另外的因素还有从事于鞋带生产的一些工人阶级的正常工资率的变化，以及由产量变化导致的生产困难程度的变化。在本章中，我们主要探究最后一个因素的影响。

2. 在前述的章节内容中，我们已经看到，一些商品遵循报酬递增规律，而另一些商品遵循报酬递减规律。例如，在手表生产中，投入的资本和劳动越多，手表的生产难度也就越小。手表需求的暂时性增加，毫无疑问会促进手表价格的提高，由此也会促进劳动者工资水平的提高，会促进行业资本利润的增加，直到超过资本利润的正常水平。但是，如果手表的需求呈现缓慢的渐进增长趋势，那么，行业中的劳动的供给和资本的供给也会呈现相应的变化趋势。这样，工资和利润也就都会保持在它们各自的正常水平上。与此同时，正如我们所看到的，由于劳动分工和生产分工在大规模生产中的细化而催生出来的多样型经济也不断涌现。因此，手表需求的逐渐增长，会使得手表的生产费用下降，进而手表的正常价值也下降。

另一方面，初级产品供给的增加，尽管其增加的速度比较缓慢，但也必然要遵循报酬递减规律。新的需求确实会导致新的供给来源的开放，会促进生产技术的进步。但是，无论在何种情况下，知识的总体进步对于以上变化，都会发挥更大的作用。总体而言，初级产品需求的增加，似乎总是会增加生产难度，从而增加商品的正常生产费用，进而促进商品正常价值的提高。

亚当·斯密指出，在野蛮的、未开化的国家，相较于制造品的价格，木材、肉、皮革和牛奶的价格都很低；同时，相较于谷物的价格，这些商品的价格也都很低。因为，在野蛮的、未开化的国家，土地的供给是无限的，树木可以无节制地砍伐，动物可以无计划地喂养，这些都是野蛮种族人所做的令人厌恶的行为，而谷物的种植需要有规律、有计划的行为。随着文明的进步，土地稀缺性的增强、资本的增加以及需要耐心劳作的产业的增加，使得木材产品和动物产品的正常价值相对于谷物来说，得到了提高；同时，谷物的正常价值相对于制造品来说，也得到了提高。在一些只有少数文明人口的野蛮种族中，1磅肉所能交换到的谷物不足1磅。但是，即使在《谷物法》废除之前的英国，1磅肉的价值也就相当于2磅或者3磅小麦的价值。即使谷物进口的人为障碍已经被移除，新鲜动物食品进口的自然障碍没有被战胜，仍然存在。所以，相较于获得肉类产品的难度，获得小麦的难度已大大降低。所以，现在，1磅质量上乘的肉产品能够购买到大约7磅小麦。

3. 现在，我们来看需求对价值产生的影响的性质。有一种特殊情况，那就是商品的价值完全由需求决定。商品的数量是固定的，例如拉斐尔的画作，就是这样的一种情况。他的画作的价格取决于人们对其画作的欲望和可用于购买画作的收入。根据需求定理，一种商品的价格"衡量了该商品对于每个购买者的最终效用。也就是说，对于购买者来说，一种商品的使用价值，就恰好是值得购买者购买的价值部分"。画作的数量越多，画作购买者的竞争程度也就越低；对于那些潜在的购买者来说，衡量画作使用价值的价格也就越低。在供给固定这样一种特殊情况下，商品的价格仅取决于商品的效用，需求是决定价值的唯一因素。

还有一种极少发生的相反的极端情况，即商品的正常生产费用是固定的，也就是说，无论商品的生产数量是多少，商品的正常生产费用是固定的。在这种情况下,商品的正常价值仅取决于其生产费用。在这里,需求所发挥的作用就是决定商品的生产数量。如果没有人愿意为这种商品支付与其固定生产费用相等的价格,那么,就没有厂商愿意生产这种商品。即使在这样的一种特殊情况下,需求也还是决定商品价值的一个条件。如果有人愿意接受这种价格,那么,这种商品的产量取决于这样一个条件:对于这种商品的购买者来说,商品的使用价值由该商品的价格来衡量。

但是,绝大多数商品既没有固定的生产数量,也没有固定的生产费用。由此,一般来说,需求是一个决定商品价值的因素,也是决定商品价值的唯一因素。需求增加会导致产量增加,这会改变商品的生产费用。因此,商品的价值部分地取决于需求,因为正常价值等于正常生产费用,而需求是这些生产费用的一个决定性因素。由此,我们对正常价值定理①进行以下补充性的阐述:商品的正常供给是这样一种供给:该供给使得商品的正常生产费用等于商品的价格,商品的这个价格能够唤起与该供给量对应的需求量,即商品的产量等于需求量。在这种情况下所决定的价格便是正常价格。

因此,商品的正常价格不是固定的,而是缓慢地上升或者下降。现在,我们可以看到,市场价格如何围绕正常价格相对快速地上下振荡,正如一块浮木在水的表面随着每一次瞬间的水浪在平均水位周围快速地上下摇摆一样。同时,平均水位也会随着潮涨潮落而缓慢地上升或者下降。

---

① 参见本书第十一章,第 7 点。

第十五章　分配

1. 我们已经看到,在估算商品的生产费用时,没有将租金估算在内。扣除了租金之后的生产费用通常被划分为工资、利润、原材料费用、其他流动成本、固定资本的磨损、税收等。例如,制造箱子的费用,在扣除了租金和税收之后的剩余部分,首先被划分为制造箱子的木匠的工资、所雇用的制造者的利润;其次,被划分为消耗在箱子制造过程中的木材、铰链、锁和其他流动资本的价格;最后,被划分为建筑物、机器设备和其他固定资本的磨损。

但是,一般来说,所有这些生产费用会被划分为工资和利润。因为,固定资本的维修和流动资本的支出可以被分解为工资、利润、固定资本的维修费用和流动资本的支出。所以,生产费用也可以采用这样的方法来进行分析。

例如,在制造箱子中所使用的锁的价格或者龙门刨床的维修费用,可以被分解为锁生产者或者机器设备维修者的工资和利润、所耗用的流动资本的价格以及所使用的固定资本的磨损,等等。

有些特定商品的一些费用是由垄断价格所引致的。例如,申请了专利的锁的价格、税收,这些费用不能被分解为工资和利润。尽管这些特殊情况绝对是不容忽视的,而且,在有些情况下,它们是极其重要的,但是,我们依然可以将商品的生产费用大体地划分为工资和利润。这些工资和利润包括了对商品生产付出的努力和节约的补偿。现在，我们探讨这些努力和节约是如何通过补偿来衡量的，也就是说，商品的生产成本是如何通过生产费用来衡量的。因此，我们可以看到，生产成本对价值的影响，实际上是间接的，而不是直接的；生产成本影响生产费用，而生产费用影响价值。

2. 国家净收入中来自于农场的部分并不是谷物的全部价值，而是扣除了播种于土地上的种子的价值、耕马的饲料的价值、耕犁的磨损的价值等之后的剩余。因此，一国的年净收入包括该年在补偿了消费或者磨损的辅助资本之后所得到的在这一年里生产的全部商品和生活便利。这种年净收入可以划分为以下四部分：第一，包括经营管理在内的所有工作的报酬；第二，资本的利息；第三，所使用的土地的租金，或者其他受到自然限制或者人为限制的财产；第四，向国家缴纳的税收。相应地，获得收入的人可以划分为以下四类人：第一，工薪阶层；第二，资本家；第三，地主；第四，国家。当然，同一个人可能会同时出现在两种或者多种人的分类里，例如，雇主既是工薪阶层，也是资本家；亲自耕种土地的地主既是地主，还是工薪阶层和资本家；一般来说，国家是地主和资本家。

在本书的第一篇中，我们已经探究了财富的生产、一个国家年度净收入的因素。我们已经看到，在明确的经济规律的作用下，地主能够以租金形式获得的份额是固定的。国家能够以税收形式获得的份额取决于在这里无法进行检验的因素，因此，我们必须将它当成是理所当然的事情。年净收入在扣除了租金和税收之后的剩余部分，我们将它视为一项既定的基金，称作为"工资-利润基金"①。在本书的剩余内容中，我们将主要关注分配的问题，包括对该项基金如何进行分配的问题。

3. 经济学家经常使用"劳动者"一词来通称所有种类的工作人员，劳动者并非仅指无技能的劳动者，但在贸易惯例中，劳动者被限定为无技能的劳动者。同时，"工资"是指除了经营管理的报酬外的所有工作的报酬。

经济学家和企业家一般都将管理报酬归类到利息这一项目中。在许多社会和经济的调查研究中，这无疑是一种最好的归类方法。因为，从某种程度上来说，这些获得管理报酬的人与获得其他类报酬的人属于不同的阶层。在讨论市场价值的时候，我们要考虑到这一事实。但是，在正常价值理论中，我们要探究的是基本经济规律。在探究基本经济规律时，我们会将那些在本质上相似、会遵循相似规律的事物归并为一类，这是一条科学的普遍规律。因此，我们最好将管理的报酬与其他类工作的报酬归并为一类，因为，它们在本质上是相似的，从长期来看，它们也遵循同样的经济规律。企业家的报酬是不确定的，渔民的收入亦是不确定的，他们都依靠脑力劳动来获得报酬；但是，律师和医生也都是依靠脑力劳动来获得报酬的人，但是，他们的收入被所有的经济学家归类为熟练劳动的工资。如果我们不将管理的报酬与其他类工作的报酬归并为一类，而是将管理的报酬归类到利息这一项目，放到了利润类

---

① 我们看待工资来源的方式跟接受"工资-利润基金"的方式并不是完全一致的，我们将会在后续内容中进行讨论。参见本书第二十八章。

中,那么,我们就会把在本质上完全不同且遵循完全相异规律的两种事物归并为一类。在以往的行业变迁的过程中,尽管我们很难在企业家资本的利息与其管理的报酬之间画一条清晰而又明确的界线,但是,我们发现,企业家资本的利息和他的管理的报酬所遵循的基本经济规律不同,从长期来看,有些经济规律决定的是正常利率,而另外一些经济规律决定的是正常管理报酬。所以,我们最好还是将管理报酬归类到工资这一项目,放到报酬类中;最好不要将扣除了租金和税收之后的国家净收入划分为工资和利润,而是将其划分为利息和报酬,从而称为"报酬-利润基金"。由此,我们要探究的是:在长期中,决定节约的补偿(利息)与各种行业的补偿(报酬)的基本经济规律是什么。

我们的探究包括供给和需求两个方面。资本的供给定理已经讨论过了,也考虑到了人口增长这个因素。但是,我们还必须要考虑非熟练劳动、熟练劳动和经营能力的供给定理。然后,我们还要探究正常供给与正常需求之间的相互关系,探究决定正常利息和正常报酬的基本经济规律。

[4. 在进行深入研究之前,我们最好先澄清一些误解。

首先,"生产成本"一词在使用上出现了一些混淆。在这里,"生产费用"一词有两种含义,一种是指"费用",一种是指"生产成本"。① 因此,(正常)价值定理可以表述为,价值与生产成本趋于

---

① 穆勒在使用这个词时,也有这两种含义。但他自己能够清晰而又明确地区分这两种含义,并且,对穆勒著作中的内容进行仔细的考察,我们就能确定他将"生产成本"一词用在每一处的确切含义。但是,对"生产成本"一词的这两种含义的区分,给许多读者造成了很大的困惑。参见 1876 年 4 月的《双周评论》。

相等。当然,这并不是说,商品的价值与本书中所称的生产成本趋于相等。本书中所称的生产成本是指为了生产商品而付出的努力和节约。(正常)价值定理的真正含义是,商品的价值与生产商品所付出的努力和节约的所有价值之和趋于相等。也就是说,"生产成本"与我们之前使用的"生产费用"的含义是一样的。因为,一种商品的交换价值或者价格,尽管可以等于同一系列商品的交换价值或者价格,但是,不能等于不同系列商品的交换价值或者价格。不同系列的努力和节约之间不能进行直接的比较。我们不能从手表制造者的制造手表的劳动中扣除箱子制造者的制造箱子的劳动。但是,我们可以从手表制造者制造的手表的交换标准或者交换价格中扣除箱子制造者制造的箱子的交换标准或者交换价格。有可能发生的是,1个经理1小时的工作、1个手表制造者2天的工作、1个木匠3天的工作、1个农业劳动者10天的工作有相同的交换标准,即1基尼①。1基尼也可能是一年20基尼贷款中的节约或者牺牲的交换标准。各种各样的努力和节约之间、生产成本的各个组成部分之间,肯定是不能相等的。但是,它们都会对价值产生同等的影响,因为,它们的经济衡量标准——费用是相等的,这些费用是购买商品的任何人都需要支付的。]

[5. 此外,除了分别获得报酬、利息、租金和税收的这四类人之外,还存在一类独特的人——"消费者",他们承受着经济变迁所带来的负担,收获着经济变迁所带来的利益。但是,这一阶层并不

---

① 基尼为1663年英国发行的一种金币,于1813年停止流通。1基尼等于21先令。——译者

存在。当然，如果某种商品的价格提高了，那么，任何想要购买该商品的消费者都会作为一个主体来承受商品涨价之后的价格。例如，如果生产者的工资上涨了，那么，这个产业分支获得利益的前提就是让消费者付出代价，这些消费者可能是地主、资本家、劳动者和国家。一般而言，商品的消费者都不是独立的阶层，任何的经济变迁都会对他们产生影响，有的经济变迁会给他们带来负担，有的经济变迁会给他们带来收益。这些负担或者收益会在工薪阶层、资本家、地主和国家之间进行分配。当然，还存在一个依附阶层——孩子、病残者、乞丐等。但是，他们所消费的商品，都是那些有独立收入的人所分配给他们的，这些商品不遵循经济规律。他们的消费取决于其他人的支持，但是，他们的消费也是消费的一部分。］

［6. 此外，对于那些与"国家年净收入"有关的解释，也存在一些错综复杂的问题。这些问题对本书的主要观点几乎没有什么影响，但是，我们不能完全地忽视这些问题。年净收入是指在一国土地、资本和劳动的年总产量中扣除一年中所消耗或者磨损的辅助性资本之后的剩余。必须要记住的是，总产量包括所有人的有市场价值的工作成果，不管他所提供的劳动是体力劳动还是脑力劳动，不管他所提供的劳动是创造出了财富，还是没有创造出物质财富。它包括从医生的建议中所得到的利益、从专业歌手的歌声中所获得的快乐、从其他人所提供的其他服务中所获得的乐趣等。它不仅包括公共汽车司机所提供的服务，而且还包括马车夫驾驶私人的四轮马车所提供的服务。它包括国内雇员所提供的服务，例如，制造、修补、清洗地毯或者衣服的服务；还包括家具商、女帽

设计师和染色工的工作成果。

然而，我们必须注意，一件商品的价值不能重复计算两次。如果我们已经计算了地毯的全部价值，那么，生产地毯所使用的纱线和所投入的劳动的价值就已经被计算在地毯的全部价值中了，我们不能再计算一次。但是，如果地毯是由国内雇员来洗涤的，或者是用蒸汽来洗涤的，那么，清洗地毯的劳动的价值就必须要单独计算。否则，这些劳动成果就会从新生产的产品和便利的服务的细目表中遗漏，而这些新生产的产品和便利的服务是一国实际收入的组成部分。

此外，假设一个年收入10000英镑的地主花费500英镑雇用了一个私人秘书，私人秘书花费50英镑雇用了一个佣人。如果这三个人的收入都计算在国家的净收入中，那么，就会有一些人的收入被计算了2次甚至3次。但是，事实却并非如此。地主将从土地产出中所获得的部分购买力转移给了他的秘书，作为对秘书的协助工作的回报；秘书又将其中的一部分购买力转移给了他的佣人，作为对佣人的协助工作的回报。农场产值中以租金形式支付给地主的那部分价值，地主从秘书的工作中所获得的协助，以及秘书从佣人的工作中所获得协助，都是一国实际净收入中的独立的组成部分。因此，10000英镑、500英镑和50英镑，都是他们的工作成果的货币衡量，都应该被计算在一国的净收入中。

人们从其租住的房屋中所获得的利益也必须被计算在这个国家的土地、劳动和资本的总产出中。在扣除了折旧费用之后的房屋租金，就是房屋所有者的资本的利息。因此，在"报酬-利息基金"中，也必须包括从租住的房屋中所得到的利益。

如果人们是居住在自己所拥有的房屋里，那么，人们从其自有的房屋中所获得的利益，在扣除了房屋的折旧费用和维修费用之后的剩余收益，也是国家实际收入中的一部分。人们从家具的使用、衣服使用、那些通常不被认为属于资本之列的其他商品的使用中所获得的利益，也应该采用同样的处理方法。这表明，我们需要对"报酬-利息基金"的计算稍做修正。我们应该将租金、税收、从家具和不属于资本的其他商品的使用中所获得利益，严格地从国家净产出中扣除出去。因为，家具和不属于资本的其他商品都掌握在消费者手中。在估算这些利益时，必须要考虑折旧费用和维修费用。

我们注意到，如果采用杰文斯先生所倡导的方法——将掌握在消费者手中的所有商品都称之为资本①，也就是说，"资本"一词就与"物质财富"一词同义，最后的困难也就不会出现。因为，在这个时候，我们应该将从这些商品的使用中所获得的利益，计算在"报酬-利息基金"中，并将这些商品的所有者看成是自己为自己支付利息，就如同在计算一国的租金时，假定地主在耕种自己的土地时从自己支付租金。尽管杰文斯先生的方法在某种程度上使得事情变得更加便利，但是，他的方法与惯常的做法是相反的。所以，最好还是遵守该词以前的用法。从这个意义来说，资本就应该包括租赁来的用于运输的马和用于耕种土地的马，而不论这些马的所有者是谁。如果马和马车是医生租来的，那么，医生的资本中就

---

① 杰文斯：《政治经济学理论》，第245—253页。吉芬先生在估算一个国家的"资本"时，将全部物质财富都估算在内，他估算出来的这个国家的资本是8.5亿英镑。

包括马和马车。在这种情况下,从马和马车的使用中所获得的收益也应该计算在"报酬-利息基金"中。但是,如果马和马车是医生自己的,并且,医生为了自己的享乐有时自己使用马和马车,有时将马和马车作为其他收益的来源,那么,在这种情况下,我们就很难说,在马和马车的价值中,有多少应该被看作资本。①]

---

① 参见本书第三章,第1点。

第十六章　非熟练劳动的供给

1."劳动的实际工资是指支付给劳动者的生活必需品和生活便利服务的数量,劳动的名义工资是指劳动者所领取的货币数量……劳动者是富有还是贫穷,劳动者的报酬是高还低,取决于劳动的实际工资而非名义工资。"①

对工资的这一区分非常重要,但是,在本书中,我们一致赞成忽略货币购买力的变化。只要我们做到了这一点,则劳动的名义工资或者货币工资的上涨或者下降,就等同于这些货币工资的一般购买力的上升或者下降,因此,也就等同于实际工资的上涨或者下降。

对工资还有以下的一个区分,即衡量工资的两种不同方式:一种方式是时间工资,指劳动者的日报酬;一种方式是任务工资,指劳动者保证质量地完成一定数量的工作(按件数统计工作任务或者按天数统计工作任务)所领取的报酬。

例如,如果一个成年劳动者一周的佣金是 15 先令,小孩一周的佣金为 5 先令,成年劳动者的平均工作量是小孩的平均工作量的 3 倍。尽管他们的时间工资不相同,但是,他们的任务却相同。

---

① 《国富论》,第一篇,第五章。

对时间工资和任务工资的区分非常重要,我们在后面的内容中还会进一步地看到这一区分的重要性。本章所讲的工资是指实际时间工资。

我们已经看到,根据人口原理,"工资率的上升,会导致人们生活舒适标准的提高,或者结婚人口和出生人口的增加。人们生活舒适标准的提高,又必然会引致将来长大成为有效劳动者的儿童比重的提高。因此,工资的上涨几乎总是能促进人口的增长,而工资的下降几乎总是抑制人口的增长。"

实际上,当劳动者的妻子和孩子都有一份好收入时,即使他自己的工资比较低,但他也能让他的家人过上舒适的生活。但是,这一改正并不像第一眼看到时所显现的那样重要。因为,如果他的妻子不在外面工作赚取工资,而是全职照顾家庭,则她即使不能给予孩子智力上的教育,但她的照顾却会促进孩子身体健康、道德水平的提高。如果他的妻子外出工作赚取工资,那么,她就顾不上家里的家务活了,并且她还要花费一部分自己的工资来雇用其他人来完成这些家务活。相较于父母为孩子提供生活费,孩子自己外出工作赚取工资养活自己,也许是一条更为重要的途径。但是,那些在年纪还小时就外出工作以赚取工资的孩子,通常是不健康和无知的。因此,在我们考虑工资对人口增长的影响时,仅关注劳动者自己的工资,是不会犯太大的错误的。不遵循上述规则的一个典型的例子就是新兴国家的农业家庭,在一个农业家庭中,所有家庭成员一起工作,因此,家庭生活没有被割裂,并且孩子的身体健康、心理健康和道德健康能得到很好的照料。

2. 年轻人在婚前所谨慎严守的舒适标准,因地而异,因时而

异。当一套高水平的舒适标准开始盛行时,社会舆论就会要求父母为孩子提供干净的房间、营养丰富的食物和良好的教育。这样一来,他们的下一代就会变得健康、聪慧并拥有良好的技能,这样的下一代可以为雇主创造巨大的价值。雇主为了竞争得到这样的劳动力,只得维持目前的工资率而不变。但是,因为劳动者所生产的产品数量如此巨大,所以,即使劳动者工资的所占份额有所上升,但也不会导致利润率的下降。事实上,工资的上涨可能会引发挥霍无度和铺张浪费的行为,这不利于后代的成长。但是,更为重要的是,这种情况不常发生,除非在某些地区,劳动者尤其是女性,因为所从事职业的性质而变得冷酷、粗俗和鲁莽。

当工资上涨使得人们的住房、饮食和教育都得到了改善,从而人们的工作效率得到了提高时,这可能会使得人们的工作效率得到永久的提高。如果工资已经处于非常低的水平,则工资的进一步下降会导致劳动的退化。"食物作为人体这个机器有效运转的燃料,其摄入量越少,则人体所产生的能量也就越少;人们所穿的衣物越少,则因寒冷而浪费的能量也就越多;人们的住房越狭小、越简陋,则住房中的空气也就越污浊,日照也就越不足,这会使得人们胃中的食物无法及时地得以消化,肺中的血液无法及时地得以氧化,从而会使得人的整个身体健康得到减弱,使得人的身体遭受疾病蹂躏的概率大大增加。因此,劳动者工资减少通过多种途径降低了劳动者的工作效率。"[①]劳动者的劳动所生产出来的产量越小,则劳动者从中所能获得的份额也就越小,而资本从中所能获

[①] 沃克(Walker)的《论工资》(*On Wages*),第四章。

得的份额却并未增加,也即,"流失的那部分工资,任何人都没有获得,而变成了劳动者和整个世界的损失。"

3. 到目前为止,我们已对非熟练劳动供给的决定因素进行了一般的分析,但是,任一特定行业中的非熟练劳动的供给的决定因素除了工资率外,还有其他的决定因素。假设有分别驶向地中海和北海的船只,并且给所有船员支付相同的工资,则在驶向地中海的船上,其船员定会人满为患;而在驶向北海的船上,却很难招聘到船员。因为,驶向北海的船在航行过程中会遭遇较多的恶劣天气,危险性较大,在同等的工资水平条件下,没有人愿意去应聘。所以,驶向北海的船主就会通过提高工资的方法来吸引劳动者应聘船员,以期抵消因航行中遭遇的恶劣天气对船员招聘所产生的不利影响。再如,地下矿井中的运载工的工资要高于地上的运载工的工资,夜间工作的港口工人的工资要高于白天工作的港口工人的工资。如果一个行业中存在不利于劳动者身体健康、卫生环境恶劣等不利因素时,则这个行业的工资必须要高于不存在上述不利因素的行业的工资,以吸引劳动者应聘到这个行业。必要增加的那部分工资就是这些不利因素的货币价值。同理,如果一个行业具有另一个行业所没有的独特优势,例如,优越的社会地位,那么,即便这两个行业在其他方面相似,且这个行业的工资低于另一个行业的工资,但这个行业的低工资也能吸引劳动者加入这个行业。这个行业与另一个行业的工资差额就是这些有利因素的货币价值。

如果将一个行业的工资和独特优势的货币等价物加总在一起形成一个总额,并从这个总额中扣除这个行业的特殊劣势的货币价值，则剩下的余额可以称之为行业的净利益。

在同一个地方，如果不需要专门技能的行业所获得的净利益高于其他行业所获得的净利益，那么，一般来说，劳动的额外供给就会快速增加，从而迫使劳动的工资下降。这个一般规则也存在一些重要的例外情况，对此，我们将在后续的章节中进行详细的讨论。

第十七章 熟练劳动的供给

1. 我们已经看到,非熟练劳动的供给主要取决于食物、衣服和前几代劳动者用于供养后代的其他生活必需品。人类和其他低级动物所具有的本能,促使父母们努力地为他们的后代提供食物和住所。但是,熟练劳动的供给还有一些特殊的要求。对熟练劳动力的教育需要资本投入,并且,资本投入的成果会在他以后的工资中得到体现。

亚当·斯密曾经说过,"当人们购置任何一台昂贵的机器设备时,都希望该机器设备在报废之前能够完成大量的工作,从而能够收回所投入的资本并至少获得正常利润。花费大量劳动和时间培养某人,使他能够从事需要非凡技巧和技能的工作,这个人便可以同那些昂贵的机器设备相提并论。他学会执行的工作的工资必须能够超过普通劳动的常见工资,而且能够补偿他的全部培养费用,并至少还能带来等值资本的正常利润。考虑到人的寿命是不确定的,正如机器设备的寿命是确定的那样,都必须在合理的时间内实现这一切。

因此,亚当·斯密认为,劳动者的教育资本投资的决定与可销售商品的资本投资的决定是相似的。如果事实确实如此,那么,熟练劳动的正常价格或者工资仅仅由其生产费用所决定,就像商品的价格由其生产费用所决定一样。例如拉车马的供给,会有一个平均价格刚好可以补偿各种类型拉车马的饲养费用和训练费用。不同类型拉车马的生产费用各不相同,因此,每一种类型拉车马的饲养数量据此确定,并且其销售价格能够弥补该种类型拉车马的生产费用。当马的交易者对马的市场环境了解不全面或者马的市场需求发生突然变化时,他对马的价格的估算就会不准确。从长期看,各种类型马的平均供给是这样的:每一种类型马的售价等于饲养和训练它们适应几种工作的费用。

另外,奴隶所掌握的技能是可销售的物品,所以,正常供给定理也适用于熟练劳动的供给。奴隶主通常会为不同的行业培养奴隶,他会估算每一种技能的培训费用和每一种工作可能的潜在需求。他会估算奴隶的雇用率和奴隶能够赚取收入的时间长度。他会考虑到奴隶被雇用的不连续性和雇用成功的不确定性,但是他必然不会去考虑工作给奴隶所带来的困苦或者不适,除非某些工作可能会危害到奴隶的健康或者缩短奴隶的生命。他会充分地考虑到这样的一个事实:对奴隶进行培训所发生的费用是即时的,但奴隶要到多年后才能获得工资。对这些问题或者因素都通盘考虑了之后,他就能够确定以下的两种选择中哪一种选择是值得的:(1)将奴隶培养成非熟练劳动者;(2)将奴隶培养成熟练劳动者。他也想知道,是不是他为培养奴隶所投入的额外的费用越多,奴隶为其所能赚取到的工资也就越多。例如,假设在排除了奴隶早逝的情况下,如果奴隶主为培训奴隶而发生的额外的费用为100英镑,而奴隶在其余生所获得的工资增量也正好是100英镑,那么,奴隶主一定不会为奴隶提供培训。如果工资增量是200英镑,奴隶主依然不会为奴隶提供培训。如果工资增量是300英镑，在是否为奴隶提供培训这件事上，奴隶主会感到很犹豫。如果工资增量是400英镑，奴隶主则很可能为奴隶提供培训。①

所以，奴隶主会依据市场对不同种类的熟练劳动的需求来调整劳动供给，而在任何行业中，从奴隶的工作中所获得的金钱上的收益，都与培养奴隶所遭受的困难和所发生的支出是相对应的。②

2. 父母为孩子选择从事的行业与奴隶主为奴隶选择从事的行业，他们各自所要考虑的因素各不相同，主要表现在以下的四个重要的方面。

第一，父母在为孩子选择从事的行业时，他们会估算这一行业的净利益，包括这一行业能给孩子带来的生活舒适度和快乐；而奴隶主在为奴隶选择从事的行业时，他们只会考虑那些会影响奴隶工作效率的事情。

第二，父母为孩子提供昂贵的教育的目的，就是期望能让孩子获得教育的主要成果。但是，奴隶所掌握的技能却是奴隶主的财产。父母像奴隶主一样，一方面，他们都会估算每一个行业的净利益；另一方面，他们还会估算为进入该行业所付出的努力和支出。

---

① 这种类型的估算在恩格尔(Engel)的《价格-劳动》(*Der Preis der Arbeit*)中也出现过。

② 正因为这个原因，奴隶制国家的人所接受的教育，可能要比自由国家贫困劳动者的孩子所接受的教育更好。但是，自由国家的领导人担心教育会使奴隶们造反。同时，身为奴隶，他们本身的性格是软弱的、冷漠的，让他们接受教育以从事困难的工作或者承担某一职责所做出的努力，就像是在为软木抛光。但是在古希腊和古罗马，当道德感促使人们抛弃了奴隶制时，奴隶在从事工作时就再没有了低人一等的感觉，雇主也经常为他的奴隶提供高层次的文学教育和艺术教育，并将其视为是一件理所应当的事情。

但是，即使父母们都已经将上述项目都估算出来了，他们也不会仅仅依据一个单纯的算术计算而做出决定。因为，他们还必须对以下的道德问题做出决定：为了孩子的利益，他们可以在多大程度上牺牲自己的利益？孩子在将来享受到的优势，对于他们的价值是什么？

第三，只有少数几个父母是资本家。大多数父母无法像资本家那样可以以某些名义去借债。举一个极端的例子，对于一些非熟练劳动者来说，即使有孩子工资的帮衬，他们仍然无法购买到足够的食物、衣服和住房，以满足家人的健康需要。所以，如果非熟练劳动者花费 50 英镑让孩子去学习某一行业的技术，他再去估算孩子能获得的利益，那么，这样的做法是无用的。孩子所能获得的利益可能是在他长大后，所能赚取的工资会按照每年 30 英镑的速度增长，这个增长速度将远高于非熟练劳动力工资的增长速度。将每年增加的工资加总后，他就会发现，在考虑了市场利率之后，这些额外的工资的现值将达到几百英镑。在这种情况下，奴隶主会依据商业规则来支付这笔费用，但孩子的父亲却不会也不能这样去做。

第四，假设奴隶主是一个资本家，而且奴隶主能像能干的企业家那样管理自己的事务，能像企业家那样总是努力地寻找资本的有利可图的投资机会。奴隶主关注着市场上每一种特定奴隶技能的供给和需求的变化，并会不断地列出培训奴隶的各种模式的损益账户。

但是，父母通常不会采用上述企业家的方式来进行探究：一对贫穷、无知的父母不会想到要为孩子创造一个与他们不同的人生。

在一个贫困的环境中成长的人，对这些是默许的。在他生命伊始，他就是一个贫穷的人，所以，将孩子的劳动计算在生计之内，在他们看来是合理的。他能赚取到的工资意味着这个世界也期望他这么做，并且他的邻居也都是这么做的。所以，他认为，他现在的微薄收入要比孩子的巨大的未来利益更有价值。由此，像其他父母一样，这对贫穷的父母只能眼睁睁地看着自己的孩子遭受苦难。但他们仍然不关心孩子和自己遥远的未来，因为他们没有丰富的想象力，他们在做决策时往往受习俗的支配，而不是经过深思熟虑、缜密推理来做出决策。越是在社会的底层，父母们所能看到的利益（这些利益是父母通过将资本和努力投入于孩子的教育所带来的）也就越少，父母们为此做出牺牲的能力也就越小。因为父母受教育的有限性和即时需求的压力，父母在贴现孩子的未来利益时所采用的利率会提高。

3. 父母想让自己的孩子所从事的职业，与他们自己所从事的职业在性质上完全不同，这是非常困难的，对此，穆勒深有感悟。 穆勒说："的确，迄今为止，在不同的劳动者阶层之间，界限的划分还是非常明显的，似乎职业之间的等级差别是世代相传的。每个行业主要招收被社会所认同的与该行业处于相同层次的行业中的人们的子女，或者招收虽然当初处于社会底层，但通过自己的不懈努力成功地提高了自己的层次的人们的子女。自由职业的供给主要来自于自由职业者的后代或者有闲阶级的后代。技术水平要求较高的手工业劳动者的雇用，通常来自于技术高超的工匠世家或者与其社会地位相当的手工业劳动者阶层。技术水平要求较低的手工业劳动者的雇用，也是如此。除偶然情况外，非熟练劳动者的世世代代都会在原来的社会阶层徘徊。所以,迄今为止的各个阶层的工资水平,主要取决于该阶层的人口的增长,而不是取决于一个国家总人口的增长。"

但是,穆勒又提到,"目前在习俗和思想上迅速发生的变化,正在消除所有的差别。将人们束缚在世袭的生活状况下的那些习俗或者顽疾正在迅速消失,每个阶层受到来自于其下的各个阶层的竞争,或者受到至少与其直接相邻的下一个阶层的竞争正在增强。"①

自此以后,这种变化仍在继续,现在英国不同社会阶层之间的界限,比上一代人生活的时代已经淡化了很多。在穆勒所划分的四个社会阶层中,每一个社会阶层又被进一步细分成多个小阶层,人们从一个社会阶层上升到另一个社会阶层,就如同人们爬楼梯时攀登的台阶,整个楼梯分为四段,人们每攀登上了一段,都要稍作停留,然后再继续向上攀登。

父母通常会在他们所处的社会阶层为孩子找一份工作,但是,如果某一社会阶层的劳动供给所获得的净利益大于下一个社会阶层,那么,处于下一个社会阶层的有思想和具有自我牺牲精神的父母,会让孩子在这一社会阶层找工作。因此,不同社会阶层的劳动供给定理与不同商品的供给定理发挥作用的方式是一样的,只不过前者发挥作用的速度要慢于后者。一方面,当某一行业的净利益大于为此工作做准备时所付出的努力和费用时,也就是说,当某一行业的净收益非常高时,这一行业的劳动供给就会增加。这一

---

① 穆勒:《政治经济学原理》,第二篇,第十四章,第二节。

行业增加的劳动供给,首先主要来源于同一社会阶层的其他行业,除非这一社会阶层其他行业的净收益也非常高。果真如此,那么,这一行业增加的劳动供给,主要来源于下一个社会阶层,并且劳动供给的增长速度缓慢。在任何情况下,劳动供给的增加主要归因于父母为孩子选择职业的行为,但是在某种程度上,也归因于部分成年人职业的变换。另一方面,当某一行业的净利益小于为此工作做准备时所付出的努力和费用时,这一行业的劳动供给就会减少。因为,那些多才多艺的人和具备某一工作所要求的最低标准和最低专业技能要求的人,会开始寻找其他的职业;父母也不会为孩子在这一行业找工作。

要完全了解不同类型熟练劳动供给的决定因素,我们就必须考察分析那些吸引或者排斥人们从事某一行业的各种各样的优势和劣势以及某一行业所需要的产业素质。

4. 首先,在估算某一行业的净利益时,必须要考虑这一行业的各种各样的优势和劣势。

在这一前提下,必须要考虑在一个行业中就业的连续性和非连续性,以及工作成功或者失败的可能性。考虑到这些不均等的情况,当我们在估算某一行业的工资水平时,必须找寻的是该行业中获得了中等成功的人的年度工资水平,甚至是好几年的工资水平,而不能只看他的日工资水平。我们不能仅仅根据渔夫出海满载而归时鱼的售价来估算渔夫的工资,还要考虑他在出海一无所获时的情况。我们不能将一个码头搬运工的工资视为在码头停满了需要卸货船只时,那些参与搬运的搬运工的工资,还要考虑没有船只大部分搬运工被迫失业时的情况。在比较泥水匠、木匠和铁路警卫的工资水平时，我们必须牢记，铁路警卫的工作在任何时候都是有保障的，但是，木匠可能会因为行业的惨淡而失业，泥水匠的工作也可能会因为行业的惨淡和恶劣天气而中断。在估算律师的收入时，我们必须考虑到，有成功的律师，也有失败的律师。

独立地考虑了这些情况后，在正确地估算某一行业的平均工资时，我们还要分别考虑这一行业的其他优势和劣势。这些优势和劣势可以被划分为健康、舒适和社会地位三类。危险被视为一种不健康的因素，肮脏、身体劳损、精神紧张、焦虑和单调被视为主要的不舒适的因素。亚当·斯密曾经指出，人们对屠夫这一工作的厌恶，以及在某种程度上屠夫对自己所从事工作的厌恶，使得他的收入高于面包师的收入。如果这两个行业的收入相同，那么，面包师的人数会增加，而屠夫的人数会减少，这种变化趋势会一直持续下去，直到屠夫的收入增加到超过面包师的收入，并足以补偿屠夫这一工作的劣势和其社会地位的劣势。家庭佣工的工资，包括食宿在内，要高于那些在工厂或者自己家里从事相同难度工作的女工的工资。因为，家庭佣工有时会丧失一些自由，而且，家庭佣工一旦落入那些态度恶劣的女主人之手，那么，家庭佣工可能还会丧失尊严。

当工作不愉快的表现形式是肮脏时，它给工人带来的进一步的劣势是社会地位的丧失。所有工作中那些最令人不愉快的工作主要是由那些找不到其他工作的人来做。因此，他们的工资也就比较低，其中的原因主要是这些人的不胜任，而不是这些工作本身的令人生厌的特性。但是，因为工作中的危险而产生的个人不舒适，通常不会令人感到不愉快。正如亚当·斯密所说的，"从事某一行业所具有的危险和冒险生活中千钧一发时刻的逃生,往往不会使年轻人感到沮丧,反倒会吸引年轻人加入这一行业……通过勇气和机智摆脱行业危险的遥远的预期不会让我们感到不愉快,也不会使任何行业中的劳动的工资上涨。但是,在那些勇气和机智无法发挥作用使工人摆脱困境的行业中,却并非如此。在大家公认的有害于身心健康的行业中,劳动的工资却总是非常高。"

事实上,一种提供很高酬劳的工作,通常以两种方式吸引人们从事这项工作。第一,几乎全世界的年轻人都对自己未来获得成功的机会,抱有非常高的希望,所以,他们更容易被成功的希望所吸引,而不会被失败的恐惧所阻碍。第二,一种工作的社会地位主要取决于人们通过这项工作可以获得的最高尊严和最好的社会地位,而不是取决于人们从事这项工作所能获得的平均财富。需要有学问的职业对人们的吸引力,不在于从事这种职业所能获得的工资的高低。实际上,这种职业的平均工资水平远低于那些从事其他职业的受过相同能力训练、勤劳的人的收入水平。

5. 接下来,我们考虑一个行业所需要的各种各样的产业素质、**身体素质、心理素质和道德素养**。一个人的身体素质和道德素养主要取决于青少年时期他生活的家庭的特性。如果他从小就衣食无忧,而且更为重要的是,他的父母都充满活力、诚实、善良,那么,他也就一定会具有这些身体素质和道德修养,而这些身体素质和道德修养又是产业效率的必备条件。一个人工资中因受教育而获得的那部分,可以被看作是将资本投入教育而获得的利润;一个人工资中因其独特的自然特性而获得的那部分,可以被看作是一种租金。也就是说,来源于生产要素供给的收入,主要取决于自然因素，而不是取决于人们为了未来利益而付出的努力和深思熟虑的支出。

如果某一种工作只需要付出体力，且按天计酬，那么，这一种工作的工资往往会比较低；但是，如果这种工作是按件计酬，就像挖掘工人的工资，那么，一个非常强壮的人有时就能够获得高工资。大多数需要很大力气的工作在某种程度上都是肮脏和令人不愉快的。在那些需要受过特殊训练的技能的行业以及需要智慧和判断力的行业中，人们所能获得的工资通常会非常高。例如，那些从事炼铁和制造玻璃工作的人一定具有过人的天资和聪慧，也接受了长期的专门训练，但是，当行业不景气时，他们经常会失业，而且不管是因为什么原因，他们一旦离开了自己原来所从事的行业，他们所拥有的技能将毫无用处。他们所从事的工作是肮脏和令人不愉快的，而且还需要付出很大的体力，还需要具有承受冷热瞬间变化的能力，而这些能力就连一些身体强壮的人都未必具备。所以，在经济繁荣时期，最好的铁器加热工和玻璃吹制工在从事按件计酬的工作时，他们所获得的工资应数倍地高于那些拥有较高社会地位的人的工资，对此，我们不必感到很惊奇。

许多种办公室的工作需要较强心理素质和较高道德素养的罕见组合。几乎任何一个人都可以很容易地通过接受教育来做好文书的工作，从而，在英格兰，不久后，人们的文笔可能都不成问题。当所有人都具备了书写的能力时，相较于任何一种手工劳动，文书这一能够赚取更高工资的职业，就会被归属到非技术行业中去。事实上，较好的技工工作会让技工得到更多、更好的教育和培训，而且技工所能获得的工资，也要高于既不需要判断力也不需要责任感的文书工作所能获得的工资。一个技工为他儿子所能做的最好的一件事情,就是将他儿子带入到完全依靠手工技能的行业中,由此,他儿子就可以了解与工作有关的机械原理、化学原理和其他科学原理,他儿子就可以很好地领悟工作中新改进的精神。如果他儿子的确有过人的天资和聪慧,相较于做一个办公室文员,做一个技工更有助于提升自己在世界上的社会地位。

6. 接下来,如果将在很多行业都需要的非专业化的产业素质,与某一行业的专业技能相比,我们将会发现,相较于后者,前者的重要性正在提高。

在前述章节的内容中,我们已经讨论了,劳动分工有时能使人们可以在完全不同的行业间自由地变换职业。① 这一讨论还可以被进一步延伸。机械发展的大趋势替代了大量手工工作,而这些手工工作只需要体力或者只需要在某一套动作的持续实践中获得的技能。相较于人的手工的动作,机械的始终如一的运转更加精确和有效率。那些在几代人之前需要人们特别熟练地用手指来完成的工作,现在都由机械来完成。因为,手工工作需要判断力,机械本身没有判断力,而操控机械通常需要判断力,所以,相较于过去,现在更加需要拥有聪明才智和智谋的工人。这些使人们在遇到新情况和新困难时能够正确而又快速地做出决定的素质,是任何一个行业中处于较高阶层的工人所普遍具有的特性。在一个行业中具备了这些素质的人,可以很容易地从一个行业变换到另一个行业。这些素质都是非专业化的。然而,在行业中所获得的大

---

① 参见本书第八章,第9点。

量关于生产流程和原材料质量的技术性的行业知识,的确没有太大的作用。产业的进步有助于专业知识的增加,而这些专业知识是几乎每一个行业中那些处于较高社会阶层的工人所必备的。

7. 我们已经看到,熟练劳动的供给难以调整到与熟练劳动需求相适应的水平上,而可出售商品的供给却可以很容易地调整到与其需求相适应的水平上。资本家可以将资本投入到有着巨大市场需求的商品的生产中,并通过商品的高价售出来获取丰厚利润。但是,如果资本家将资本投入到某一个行业中,以增加该行业熟练劳动力的供给,那么,技能的最终获得者是那些接受教育和培训的工人,而不是资本家。这一规则的唯一的例外情况是学徒制度。学徒制度使得资本家可以通过将资本投入到贫困阶层子女的教育上来实现自己的利益。在某些情况下,在学徒学习行业知识的这几年中,雇主会给学徒支付一笔数量可观的工资。但是,在学徒生涯的最后两年或者三年中,学徒的工作价值远远超过了根据学徒制度他必须提供服务时所得到的工资价值。因此,在学徒期间,学徒已经偿还了他的雇主投入到他身上的那些费用及其利息,这些费用和利息包括雇主所支付的工资、损坏原料和不当使用工具所造成的损失。但是,学徒制度也使得劳动者受到一些损害。在英格兰,时代精神使得年轻的学徒不愿意长期为雇主工作,这在新兴国家表现得尤为明显。此外,在亚当·斯密所处的时代,人们经常抱怨:雇主没有给予学徒适用的教育和指导。现在,这种状况比过去更为严重。因为,在以前,学徒由雇主来直接教导,雇主有意愿将学徒培养成最好的工人;但是,在现在,学徒由雇主雇用来的工人来教导,雇工没有意愿将学徒培养成最好的工人。除非这个雇工是学徒的父亲，否则雇工不会耐心地教导学徒。所以，雇主更愿意将雇员的子女当作学徒来教导和培养，父亲也更愿意将自己的子女当作学徒来教导和培养。在玻璃吹制行业与其他行业中，类似的社会等级制度也以同样的方式逐渐地形成了。

正如我们所看到的，因为父母受教育的有限性和即时需求的压力，父母在贴现孩子的未来利益时所采用的利率会提高。这一事实也为旨在提高困难阶层孩子教育质量的公共或者私人行动提供了强有力的支撑。在这件事上，政府可以去做并可获得直接的货币收益，而私人除非出于某种责任感，否则是绝不会去做的。正如我们可以借款一样，政府也可以以略高于3%的利息率筹集到资金，而穷人在任何可以容忍的利息率水平上，他们都无法筹集到资金。政府将所筹集到的资金投入到教育中，实际上是做了一笔很好的投资，因为，政府可以以皇室税和地方税的形式获得1/10的国家总收入。因此，按照现行的税率来计算，在因为教育制度改进而增加的国民财富中，政府可以获得其中的1/10。这1/10的国民财富足够用来补偿政府在普通教育和技术教育方面所支出的利息。政府开展这些普通教育和技术教育的目的在于加强英国人的竞争力，使得他们在与外国名校毕业的人的竞争中处于优势地位。

第十八章　经营能力的供给

1. 接下来，我们将探究不同类型经营能力供给的决定因素，以及一个行业的管理报酬率如何影响这一行业中经营能力的供给。

一名成功的律师或者医生所获得的报酬等于300个非熟练劳动者的报酬总和，但是，所有行业中，能够获得最高报酬的工作是企业管理。在最近几代人的努力下，企业管理这项工作才形成了目前的面貌。也只是在最近的一段时期内和少数的几个国家中，一些制造企业和商业企业的经营管理工作才需要最高级别的聪明才智。

在古时候，物品的性质和生产方式变化不大。发明推陈出新的速度很慢，在一些行业中，一个世纪内也很难出现一项新工艺的发明，即使出现了发明的新工艺，要达到普遍使用的程度，还需要一代人甚至几代人的努力。在过去，商人需要具备勤劳精神、良好的判断力和与他人打交道的能力，但不需要具有开创精神和开展发明创造的能力，他只需推动新方案的实施。但是，在现在，生产者和掌控大资本的商人也不能保持自己的地位，除非他们能迅速地利用新发明和具有想出新方法的能力。从很多方面来看，这些具有开拓性的工作的难度正在不断增强。相较于过去，在现在，物品的款式和品位发生改变的速度更快了。这些改变影响了绝大多数人，而不像过去那样，仅仅对社会上层阶级产生影响。再者，一个行业经营方式的每一个变化，都会改变从其他行业中所购入的物品的特性。并且，在现在，发生在各个行业之间的买进卖出的活动，要比以前多得多。一家生产商不仅要关注自身所处行业的发展，也要关注购买其产品的行业的发展。

另外，直到不久之前，那些没有属于自己的制造业的国家还都很乐意去购买英国的普通产品，而这些普通物品根本满足不了他们的需要。但是，现在英国的生产商面临着来自美国生产商和其他国家生产商的竞争，而这些国家色的生产商对每一个经济落后国家的需求都进行了专门的调查和研究。所以，为了保持自己的地位，英国的制造商就必须改进机器设备和实施方案，并改善输入他国的产品，以适应其产品输入国当地的气候环境和土壤环境。同时，英国生产商所生产出来的产品还必须要满足具有不同性情、习俗和处于不同文明阶段的种族的特殊需求。这就要求英国生产商具有广博的知识，并经常活跃自己的智力。

这样一来，生产商的大部分经营工作都会变得更加困难，并且，大部分经营工作需要更多的专门训练和工人的各种天赋的罕见组合。具备了上述要求的管理报酬将会非常高，但是，能做这些经营工作和能得到高管理报酬的人没有几个。

2. 我们已经看到，熟练工人需要掌握的技能，即个人资本，可以被划分为专业型技能与非专业型技能这两种类型。那些在某一行业中获得并贮存在这一行业中的用处不大的技能和知识，就是专业型资本；那些能很容易地从一个行业转移到另一个行业中的一般能力和资源、个性活力和影响力、诚实和沉着等，就是非专业型资本。同时，我们也已经看到，发明的进步使得纯手工技能和世世代代传承下来的拇指规则①知识的重要性不断下降。正因为如此，在许多行业中，但不是在所有的行业中，相较于工人的非专业型素质，工人的专业型素质的重要性也在不断下降。

同样的变化在雇主身上发生得更为猛烈。在以前，如果某一个工人的工作没有做好，雇主会教他如何把工作做得更好，从这个意义上来说，雇主是这个工人的老师。但是，在现在的许多行业中，这样的雇主非常稀有。过去由企业领导完成的大部分工作，现在都已由工头、监工和分包商来完成。这种改变令人感到很遗憾，因为这种改变会损害工作的全面性，会使得雇主施加在雇工身上的个人影响力得到削弱，从而使得雇主与雇工之间的关系变得疏远起来。尽管这种改变在某些方面会有弊端，但与以前相比，这种改变节省了企业领导的时间和精力，从而使得企业领导能够将更多的时间和精力投入到现阶段的劳动分工所赋予他的主要工作中去。在现阶段的劳动分工中，白芝浩将企业领导比作为现代的军事指挥官，军事指挥官不亲自去战斗，而是坐在离电报机线较远的那端，阅读几份文件，并远程指导和组织战斗。所以，企业领导的工作就是研究买入市场和卖出市场的变化，密切关注新需求和新发明，制定克服新困难的新方法等。做好这些工作所需要的大部分素质都是非专业型素质。这些非专业型素质部分地取决于早期的培养，部分地取决于职业教育。在一个行业中通过培训所获得

---

① 拇指规则（rule of thumb），又称为"经验法则"，是一种可用于许多情况的简单的、经验性的、探索性的但不是很准确的原则。——译者

的技能，可以转移到另一个行业中。

确实，如果某一个人在其所从事的行业中没有很好地了解和熟悉关于这个行业的技术细节，那么，无论他的一般的或者非专业型的经营能力有多么强大，他始终会面临一些劣势。但是，正如白芝浩所指出的，如果他有一位能干、掌握了必备的细节性知识的下属，那么，这些劣势就不会变得很大。因此，相较于通过改变行业的方式才成为企业领导或者企业主管的下属的损失，企业领导或者企业主管的损失更少。在一个国家中，一位部长可以从印度事务部转到外交事务部，或者从济贫法委员会转到海事法庭，而且，这种转移不会带来太大的效率损失。他从手下的常务秘书和办事员那里获得关于技术细节方面的信息。他的判断力和远见卓识，在不同的事务部中都同样适用；而他的下属在事务部中获得并贮存在这一事务部中的技术知识，却没有太大的价值。确实，"对于在商业世界的某一个行业中成长起来却转移到另一个行业中工作的人来说，他原先已经具备的大部分技能和知识在现在所处的行业中就没有太大的用处。正如农民的子女去从事棉纺业和饰带制造工的子女去从事船运业一样，他们身上所具备的技能和知识在棉纺业和船运业中没有太大的用处。每一类行业都有自己的传统，并且这种传统从来都未以书面形式记录下来，或许也无法记载。这些传统只能在人的观念形成和思想成型之前，在其职业生涯的早期，通过碎片化的学习来获取。但是，现代商业中的每一个行业都被其辅助行业和同类行业所环绕，也即每一个行业都与其辅助行业和同类行业紧密相连，这使得人们能更好地了解行业状况，并对行业的预期前景更为熟悉。① 一旦某一行业能获取高额利润，相邻行业中的经营能力就会转移到该行业中。

3. 我们已经看到，一个行业中，熟练工人的供给一方面取决于工人自身净利益的估算和父母对孩子的净利益的估算；另一方面，取决于进入这个行业的难度。我们发现，如果他们的估算是正确的，如果他们进入某一行业时不会遭遇天然的障碍或者人为设置的壁垒，那么，熟练工人的供给就会调整到与熟练工人的需求相适应的水平上，从而，进入这个行业所能获得的净利益刚好补偿为进入这个行业而投入的努力和支出。同时，我们现在也已经看到，在一个行业中，经营能力的供给是如何随着管理报酬的增加而增加的。但是，经营能力的供给与熟练劳动的供给存在以下几个方面的不同。

第一，平均管理报酬不容易确定。通过计算具有不同程度效率的工人所赚取的工资和其工作容易发生变动的工人所赚取的工资的平均数，我们就可以相对容易地计算出泥水匠和搅炼工人的工资水平。但是，一个人所获得的管理报酬是指从他的经营净利润（通过编制一张精确的关于经营净利润的账单来计算）中扣除资本利息后的剩余。通常来说，他本人并不知道自己所经营事务的确切状况，同时，他的同行竞争对手也根本无法精确地猜测出他的经营状况。在当今社会，即使是在一个很小的村庄，一个人也无法知道他所有的邻居的事情。"村庄中的旅店老板、酒店老板或者商店店主等能挣点小钱的经营者，都不会将自己的利润情况告知自

---

① 克利夫·莱斯利《双周评论》(*Fortnightly Review*)，第十九卷。

己的邻居,以免增加竞争者;那些经营不善者也不会将自己的经营状况公布于众,以免引起债权人的警觉。"①但是,我们现在要讨论的是,(1)在长期中,决定每一个行业经营能力供给的因素;(2)在某种改变发生后不会引起广泛关注的情况下,某一行业的平均利润率不会出现大幅增减的状况。商人能否通过变换自己所从事的行业来改善自己的前景,相较于熟练劳动者来说,尽管这是一项更加困难的任务,但是,商人会有更好的机会去发掘从事其他行业可能会带来的当前利益和未来利益。商人如果确实想要变换行业,正如我们所看到的,通常来说,他会比熟练工人更容易适应新行业,并且,他也能为自己的儿子选择任何行业。

第二,某一行业中经营能力的供给不同于熟练劳动的供给,经营能力的供给部分地取决于行业范围内必要的资本供给。但是,这种不同远没有它显现的那么重要。在这里,我们难以正确地考察那些可以将资本从不需要的地方转移到需要的地方的银行和其他的现代代理银行。从我们现在要达到的目的出发,我们假设"英格兰大部分最有权势的人会花费更多的精力去关注他人是否有能力偿还他的债务。这些人形成的集合体就像是一台已经装备好了的机器,准备将资本投向任何可能的领域。当一群商人需要资本时,一群商人中最好的商人,也就是那些最守承诺的商人,能够马上获得资本。因为,那些手中掌控了资本的投资者,知道那些最守承诺的商人就是可以获得资本的最佳人选。"②一个具有经营能力

---

① 克利夫·莱斯利:《双周评论》,第二十五卷。
② 白芝浩。

和拥有少量资本的人能够获得更多的资本。如果他能认真地经营这些资本,那么,他的社会地位将会得到提升,从而他也能借贷到更多的资本。由此,不久以后,他所能使用的资本数量就会非常庞大,所能获得的收入也非常丰厚,从丰厚的收入中扣除了借款的利息之后所得的利润也会很多。此外,一个没有资本的人,可能会考虑与他人一起设立私人合伙企业;或者,他可能会成为一家股份公司的经理。"一个人成为雇主的原因是他自己是一个资本家,这种说法再也不是正确的。一个人之所以能够掌控资本,那是因为他具有通过雇用劳动力来获取利润的各种先决条件。资本和劳动都需要依靠这些产业领袖(或者产业组织者)来寻找机会,以发挥各自的职能。"①

由此,我们可以得出结论,尽管经营能力的供给与熟练劳动的供给有着多方面的不同,但是,这些不同并不会影响这样一个事实:在一个行业中,决定经营能力供给的所有的基本因素与决定熟练劳动供给的所有的基本因素是相同的。然而,我们还将进一步看到,一个人依靠借贷资本经营所获得的管理报酬,要低于具有同等能力的人依靠自有资本经营所获得的收入,因为,借贷资本需要支付利息。

---

① 沃克:《工资问题》,第十四章。

第十九章　利息

1. 我们已经考察过了资本的正常供给定理和不同类型产业的正常供给定理。下一步,我们主要研究正常供给与正常需求之间的关系,以及资本的正常利息和每一种类型产业的正常报酬的决定因素。

我们已经看到[①],一国资本与产业的总的年净产值是指从资本利息和不同类型产业的报酬中扣除了租金和税收之后的剩余,我们将这个剩余称之为"报酬-利息基金"。资本能从"报酬-利息基金"中获得多少份额,主要取决于两个因素:一是基金的数额;二是基金的分配方式。

第一,一定数量的劳动和资本能够带来的"报酬-利息基金"数额,取决于以下三个因素:(1)农业自然资源和矿物资源的范围及富有程度;(2)农业技术、采矿技术和制造技术的进步;(3)大自然和技术为我们所提供的能将人、商品和消息快速、廉价地从一个地方传送到另一个地方的手段和方法。一个拥有发达、便捷的交通运输系统的国家,即使土地资源比较贫乏,也能从资本和劳动中获得高额利润。同时,这个国家的产业集中能为其制造业和运输业

---

① 参见本书第十五章,第2点。

带来优势,从而使这个国家能以一个适中的价格从国外购买大量食物和原材料。但是,能够获取最高报酬的国家大都是新兴国家,这些国家在开采利用丰富的自然资源时,一般都采用文明的方法。然而,这种状况并不令人完全满意,除非这个国家的人口密度足够高,以至于能使不同地区之间形成便捷的交通运输系统,不同人们之间形成快捷的通信系统,能促进劳动分工的深化。

这就是决定"报酬-利息基金"数额的三大因素,"报酬-利息基金"是对一定数量的资本和产业的自然回报。下一步,我们将探究"报酬-利息基金"是如何被划分成资本以利息形式所获得的份额和产业以报酬的形式所获得的份额这两部分的。然后,我们将探究产业所得的份额是如何在不同等级的非熟练劳动、熟练劳动和经营能力之间进行分配的。

当一位资本家将自有资本投入经营中时,这名资本家其实既是支持产业生产的资本的供给者,又是这些支持产业生产的资本的需求者。他从自有资本中所获得的利息,在实践中并不能从他的工作所获得的管理报酬中清晰地划分出来,利息和管理报酬都以利润的名义被估算在一起。但是,在理论上,我们必须严格区分利息和租金:对于他将自己的资本出借给他人使用而获得的那部分收入,我们将其视作为利息;正如,如果一个人耕种自己所拥有的土地,那么,对于他将自己的土地租赁给他人耕种而获得的那部分收入,我们将其视作为租金。

2. "报酬-利息基金"中被分配为属于资本与产业的份额而产生的利息率,取决于产业对援助资本需求的急迫程度。

在文明国家,所有的生产都需要资本和产业,并且,资本与产业之间需要相互支持,但是,在不同的时间和不同的地点,资本与产业之间相互支持的程度并不相同。假设某一个地方拥有充足的产业供给,但是缺乏资本供给。在这样的生产方式下,相较于只能利用较少辅助资本进行生产的生产者,那些能够利用大量辅助资本进行生产的生产者更具优势。在这个时候,产业对援助资本的需求就会更加急迫。也就是说,当资本投入的增加可以极大地促进产量增加时,投入到生产中的既定数量的资本所能获得的产量份额就会增加。因为,产业发展急需大量援助资本,而资本的稀缺性使得资本所有者可以以对自己非常有利的条件将资本放贷出去,资本所有者完全不用担心资本会放贷不出去。

反过来,如果资本的大量供给与人口数量是成比例的或者相称的,并且采用那种即使增加辅助资本的投入也不会增加多少收益的生产方式,那么,产业对援助资本的需求就不会那么急迫。于是,产业的发展就不会被迫地听任于资本,从而也就不需要负担一个高利率。

因此,我们发现,在其他条件相同的情况下,资本的增加将会削弱那些需要援助资本的产业的竞争性,从而会增加以损害利息为代价而获得的报酬。同理,在其他条件相同和资本不变的情况下,人口的增长将会增强那些需要援助资本的产业的竞争性,从而会增加以损害报酬为代价而获得的利息。

但是,其他条件通常不会始终都相同。文明的进步增加了产业对援助资本的需求,而产业对援助资本需求的增加独立于一国人口的增长。因为,产业对援助资本需求的增加引起了机器设备和其他物品(这些物品是人们用来达到某种目的的手段)在数量和成本上的持续增加。让我们来看看关于这种变化的一些例子。

以前,人们通过手工使用水泵来抽取所想要的水,或者使用水桶来提取所想要的水。现在,自来水公司建立了昂贵的供水系统,从而可以将水引向需要它的地方。诸如此类的供水系统体现了通过资本化所节省的努力。所以,所有现代的发明物,例如,照明设备、排水管道、客运和货运铁路、客运和货运运河、传递信息的电报机等,都使得人们只需要付出较少的努力就可以达到自己的目的。如果没有这些现代发明物,人们就需要付出较大的努力才能达到自己的目的。如果人们将大部分努力资本化了,也就是说,如果人们在刚开始时就付出了巨大的支出,那么,人们就会预期其支出在未来的数年内会获得丰厚的回报。此外,所使用的固定资本越耐用,所需投入的资本总额也就越大。例如,当一国大量石质建筑开始取代建成快、毁损也快的木质建筑时,投入到该国有利可图的建筑业中的资本数量就会快速增加。美国正在发生这种变化。

几乎每一项重要的发明都会引起有利可图的资本运用范围的扩展。当以前由手工完成的工作现在由机器设备来完成时,资本运用的范围又会扩展。我们可以将一台机器设备的净报酬定义为它的工作价值,它是在扣除了折旧和包括管理报酬在内的完成这项工作的全部费用的剩余。有些机器设备在发明之后没有投入使用,那是因为它的净报酬不能补偿发明该机器设备时所投入资本的市场利率。随着时间的推移,当机器设备得到了改进后,它的净报酬就能够补偿发明该机器设备时所投入资本的市场利率,人们就会将这台机器设备投入使用,由此,资本运用也就有了新的领域。因此,使用昂贵机器设备所带来的优势的增强,能够扩展有利可图的资本运用的范围,从而能够提高资本的市场利率。

我们看到,固定资本耐用性的增强,以及机器设备和其他辅助资本的扩展性使用,会使得那些促进产业发展和就业的资本的数量增加;相反,每一个这样的变化,会使得那些能促进资本使用的产业的数量减少。每一个这样的变化,都会使得产业对援助资本的需求增加。

3. 接下来,在生产技术既定的条件下,一定数量人口所需求的用于援助生产的资本数量,取决于他们所获得的援助资本的利息率。

为了验证这个观点,我们以一些特殊行业为例(例如,制帽业)来探究一个行业吸收资本数量的决定因素。假设在有完善的安全保障条件下的年利率为4%,制帽业吸引了100万英镑的资本。这意味着,如果他们愿意支付4%的年纯利率,那么,制帽业就可以获得价值100万英镑的资本并加以充分利用。纯利率是指扣除了所有行业、个人的风险和减值之后的利率。对于制帽业来说,一些物品也是必需的,制帽业不仅必须要有食物、衣服、住处,而且还必须要有流动资本(例如,原材料)和固定资本(例如,工具和小型机器设备)。

毫无疑问,竞争使得人们难以从资本的使用中获得高于一般行业的利润水平。但是,竞争所造成的损失如此有害,以致这个行业中的厂商如果无法在更加宽松的条款下获得资本,那么,厂商愿意支付50%的年利率来获得资本。对于有些机器设备,如果资本的年利率为20%,则厂商不愿放弃对它们的使用;但是,如果资本的年利率高于20%,则厂商就会放弃对它们的使用。如果资本的年利率为10％，则厂商就会使用更多的机器设备；如果资本的年利率为7％，则厂商使用的机器设备会更多；如果资本的年利率为5％，则厂商使用的机器设备仍然会很多；最终，如果资本的年利率下降到4％时，厂商仍然会使用更多的机器设备。由此，我们可以说，当机器设备的使用量达到某一数量时，机器设备的最终效用可以用4％的年利率来衡量，也就说，恰好值得厂商使用机器设备时所带来的效用可以用4％的年利率来衡量。利率的提高会抑制厂商对机器设备的使用，因为，厂商不会使用那些年净盈余低于其价值4％的机器设备。利率的下降会导致厂商对援助资本需求的增加，从而，厂商会使用那些年净盈余低于其价值4％的机器设备。再者，利率越低，制帽业的厂房和制帽者的住房的建筑风格也就越充实、越具有实际价值。利率下降将会导致制帽业中资本使用量的增加，主要表现为原材料库存的增加和零售商手中产成品的增加。

利率的下降，会使得某些行业对资本需求增加的幅度大于其他行业对资本需求增加的幅度。一个世纪以前，利率下降对农业的影响很小，但是，在现在，利率的下降，极大地促进了农业机械的使用和改良，由此而产生的回报预期能延续很长一段时间。此外，在棉花生产中，虽然资本投入的不断增加加快了机器设备的改良应用，但是，因为棉花行业中的工作在本质上如此一致、在规模上如此庞大，以致所发明的机器设备几乎都会持续不断地被应用在棉花行业中，因此，利率下降对棉花业的影响很小。但是，在木制品制造业和铁制品制造业中也存有大量机器设备，如果这些机器设备能够持续不断地运转，那么，它们就会变得非常地经济实用。

但是，在小型工厂中，这些机器设备只是偶尔被投入使用。利率的下降会增加这类机器设备的使用。

当然，在行业不景气的那几年，大量机器设备根本就没有任何的净回报。一些制造出来的机器设备从来没有产生过任何的净回报。但是，从平均结果来看，我们会发现，一国所使用的机器设备和其他资本的年净回报，刚好能够负担得起按现行利率计算的使用这些资本的利息额。例如，我们假设，英格兰目前的情况就是如此，资本的利息率为4％，所有的各种各样的行业之间以不同方式运用的资本数量为40亿英镑，这表明，这40亿英镑正好就是英格兰在现阶段可以使用的资本数量，这里面不包括那些考虑了风险因素之后的被认为可能会有用的年净回报低于其价值4％的资本。

4.因此，借贷资本的需求也遵循类似于商品销售的定理。 正如在任何给定的价格水平上，一定数量的商品都能找到买家，当商品价格上涨时，销售量就会减少，资本的使用也是如此。在一国生产技术既定的条件下，如果年度"报酬-利息基金"中的资本份额为7％，或者我们说，如果他们必须为资本的使用每年支付7％的费用，则总有一定数量的资本值得产业中的不同行业所使用。如果每年必须支付6％的费用，则值得使用的资本数量更大；如果每年必须支付5％的费用，则值得使用的资本数量仍会增大；如果每年必须支付4％的费用，则值得使用的资本数量会继续增大，依次类推。

由此，我们可以得到**资本需求定理**：随着一国人口数量的增长、自然资源的增加、生产技术效率的提高、生产技术能够担负得起的辅助资本的使用范围的扩展以及固定资本耐用性的增强,资本需求也会增加。在一国生产技术和产业工人数量既定的条件下,该国可使用资本的利息率取决于可供借贷的资本数量。如果可供借贷的资本数量减少,则可使用资本的利息率会上升;如果可供借贷的资本数量增加,则可使用资本的利息率会下降。反之,如果可供借贷的资本的利息率下降,则可使用的资本数量会增加;如果可供借贷的资本的利息率上升,则可使用的资本数量会减少。我们可以用现行利率来衡量每一位借款人使用资本的最终效用,所谓最终效用是指恰好能诱使借款人使用资本的那份资本所能给他带来的收益。

5. 当全部的资本供给都得到了利用时,利率便会达到均衡状态。

在一国的资本总额中,每年新增的资本量都很小。所以,如果我们只是考虑短期的情况,那么,我们可以将短期内的每年的新增资本量看作是固定的,这不会出现太大的错误。在这一假设条件下,利率定理就类似于商品价值定理:当商品的供给量不能增加时,需求就是商品价值的唯一的调整器。由此,利率取决于既定资本存量下的资本需求。

6. 但是,从长期来看,我们不能忽略利率对资本增加所产生的影响,由此,我们所讨论的问题将变得复杂化了。为简单起见,我们假设:利率(即资本使用的价格)对资本积累会产生势不可挡的影响。这一假设,与我们之前曾经做出的"资本供给固定,资本供给与利率无关"假设相反。

例如,我们假设,如果资本的年利率为 5%,则人们就会快速地积累资本；但是，如果资本的年利率低于5%，则大部分人就不会积累资本，而开始将资本用于消费。在这种情况下，保障投资的正常利率就固定在5%的水平上。只要利率高于5%，人们就会快速地积累资本。资本的增长使得产出的分配更有利于产业，而更不利于资本，即资本的增长会使得产业的回报增加，使得资本的利息下降。如果利率低于5%，则资本积累就会受到抑制，并且，很多人会将资本用于消费。这样的话，产业对援助资本的需求会增加，产出的分配也会更加有利于资本，即产出的回报会下降，利率会上升直至5%，依此类推。因此，5%的年利率是利率的中心值或者正常值，节约所产生的报酬使得利率不断地趋向这个中心值；并且，任何偏离这个中心值的利率都是暂时的不规则的利率。在偏离的利率存在的同时，也存在一种力量去纠正它，使得偏离的利率趋向于这个中心值。

在这一假设条件下，资本的正常利率应该固定在5%的水平上，并且，这一正常利率与某一领域内资本使用中所发生的所有变化无关，例如，富裕的新兴国家的开放，为固定资本创造广阔空间的发明等。当然，这些变化可能会使利率暂时上升，但是，在我们目前所做出的假设的条件下，利率上升会导致资本存量的快速、大幅增加。所以，利率不会长时间地保持在超过5%的状态中。在这一假设条件下，资本的正常利率将会牢牢地固定在某一水平上，就如同商品的正常价值（即独立于产出数量的生产费用）也将会牢牢地固定在某一水平上一样。①

---

① 参见本书第十四章，第3点。

7. 但事实上,利率对资本积累所产生的影响,要比我们所做出的假设条件下的影响弱得多。

人们进行节约的动机多种多样,并且,人们的性格有着广泛的差异。无论利率有多高,一些人还是会毫无远见地选择浪费;无论利率有多低,另一些人还是会为了自己的家庭和晚年而进行节约。总之,一国利率的下降,在某些情况下会抑制资本的增长,在另一些情况下会促进资本的增长,但是,后者的影响小于前者的影响。因此,利率的降低,在一定程度上会降低资本积累率,尽管这种影响程度很小。①

因此,资本供给定理可以表述为:一国的自然资源、产业人口数量和生产技术水平,构成了资本应用的领域,并且决定了所使用的任一给定数量的资本的利率。当全部的资本供给都得到了利用时,利率便会达到均衡状态。资本供给取决于许多因素的缓慢的作用,其中的因素之一就是利率。

结合资本需求定理,我们可以得到资本的正常利率定理:当一国的经济状况能够在很长一段时期内保持始终如一时,从资本供给中获得的利率,就是能够形成未来资本供给的利率,由此所决定的利率就是正常利率。

8. 自英格兰进入现阶段的经济发展时期后,其大部分资本都已经实现了积累,并且,在良好安全保障条件下的正常年利率为4%。在英格兰,国外市场对利率产生了较为重要的影响。一方面,如果利率上升至远高于4%的水平,那么,那些为了到国外投

---

① 参见本书第六章,第4点。

资而投向国外的资本将会留存在国内。国内可使用的资本越多，产业对援助资本的需求将会增加，这会导致牺牲利息条件下的工资上涨。另一方面，如果利率下降至远低于4%的水平，那么，在国内寻求投资的资本将会减少，用来援助产业的那部分资本的竞争性将会减弱，资本和产业产出的分配将会更加有利于资本，从而，资本的利率会上升。

在未来的一段时间内，英格兰的正常利率不太可能会偏离4%太多，但是，在市场利率以正常利率为中心快速地上下波动的同时，正常利率可能会随着就业市场的变化而缓慢变化。

9. 在蒸汽机发明之前，西欧的利率似乎要降低至比现行利率还要低的水平上。 现代产业中发生的变化为大量辅助资本的有利可图的利用创造了广阔空间，例如，英国已经将7亿英镑资本投入到铁路建设中。在不降低利率的条件下，发明创造的相继出现和国外商业的发展使得资本的增长快于人口的增长。历史记载表明，在一国财富和资本迅速增长的其他时期，资本使用新领域的开发引起了利率的上升。

在新兴国家，自然给予人类工作的回报如此丰厚，以致虽然劳动的工资很高，但是，资本所有者还是能从资本使用中获得10%甚至更高的利率。资本很快就会从古老国家流入到新兴国家。在一个地区被好几代人占领之前，财富的最富有的自然来源会变成私人财产，且会被收取高额租金。于是，那些需要在资本和劳动之间进行分配的产出（即报酬－利息基金）也遵循报酬递减规律，并且，这部分产出的增长慢于资本的增长。因此，新兴国家的利率不再高于古老国家的利率。合理投资所能获得的8%的利率，就像波浪一样在北美大陆的大部分地区稳步地散播,紧随而至的是利率降低至 7%、6% 甚至 5%,这些利率也开始从北大西洋国家向西、向南散播。

10. 远期利率很难预测。迄今为止,文明的进步增强了人们在低利率水平上进行储蓄的意愿。在古老的国家,人们已经习惯于通过耐心工作来获得低廉的工资,并对其所拥有的收入的安全性评价很高。低利率对资本积累产生的抑制影响似乎很小。例如,在英格兰,尽管利率水平很低,但是,这个国家的资本仍以平均每年 2 亿英镑的速度增长,资本的这个每年 2 亿英镑的增加量略高于资本总量的 1/13。如果这个资本增长率能保持 400 年,英国人所拥有的资本将增长 100 万倍;如果这个资本增长率能保持 800 年,则英国所拥有的资本将增长 10 亿倍。但是,无论我们对未来生产技术的进步抱有多高的期望,我们都不能认为:有多少数量的资本,就总是会有相应的有利可图的资本使用领域。资本的快速增长迟早必然会增强对劳动起援助作用的资本的竞争力,必然会减弱对资本起援助作用的劳动的竞争力。因此,净产出中的资本份额将不再像以前那样成比例地增大。同时,根据报酬递减规律,从既定数量的资本和劳动中所能获得的净产出将减少。因此,资本的正常利率最终将下降。

我们没有理由认为,利率会快速下降到最低值,然后保持不变。我们应该期望,正常利率将伴随着微小的上下波动而呈现出持续下降的趋势,但其下降的速度会越来越慢。因此,正常利率可能会无限地接近其最低值,但始终不会达到最低值。我们也无法使用什么方法来推测正常利率的最低值是多少。

第二十章 工资

1. 我们已经看到,在不包括租金和税收的情况下,土地、资本与产业的产出如何被划分成利息和报酬,如何被划分成补偿节约的份额和补偿体力劳动或者脑力劳动的份额。现在,我们开始探究后者在非熟练劳动、不同种类熟练劳动和经营能力之间的再分配方式。

现在,我们要研究的不是习俗、社会机会或者行业组织为不同类别产业在"报酬-利息基金"中获得相应份额时所提供的优势或者有利条件。但是,当我们在下一篇中讨论工资理论时,我们将要研究这些优势或者有利条件如何使得一个行业的工资长期地偏离其正常工资。

首先,我们来探究对一个行业工作的正常需求的组成内容。这种正常需求部分取决于消费者对这一行业所生产的或者辅助生产的产品的购买欲望,部分取决于其他产业和参与生产这些产品的资本所有者对该行业提供的援助的需求程度。因此,我们可以说,对某一行业工作的正常需求取决于其他行业的生产"对该行业提供的援助的竞争程度"。我们通过一个实例来更加清晰地阐释这一术语的含义。

最近以来,英国财富的增长导致了人们对房屋产生了巨大的需求,使得其他商品生产者在购买或者租赁房屋时要花费比以前更多的货币。这大大增强了其他行业对建筑行业提供的援助的竞争程度,提高了建筑行业从业者的工资水平,从而使建筑行业从业者能够在国家财富中获得比以前更大的份额。现在,我们假设在房屋价格上涨的时期,建筑房屋的木匠的供给会受到快速抑制。其余的建筑行业将会发现,获得木匠的援助(例如,供给屋顶、地板等)的难度越来越大。而且,如果不能获得木匠所提供的这些援助,石匠、泥水匠、建筑商的工作将会变得毫无用处。其他建筑行业对木匠提供的援助的竞争将会使得木匠的工资上升,从而使得每一个都能从"报酬-利息基金"中获得一个非常高的份额。

这种竞争不会产生直接性的作用,石匠不会要求木匠援助其工作。这种竞争会通过建筑商而产生间接性的作用,因为,在不同产业类别之间的所有冲突中,劳动的雇主就像是一个缓冲期,吸收冲突中的一部分力量,而将冲突中的大部分力量传递给他人。木匠的稀缺迫使雇主向木匠支付越来越高的工资。房屋价格上涨导致的结果就是抑制人们对房屋的需求。石匠和其他劳动者的供给数量过于充足,雇主就会降低他们的工资。同时,对建筑行业的抑制会增强建筑商之间的竞争,从而减少他们自己的管理报酬。因此,对木匠提供的援助的竞争会促使木匠的工资上升,木匠要获得上升的工资,就要部分地牺牲那些需要房屋的人的利益,部分地牺牲其余的包括建筑商在内的其他建筑从业者的利益。

2. 人们对非熟练劳动的需求,取决于在生产商品或者直接满足人们需求时人们对非熟练劳动的竞争程度。人们对非熟练劳动的需求的增加,主要有以下两个原因:一是支持、援助产业的资本数量的增加;二是经营能力和各种各样熟练劳动的增加,在生产工作中,这些经营能力和熟练劳动需要竞争非熟练劳动的援助。

当非熟练劳动者的工资超过了维持他们已经习惯了的舒适生活标准的数额时,人口就会快速增长。但是,当非熟练劳动者的工资低于维持他们已经习惯了的舒适生活标准的数额时,人口的增长就会受到抑制。例如,在英格兰,非熟练劳动者的日工资一般不会低于购买 0.5 配克①小麦时所花费的货币,但也不会上升到高于购买 2 配克小麦时所花费的货币,非熟练劳动者的日工资就在这两个界限之间上下波动。当非熟练劳动者的日工资低于 1 配克小麦的价值时,人口就会减少;当非熟练劳动者的日工资远高于 1 配克小麦的价值时,人口就会快速增长;如果这是事实,那么,1 配克小麦的价值就是非熟练劳动者的正常日工资。当高工资率引起非熟练劳动者供给的快速增长时,非熟练劳动对资本和其他类别产业的援助的竞争会得到增强,由此会导致非熟练劳动者的工资下降;相反,当低工资率抑制非熟练劳动者的供给时,人们对部分资本和其他类别产业中非熟练劳动者的援助的竞争会得到增强,由此会导致非熟练劳动者的工资上涨。因此,1 配克小麦的价值就成为非熟练劳动者报酬的中心值或者正常价值,非熟练劳动者的报酬会不断地趋向于这一中心值或者正常价值,任何偏离都是暂时性的,会有一种自发的力量使得这一偏离得到纠正。

事实上,舒适生活标准并不是牢牢地固定在某一水平。但是,

---

① 配克为英美计量单位,1 配克等于 0.25 蒲式耳,或者 1 配克等于 8 夸脱。——译者

无论在何时何地,舒适生活标准几乎是固定不变的,而且舒适生活标准对人口增长会产生非常重要的影响,因此,我们可以将维持舒适生活标准的工资称为此时此地非熟练劳动者的正常工资。当非熟练劳动者的工资正处于正常工资的水平上时,非熟练劳动者的工资就处于均衡状态,除非劳动力的就业领域在那时发生了重大变化。供求波动变化下的正常价值或者中心价值引起了非熟练劳动者工资的上下波动。但是,正常价值本身会随着人们舒适生活标准的变化而变化,并且这种变化因地而宜、因时而宜。劳动需求的增加如果不会引起人们舒适生活标准的提高,则劳动需求的增加只会引起工资的暂时性增长。在这种情况下,只有当劳动需求的增加引起了舒适生活标准的提高时,非熟练劳动的工资才会得到持久性的增长,非熟练劳动的正常工资才会上升。

3. 接下来,我们研究各种各样的熟练劳动。对每一种类型熟练劳动的需求,取决于行业对其援助的竞争程度。第一,熟练劳动需求的增长取决于准备支持和援助产业发展的资本的增长。第二,熟练劳动需求的增长,取决于非熟练劳动的增长、其他产业类别中的熟练劳动的增长以及用来竞争劳动援助的经营能力的增长。

正如我们所看到的,决定一代人中任何一种熟练劳动供给的因素主要有前几代人的就业机会和习惯。父母在为自己子女的工作做准备时所遇到的困难和所要承担的支出,取决于父母所拥有的财富、深谋远虑和自我牺牲的习惯、对各种行业的了解程度、他们进入不同行业的难易程度。父母越贫穷、越无知,他们对子女在未来获取的工资的贴现率也就越高。父母的社会地位越低,在他们为诱使子女接受教育而在教育上的支出既定的情况下,他们从中所能获得的好处也就越多。

一般地,父母会在自己所处的产业等级中养育子女。同一个地方、同一产业等级中不同行业之间的交流有如此多的自由,以致他们的工资(或者更严格地说是他们的净利益)在长期中极少有太大的差别。父母将子女或者成年人带入某一行业的动机的增强,或促使该行业劳动供给的增加,供给增加的主要部分来源于同处于一个等级的行业。

由此,我们可以得出**正常工资定理**的内容:如果已知"报酬-利息基金"的数额以及该数额在利息份额和报酬份额之间的分配方式,那么,每一个行业的工资取决于报酬份额的再分配方式。因此,一个行业的正常工资取决于它与其他行业正常工资的比较,其工资(或者更严格地说是其净利益)必须达到一定水平,该行业才能在与其他行业的竞争中获得充足的劳动供给。劳动的充足供给又取决于该行业的工作难度、普通教育和特殊教育的昂贵程度,以及该行业对自然素质、身体素质、心理素质和道德素质的要求。

处于同一产业等级中的行业往往需要相同难度和相同支出的教育,并且这些行业的工资相同。熟练行业的等级越低,其工资负担教育支出的比率也就越高。

当某一行业的工资增长到高于正常价值的水平时,将会引发该行业从业者的快速增加,并且这个行业的从业者会发现,需要他们辅助的行业对他们的竞争不那么激烈了。由此,他们在为自己争取从土地、资本和劳动的产出中获取更大的份额时,会处于不利地位,从而他们的工资会下降。相反,当某一行业的工资降低到低于正常价值的水平时,将会抑制该行业从业者的增加。并且这个行业的从业者会发现，需要他们辅助的其他类别产业对他们和资本的竞争就会变得更加激烈，从而他们的工资会上涨。当工资处于正常价值的水平上时，工资就处于均衡状态。从业人员数量增长的速度不会过快，以致使得其工资下降；同时，从业人员数量增长的速度也不会过慢，以致使得其工资上涨。行业工资会一直围绕该正常价值上下波动，任何的偏离都是暂时的不规则的变化，而且，当偏离出现时，就会有力量自动地对其进行矫正。

但是，矫正力量作用的发挥往往非常缓慢，原因在于不同的社会障碍和经济障碍之间的摩擦阻碍了劳动力在不同行业之间的流动。特别是，当他们从属于不同的等级时，这种"暂时的不规则"会在很长一段时期内存在并延伸。劳动供给和需求的波动使得每一个行业的工资围绕着正常价值上下波动，就像一个漂浮的软木塞随着波浪在海面上上下波动一样。不同等级技能的正常工资的缓慢上涨或者下降，就像潮汐的上升或者下降一样。与这些缓慢变化相伴随的是处在不同等级的人们社会状况的改变，人们社会状况的改变会促使他们逐渐脱离其前辈的生活状态。

一般来说，进步所产生的一大效应就是促进智力和才能的增加。所以，如果需要做的工作的难度没有增加，则熟练劳动的工资就可能会下降。尽管在特别有利的情形下，在某些行业中，例如建筑行业，其工资水平在总体上是上升的，但事实上，在制造业的许多分支行业中，其任务工资（指支付给具有既定工作效率的熟练劳动的工资）呈下降趋势。进一步看，即使他们的任务工资在下降。但因为工人需要完成的工作的难度和所需要的智力都在增加，所以工人的平均报酬即时间工资依然在增加。

4. 任何行业内时间工资的增加都会使行业利润减少。但是，如果工资由工作效率来决定，即任务工资不变，那么，无论时间工资是高还是低，劳动从产业产出中所能获得的份额都是相同的。只有当时间工资的增长没有伴随工作效率的增加时，时间工资上升这种变化有害于资本。事实上，当劳动者在工作时使用昂贵的机器设备，其工作效率由此得到提高，而任务工资保持不变时，时间工资上升这种变化有益于资本。当然，当机器设备本身有时"设定了工作节奏或者速度"时，一名平庸的工人就可以去做所有需要做的工作。但是，这样的情况比人们普遍认为的要罕见得多。肩并肩地工作在由同一台机器设备驱动的相似的织布机或者车床旁边的两名织布工或者车床工，一个工人一天通常要比另一个工人多完成20%的工作量。雇主要想留住这样一个高效的工人，就要为他支付多于20%工作量的时间工资，这对雇主是有利的。也就是说，雇主支付给高效工人的任务工资，要稍高于支付给平庸工人的工资。因为，通过这种方式，雇主才能使得工厂中的机器设备和场所得到最充分的利用。

即使是在存在非熟练劳动的情况下，假设非熟练劳动的任务工资不会上升，时间工资上升仍然有益于资本。如果2个每周挣18先令的工人一周的工作量等于3个每周挣12先令的工人一周的工作量，那么，从长期来看，前者更廉价一些。因为，他们更能长时间地保持全身心的健康和力量，他们比其他人拥有更加健康和强壮的子女。3个低工资劳动力通过济贫税给资本所施加的负担，要重于两个高工资劳动力通过济贫税给资本所施加的负担。

但是，所施加的负担存在一个界限，在该界限范围内，非熟练劳动者时间工资的上升,会导致其工作效率成比例提高;但当超过这一界限时,非熟练劳动者时间工资的上升,并不会导致其工作效率成比例提高。同时,当超过这一界限时,非熟练劳动者时间工资的进一步上升,会导致其任务工资也上升,但是,任务工资的上升速度要慢于时间工资的上升速度。如果战争能够得到控制,资本增长和生产技术的进步可以使得整个世界变得非常富裕,从而使得那些无法被机器设备替代的非熟练劳动者能够获得高工资。如果非熟练劳动者的舒适生活标准仍然保持在低水平,并且在结婚时很草率,那么,财富的增长依旧不会使他们的工资有实质性的上升。尽管新兴国家的工资水平已经提高到了与古老国家相等的工资水平上,但是,非熟练劳动者舒适生活标准的提高,会抑制非熟练劳动者数量的快速增加。

[5. 需求对工资的影响有时可以表述为:在自由竞争制度下,一个人的工资会等于他所生产的商品的贴现值。

例如,我们假设,一件物品是非熟练劳力在没有任何监督和除工资支付之外无其他任何资本支持的条件下,自己独立完成的。假设资本是逐渐预付的,有些资本预付的时间短,有些资本预付的时间长,在商品准备出售之前,资本预付的平均时间是半年。考虑到风险因素,假设半年期的资本利率是 5%。如果商品以 105 英镑的价格出售,那么,该商品半年期的贴现值为 100 英镑。这样一来,竞争将会使得劳动者的工资等于商品的贴现值 100 英镑。

但是,在实际中,这种简单的情况不会发生。在许多不同类型的产业的报酬中,几乎总是有一部分是支付给监督者或者管理者的报酬,它们是生产费用的一部分,由此,它们要被计入所销售商品的价格中。为了推算出商品的价格和任何一种产业类型的报酬,我们不仅要计算出所使用的资本的利息,而且还要计算出其他产业类型的报酬;然后,将这些项目从生产出来的商品的价值中扣除出来。此时,我们无法确定任何一种劳动的贴现值,但是,我们仍然可以确定劳动的"净报酬"。一台机器设备的"净报酬",可以定义为扣除了折旧和包括管理报酬在内的工作费用之后所剩余的工作价值。一个人劳动的"净报酬",可以定义为扣除了其他所有的生产费用之后所剩余的产品价值(劳动者参与了该产品的生产)。①

当我们分析需求在工资决定中的作用时,"净报酬"这一用语是非常有用的。例如,如果人们对房屋的需求增加,那么,建筑业从业者的劳动的"净报酬"也会增加。建筑业中某一行业劳动力的(例如木匠)稀缺程度要远远大于其他行业。如果我们相信,建筑业中其他分支行业的报酬(包括建筑商的管理报酬)不可能增加,那么,人们对木匠的劳动所提供的援助的竞争会增强,从而木匠所提供的劳动的"净报酬"在价值上会增加。因而,木匠就能从"报酬-利息基金"中获得更多的份额,木匠的工资也会上升。

在解释同一行业中需求对均等化的任务工资的影响时,劳动的"净报酬"这一用语依然适用。这种影响可以描述为,在自由竞争制度下,每个人的工资,或者更一般地说,每个人的报酬趋向于等于他从事产业的"净报酬"。]

---

① 在工资理论中,一些作者对此进行了错误的阐述。但实际上,"价值趋向于等于生产费用"这一定理只是一种全新的阐述方式。

第二十一章　管理报酬

1. 我们已经看到,从所有的基本方面来看,经营能力的供给和熟练劳动的供给都有着相同的决定因素。现在,我们开始研究正常管理报酬的决定定理。乍一看,正常管理报酬的决定定理与熟练劳动的正常工资的决定定理之间存在着很大的差别,但事实上,它们之间的差别很小。它们之间存在的最大的不同起因于这样一个事实:只有掌握了资本的人才能获得管理报酬。下面,我们对从事相同行业的两个人所获得的管理报酬进行比较,其中,一人使用的是自有资本,另一人使用的是借贷资本。

使用自有资本的人认为,他的管理报酬是指扣除了自己在安全状况下出借资本的所得利息后的全部经营净利润。但是,不管怎样,借贷资本者从事商业经营时,要按照非常高的利率来支付利息,除非他的自有财产足以为自己的借款提供良好的安全保障。为了推算出他的管理报酬,他必须要从经营利润中扣除按照高利率计算出来的利息。他在支付利息时所依据的利息率之所以很高,那是因为在他的商业经营活动中,他所面临的风险不仅包括那些无法避免的风险,还包括一系列新风险。

那些在商业经营活动中不可分割的风险(或者不可分散的风险),我们称之为**行业风险**,这类风险主要产生于以下几种情况:所使用资本的价值发生减损或者贬值的可能性,所生产出来的产品发生减损或者贬值的可能性。某个人所拥有的资本掌控在他人手中所面临的风险,我们称之为**个人风险**,这类风险产生于资本出借者对资本借入者的经营能力和诚信的错误估计。

如果一个人使用自有资本从事行业活动,那么,他就有充足的动机努力地发觉自己所从事的商业经营活动是否会产生损失。但是,如果一个人使用借贷资本从事行业活动,那么,他就没有这样强烈的动机。如果他的道德感不强,即使他没有故意地去欺诈他人,他也可能会从事亏损的商业经营活动,从而使他的债权人蒙受重大损失。如果他没有严格意义上的荣誉感,一旦他发现自己陷入困境时,他就可能会仓促地做一些鲁莽的投机行为,因为,如果他的投机行为能够获得成功,则他就会从中获得收益,他并不关心他的失败所带来的损失是大还是小。

资本出借人为规避各种各样的风险而采取的一种措施就是对所发放的贷款收取高额利息。但在长期,为规避贷款风险所收取的利息可能会更高,因此,这种类型的贷款一般都是短期贷款。如果他的经营状况允许他这样去做,那么,他所发放的贷款的期限越短,资金出借人所要承担的风险也就越低,资本的回收速度也就越快。因此,银行家和其他资金出借人有时愿意以不超过 3% 或者 4% 的年利率将资金出借几个月①,但是,即使是在资金借入者能够提供最好的安全保障条件下,银行家和其他资金出借人也不愿意以适度的年利率将资金出借很长时间。

---

① 主要出现在"票据贴现"中。

但是,过度依赖短期贷款的人会处于极其不利的地位。如果他的信用不幸受到损害,或者货币市场的动荡导致了可贷资本的暂时性短缺,他可能会快速地陷入困境。他可能无法以适度的条款或者以任何条款获得贷款的续约,由此,他的最具前景的企业可能会倒闭。商业危机一触即发的最显著的标志之一,就是短期的资本借贷者在其经营过程中以亏损的方式快速连续地出售商品。

如此看来,一个依靠借贷资本经营的商人总会以这样或者那样的方式为借贷资本支付高利率的利息。尽管利率很高,但没有高到足以阻止他们与依靠自有资本经营的商人之间的竞争。相反,依靠借贷资本经营的商人在很大程度上可能会取代那些依靠自有资本经营的商人。

其中的原因不难找到。拥有 5 万英镑的人将其资本贷出,他就能轻易地获得一份安全的收入 2500 英镑。除非他能获得每年 2500 英镑甚至 5000 英镑的管理报酬(不包括为规避行业风险而投保的保险),否则,他很有可能不会乐意去承受商业生活中的劳累和焦虑。但是,对于那些具有相同的能力且只拥有少量资本的人,或者那些不去工作就无法拥有舒适生活的人来说,较低的管理报酬就会令他们心满意足。即使充分考虑了他所实际支付的利息和使用借贷资本所要承担的间接风险,并且,他在一年中所能获得管理报酬不会超过 1000 英镑,但是,除了他所投入的个人资本外,他可能还会再投入 5 万英镑的借贷资本。因此,他能够担负得起这样一种后果:因商品售价太低而无法达到一个有自立能力的人所要求的利润率。也因此,那些以自己的生意为生计的人,就会以低于市场价格的价格抛售商品,从而将那些对自己生意的依赖度很低的人驱逐出这一行业。①

2. 此外，一个人也可以利用资本来从事经营活动，从而获得管理报酬，但无论如何，资本的所有者也要承担一些经营风险。最简单的经营方法就是旧计划的合伙。以前，拥有少量资本的人很少有机会获得较高的管理报酬，除非他能取得某些富人或者私营公司的信任，并且，他们能接受他成为一个合伙人。

此外，如果某人认为，他能在自己的经营活动中有利可图地投入比自有资本更多的资本，那么，他就会把公司转变成股份公司。也就是说，他准许其他人参与他的经营活动并共享损益：他们共担风险、共享净收益，净收益是指从总收益中扣除支付给他的管理报酬（这部分管理报酬根据他们之间商定的协议来确定）之后的剩余。② 这种类型的股份公司由大股东或者所有股东掌控，它能像私营公司那样一样自由、敏捷地从事经营活动。这种类型的股份公司也有一些固有的弊端，但是，在有利的情形下，它拥有自己的甚至行业的现成计划和快速行动力。

然而，大型股份公司的经营活动通常由董事长和总经理来组织，但是，董事长只将少量的时间花费在公司的经营上，而总经理则将其全部的时间都花费在公司的经营上。总经理只拥有少量资本，他通常会在合适的薪金条件下努力工作。相较于经营管理好

---

① 这使得英国商业的民主程度不断得到增强，但不利于防止"富商大家族的长期存在"。但是，一个社会中所发生的倾向性变化，与动物王国中所发生的倾向性变化一样，是进步的表现，是一个进步定理。参见白芝浩的《伦巴第街》（*Lombard Street*）(1873)中的前言。

② 在一些方面，这与私营公司所引入的旧计划"匿名合伙人"很相似，匿名合伙人提供资本，分担风险，但不参与公司的经营管理。

一家私营公司所要付出的精力和节约,一个能力出众的总经理经营管理好一家大型股份公司所要付出的精力和节约更少。正如穆勒所说,能够雇用到会出现故意的玩忽职守行为但对公司忠诚度很高的管理者,这是确定无疑的;但是,若想要雇用怀有极大热情不断地拟定计划以赚取更多利润或者节省更多成本,以及在意小利和小额储蓄①的管理者,就十分困难了。如果公司规模很大,并且能够给公司的领导干部支付相当不错的薪水,那么,相较于二流人员管理的私营公司的管理,大型股份公司在很多方面的管理都要好。大型股份公司的董事通常是这样的一类人:他们能够运用自身所具备的广泛的、多样的经营经验为公司制定能够引导公司事务的主要原则,并评判首席执行官的能力和勤奋程度。因此,大型股份公司的管理尽管不够完美,但是,除非发生了一些有意的错误行为,否则,大型股份公司的管理很少出现差错。

在需要获取公众信任的行业中,例如,银行业和保险业,股份公司的信息公开对其发展的促进作用要强于阻碍作用。股份公司垄断着铁路和其他需要巨额资本投入的行业,并在那些只需对巨额资本进行日常管理、不太需要冒险和投机的行业中快速地开展商业活动。因为,与支付给富有资本家的报酬(因为富有资本家在商业活动中需要承受很多担心和劳累)相比,它们更愿意将获得更低的利润率视作为成功。股份公司的发展为那些具有经营能力的人获得资本控制权提供了更多机会。

3. 接下来,我们探究某一行业的管理报酬与其资本投入之间

---

① 因为,小利聚大财,薄利成巨富;积少成多。——译者

的关系。在经营困难程度相同的情况下，无论资本投入量的多少，所有资本的正常利润率是否相同？

假如在不同行业中的两项业务中，它们具有相同的困难度和令人厌烦度，并且需要相同的资本额，那么，这两项业务中的管理报酬就会呈现持续相同的趋势。在两个不同的行业中投入相同数额的资本，两个行业中管理者的管理报酬可能确实会存在很大的差异。但是，在一个行业或相同的行业中，管理者的管理报酬也会有差异。管理报酬的差异起因于管理者能力或者好运的不同，正如成功的医生与不成功的医生之间、成功的律师与不成功的律师之间也存在收入的差异，并且这些差异也起因于他们的能力或者好运的不同。再者，一个在人生起点时就拥有大量资本和良好业务联系的商业能人所能获得的管理报酬，确实要多于那些能力相同但不拥有资本和业务联系优势的商人所获得的管理报酬。但是，在人生起点时拥有不同社会优势但具有相同能力的专业人员之间的收入也存在差异，尽管这种差异很小。

这意味着，在具有相同困难度和令人厌烦度、投入相同数额资本的两个行业中，具有相同能力和好运的人的管理报酬会在竞争力量的作用下而趋于相等或者均衡。每一个行业的利润都可以通过加总资本利息和管理报酬来求得。在现代银行制度下，如果两个行业都投入相同数额的资本，尤其是对所有行业来说，所能得到的利率也都相同，那么，人们所能获得的利息也就相同。因此，当两个行业中的管理报酬趋于相等时，它们的利润也趋于相等。因此：

在行业风险、不舒适度和所需努力程度相同，且需要同等稀有天赋和昂贵培训的行业中，当投入的资本数额相等时，其所产生的利润也会持续地趋于相等。

然而，人们已经注意到，在一种商品的生产中，相较于在商品达到可出售状态前一年中投入100英镑所需要支付的利息，在商品达到可出售状态的前两年中投入100英镑所需要支付的利息，要多两倍或者两倍以上。但是，在这两种不同的情况下，这100英镑所带来的管理报酬几乎是相同的。因此，前一种情况下的年利润率要高于后一种情况下的年利润率。正是这个原因，一般地，在充分利用固定资本的行业中的全部资本所带来的年利润率，要低于在充分利用流动资本的行业中的全部资本所带来的年利润率。

4. 接下来，我们来考证这样一个事实上的结论：相较于小规模资本管理需要的稀有天赋和昂贵培训，大规模资本管理需要更稀有的天赋和更昂贵的培训。我们已经看到，大规模业务的经营者必须具有长远眼光、高瞻远瞩和广阔的视野，必须持续不断地寻求改进经营方式的方法；而小规模业务的经营者可能只是满足于效仿他人的经营方法。后者事必躬亲，前者却会雇用下属来完成绝大部分工作，而将全部精力致力于做好计划、组织、预测和准备工作。他必须要了解员工并具有管理好员工的能力。他必须挑选出好的下属，在保持自己对经营活动的控制的同时，必须给予下属足够的自由，以唤起、激发他们的工作热情和责任感。如果一个人不能做到这些，那么，在他因为获得继承权或者因为突发事件而需要他来掌控整个企业时，他就无法建立起一个大型企业，甚至无法将企业中的所有人团结在一起。

一个拥有管理大型企业所需要的全部稀有品质的人，如果不发生意外情况，他所投入的资本将会获得一个较高的利润率。高额利润会促使他增加资本投入,并激励他在更广泛的层面上制定并实行大胆的计划。其他人对他的信任使得他能够很容易地获得借贷资本,因此,他一方面拥有了获得高额管理报酬的能力;另一方面,他也迅速地获得了控制大额资本的能力。

首先,管理大额资本所需要的能力要高于管理小额资本所需要的能力;其次,对于拥有一定数额资本和较强经营能力的人来说,在经过一个持续的选择过程之后,他不久就能获得对大额资本的控制权。另一方面,对于没有经营能力的人来说,即使他碰巧获得了对大额资本的控制权,他也会很快地将这些大额资本挥霍掉。这些事实表明,大型企业中的平均管理报酬要高于小型企业中的平均管理报酬。他们甚至有理由认为,同一行业中不同企业的平均管理报酬与其资本使用量成比例。对此,他们提出的一个独立的、强有力的理由是,他们认为,同一行业中不同资本的平均利润率相同。

假设 A、B 是相邻的两家棉厂的所有者,A 所拥有的棉厂的规模是 B 所拥有的棉厂的规模的两倍,其他的方面都一样。他们在同一个市场以相同的价格雇用劳动力、购买原棉、机器设备和建筑材料等。一方面,在 A 的规模经营中,A 会获得相应的规模效益,而 B 因为棉厂规模较小,因而难以获得规模效益;另一方面,A 可能不得不雇用一些下属来完成一些工作,而 B 因为棉厂规模较小,自己有时间来完成这些工作。但是,如果我们忽略这些差异,则 A 生产一码①白棉布的所有生产费用(除了利润)与 B 生产的一

---

① 码是英制丈量长度单位,1 码=3 英尺,或者 1 码=36 英寸。——译者

码白棉布的所有生产费用相等。因为，A、B都在同一个市场上以相同的价格出售白棉布，所以，A、B生产每码白棉布所能获得的利润也相同，A、B的利润率也相同，但是，A的管理报酬是B的管理报酬的两倍。

这一理论分析结果得到了实际经验的验证。理论与经验都告诉我们：不仅等量资本产生的利润率持续地趋于相等，而且在同一行业、在具有同等困难度和令人厌烦度的不同行业中的不等量资本产生的利润率也持续地趋于相等，这是一条普遍规律。但是，这一条普遍规律也存在三个重要的例外情况。

5. **第一个例外源于这样一个事实：大型企业的经营者通常会雇用下属来完成大量的工作，而小型企业的经营者通常却由自己来完成这些工作，这些工作的报酬也就计入到了小型企业的利润中。**例如，小农场主的平均利润率高于大农场主的平均利润率，因为，前者的利润中包含了农场主自己的劳动报酬和监督其他劳动者的报酬（因为小农场主要比大农场主更加严密地监督其他劳动者）。再者，小商店经营者获得的资本利润率，特别是在服装行业，通常要高于大商店经营者所获得的资本利润率，即使它们向同一类消费群体出售商品。因为，小商店经营者的利润中包含了因满足了每个顾客的特殊需求而获得的报酬，而大商店经营者如果也想要获得这类报酬，那么，他却要为此支付高额工资。

第二个例外与第一个例外密切相关。在某些行业中，小生产商、小经销商因为拥有接近各类消费群体的机会，所以，相较于大经销商的销售价格，他们所能获得的销售价格更高。一个众所周知的例子，就是村庄里的商店经营者通常能以非常高的价格卖出商品。他们所拥有的资本非常少，所以，尽管他们的资本利润率很高，但是，他们的利润总额却很小，因而不会引起竞争。再者，在货币贷款中，贷款的规模越小，放贷者所能获得的利率也就越高。当一个人在为每一次应该放贷几英镑而烦恼时，他通常能够获得一个非常高的利率。再举一个极端的例子，居住在伦敦、巴黎或者其他地方的人，通常以将钱出借给水果叫卖小贩为生。在每一天的开始时，他们将钱出借给水果叫卖小贩以供他们去购买水果用于出售，在水果叫卖小贩将水果全部卖出，即在每一天的结束时，他们就可以从水果叫卖小贩处收回本金并获得10％的利润。在这样的一项借贷业务中，资金出借者的风险极小，借出去的资金也很少受到损失。现在，如果某人在某一年的第一天以10％的日利率将1法新①资金出借出去，则在这一年的结束时，即最后一天，他可收回10亿英镑的资金。但是，没有人能够通过这种借贷方式而致富，因为，没有人会以这种方式来借入大量资金。资本利润中确实包含几乎所有的劳动工资，但只有极少数资本家对这些劳动工资产生兴趣。

　　第三个例外源于报酬递增规律的影响。在许多行业中，大额资本能带来巨大的经济效益，而小额资本却难以带来如此巨大的经济效益，并且，大制造商能获得比小制造商更高的利润。如果一个人的实干天赋为他创建了一家大型企业，并且他能确保他的后几代继任者也具有与他同样的天赋，那么，这些行业就会迅速地集

---

　　① 法新是1961以前在英国流通的硬币（主要是铜币），1法新＝1/4便士。——译者

中在少数几家财力雄厚的企业手中。但是，纵观整个历史的发展进程，我们会发现，凭借卓越天赋连续三代都能经营得很好的私人企业寥寥无几。在经营成功的企业家的子孙中，很少有人具有能使他继续从事祖传事业所需要的才能、勤奋以及它们的罕见组合。这样的例子很多，世代传承的大型企业，往往会被那些能经营好小型企业的人迅速击垮。

在一些行业中，大额资本会将资本量较小的竞争对手彻底地驱逐出行业，在这之后，大额资本之间的竞争会使得它们的利润率降至很低的水平。例如，在轧钢厂，绝大多数的细节性工作都被常规化、程序化了，即都实行了流水线作业，因而，投入该厂的100万英镑的资本就可以由一个有能力的人来管理。对于制铁行业中的一些企业来说，20%的利润率并不是一个非常高的平均利润率，但是，它一年却能给工厂的所有者带来超过15万英镑的管理报酬。因为铁器制造商只需付出额外的努力，便能从增加的资本中获得管理报酬，所以，富有的人在铁器制造行业中的逗留的时间会远长于在其他多数行业中的逗留时间。大型铁器制造商之间的竞争会使得铁器制造行业的平均利润率降至正常水平之下。

6. 现在，我们来总结上述研究，以发现和揭示正常管理报酬的决定因素。

首先，关于对经营能力的需求。这种需求确实并不是由任何确定市场上的管理报酬的价目单来衡量的，例如，在某一城镇上的木匠的小时工资为9便士或者10便士。管理报酬的波动确实要比工资的波动大，因为，行业繁荣程度的波动对雇主收入的影响要比对雇员收入的影响更为直接和强烈。但是，在生产中，对辅助性经营能力的需求与对辅助性熟练劳动的需求在根本上是一致的。例如，如果一家制造商能够改进经营方式，那么，他所雇用的400位劳动者所生产出来的产品数量，就等于以前由500位劳动者生产出来的产品数量，因此，他所能获得的管理报酬的增加量就等于100位劳动者的工资。这家制造商的管理报酬反映了其资本与产业的总产出的价值增加量：它们对应于生产中对他的辅助性劳动的有效需求，就如雇用劳动者的工资对应于生产中对他的劳动的有效需求一样。需求定理告诉我们，商品的交换价值是其最终使用价值的衡量指标，也就是说，对一些人来说，商品的最终使用价值只是诱导人们去购买商品，并且，随着商品供给的增加，商品的最终使用价值呈现减少态势。各类熟练劳动也是如此，熟练劳动供给的增加导致熟练劳动生产出来的商品的最终使用价值降低，从而熟练劳动的工资也会降低。各种经营能力亦是如此，经营能力供给的增加导致经营能力生产出来的商品的最终使用价值降低，从而经营能力的管理报酬也会降低。

第二，关于经营能力的供给。回到通过改进生产方式来获取高额管理报酬的制造商这个例子上，我们可以看到，制造商的成功诱使其他人纷纷效仿他，制造商与效仿者之间的竞争会迫使其管理报酬下降。管理报酬下降的程度取决于参与竞争的效仿者的数量，而这一方面取决于效仿者参与竞争后能获得的管理报酬的多少，另一方面，取决于效仿者参与竞争的难度。因此，在熟练劳动正常工资的决定中发挥作用的因素——稀有天赋和昂贵的特殊培训，在正常管理报酬的决定中也发挥着同样的作用。无论是哪种情况，所获收入的增加都会使某些力量发生作用，从而使那些有能力赚取收入的人的供给趋于增加；无论是哪种情况,在收入增加的幅度既定的情况下,经营能力供给增长的程度取决于供给来源的社会与经济条件。

在已知每一类经营能力的正常需求和正常供给的决定条件的情况下,从长远来看,经营能力的正常管理报酬的决定要能使经营能力的供给与需求达到均衡。因此,经营能力的正常管理报酬定理与熟练劳动的正常工资定理以及与商品的正常价值定理[①]相同,也即：

每一类经营能力的正常供给量,即为在就业领域中刚好能支付其所要求的管理报酬时的供给量；由此确定的管理报酬率,即为这类经营能力的正常管理报酬率。

决定正常管理报酬率的条件因地不同、因时不同。自从人们可以很容易地将经营能力从一个地方转移到另一个地方,相较于因时代不同而产生的正常管理报酬的变化的重要性,因地方不同而产生的正常管理报酬的变化,就显得不甚重要。

7. 尽管正常管理报酬定理与熟练劳动的正常工资定理在本质上是相似的,但是,两者之间还是存在几个重要的不同点。首先,商人所获得的管理报酬取决于他开始从事经营时所拥有的资本数量,这与"专业人员的收入取决于在人生起点时他父母所给予的社会地位"是同一个道理,但是,前者的影响要比后者的影响大。在依靠自有资本经营的商人所获得的管理报酬中,包含了因抵御个人风险而支付的保险费用,这必须考虑在内；而在依靠借贷资本

---

① 参见本书第十四章,第3点。

经营的商人所获得的管理报酬中,这类保险费用以其他某种形式存在。

第二,在与数百万竞争者的竞争中,商人通过自然选择脱颖而出。许多劳动力的雇用者都是因为摆脱了被雇用的命运而成为雇主的,在英国的大部分地区,这一数量超过了一半。每一个拥有特殊天赋的工匠都有机会成为指挥者,事实上,他们都是因经营成功而有可能获得奖赏的候选人。他们的平均管理报酬很高,其中的部分原因是,在这类雇主中,除了那些在这一阶层中天生就是能人的雇主外,还有很大一部分最具天赋的雇主是从较低的行业阶层中脱颖而出的。投入教育中的资本的利润是专业人员收入中的特别重要的组成部分,稀有天赋的租金则是商人收入中的特别重要的组成部分。

在扣除了所有费用与损失后,从净收入总额中减去全部自有资本的利息之后的剩余,就是一个国家商人所能获得的管理报酬总额。即使扣除了个人风险保险金,有技能、有能力的商人仍然可以获得非常高的工资率。但是,这一工资率并不像初看起来的那么高,因为,我们必须要扣除掉那些在交易中所损失的资本。在计算平均管理报酬之前,我们必须将那些被这些人所浪费的劳动报酬和所损失的资本,从成功者所获得的管理报酬中扣除出来。那些经营失败的人会很快地从人们的视野和记忆中消失,但是,他们的数量非常庞大。据说,在美国,3/4 的行业经营者在第一个五年内都资不抵债。[①]

---

① 鲍恩(Bowen):《美国的政治经济》(*American Political Economy*),第五章。

8. 熟练劳动供给增长的速度快于非熟练劳动供给增长的速度，经营能力供给的增长速度快于低层次熟练劳动供给增长的速度。因此，那些在生产中辅助低层次劳动的经营能力的竞争日渐加剧。竞争加剧导致的一个结果是，完成既定难度的工作可以获得的管理报酬——任务管理报酬减少了。经营复杂度的不断增强、单一经营中投入资本数量的持续增加，为最具经营才能的人提供了获得更多管理报酬（相较于我们听说过的前几代人所能获得的管理报酬）的机会。但是，管理报酬总额占资本投入总额的比重却没有以前高了。经营工作的管理报酬占资本投入量的平均比率也在下降，而且呈现持续下降的趋势。因为，教育的发展会促进经营能力供给的快速增加，并与生产中的辅助性雇佣劳动产生竞争，这种竞争会使得管理报酬的增长速度滞后于资本投入的增长速度。

因为正常利率可能会下降，所以，正常管理报酬占资本投入量的比率也可能会下降。因为利润中包含了利息和管理报酬，所以，正常利润率也可能会下降，但它不会突然之间下降得很快，也不会在最低值上一直保持稳定。因为受到某些波动因素的影响，只要在这个世界上还有跟我们具有相同本性的人存在，正常利润率就会持续地下降，尽管会下降得越来越慢。

第二十二章　正常价值与市场价值的关系

1. 我们已经看到,"每一位商品生产者都会计算他能够获得的商品价格和支付的生产费用,并用这种方法来确定他自己的利益的增加量或者产量的减少量。在自由竞争的条件下,利益会引导他按如下方式行事:他的唯一的目标就是调整产量,从而可以以等于生产费用的价格将所有商品都销售出去。"因此,商品的正常价值(商品的市场价值会不断地趋近于正常价值)等于其生产费用。生产费用最终会被分解为工资和利润,更确切地说,或者会被分解为报酬和利息。

我们已经看到,每一笔生产费用是如何衡量生产成本的相应要素——努力和节省的。我们也已经看到,放弃价值100英镑财富的即期消费并将其储存起来作为资本使用,在特定国家的特定时期,由此而获得的利息几乎是固定和始终如一的。正常利率一方面取决于特定国家在特定时期资本投入的领域;另一方面取决于资本供给。决定资本供给的因素有很多,其中的因素之一就是在国内迄今都还通行的利率。

在任何国家的任何时期,非熟练劳动的正常工资一方面取决于非熟练劳动的就业范围,另一方面取决于非熟练劳动的供给。

非熟练劳动的就业范围部分取决于一个国家自然资源的丰裕程度,部分取决于生产中需要非熟练劳动辅助的资本、熟练劳动和经营能力的数量。非熟练劳动供给的数量和质量取决于很多因素,其中,主要的一个因素是工资率。在一个文明阶段中是奢侈品的商品,在另一个文明阶段可能被视为是必需品,所有诸如此类的变化都会影响非熟练劳动的正常工资。但是,在任何特定的文明阶段,非熟练劳动的正常任务工资几乎是固定的。

关于熟练劳动的报酬的决定,包括专业人员的收入的决定,所有其他通过提供熟练服务的人的收入的决定。每类熟练劳动的报酬一方面取决于熟练劳动的就业范围,另一方面取决于熟练劳动的供给。熟练劳动所需的昂贵的教育、稀有天赋是决定由既定工资率引起的熟练劳动供给的首要条件,因此,决定熟练劳动供给的定律在很多方面类似于商品的正常供给定理。在工作难度既定的情况下,熟练劳动的正常工资会变化得很慢。但是,在任何地方、任何时间,熟练劳动的正常工资取决于人们的社会条件和经济条件,并且,熟练劳动的正常工资可以用来衡量劳动者在工作中的努力程度。事实上,管理报酬只能由拥有资本控制权的人获得,但是,这并不妨碍管理报酬在本质上仍然按照熟练劳动工资的决定方式被决定。依靠借贷资本经营的人所获得那部分管理报酬,反映了他的经营工作的难度。如果某人依靠自有资本从事类似的经营工作,那么,在他所获得的管理报酬基础上,还应加上等值于个人风险的部分。

因此,商品的生产费可以用来衡量商品的生产成本。如果商品生产的难度或者生产成本与产量无关,那么,商品的生产成本决定其生产费用,进而决定其正常价值。根据报酬递减规律,当商品的产量增加时,商品的生产成本也会增加;根据报酬递增规律,当商品的产量增加时,商品的生产成本却会减少。综上所述,正常价值定理可以表述为:"商品的正常供给是这样一种情况:当商品的正常生产费用等于商品的价值时,商品的正常供给引致了等量的商品需求,由此决定的价格便是商品的正常价值。"商品的生产成本仍然可以由其正常价值来衡量,但是,商品的正常价值并不只是由其生产成本来决定的。

[2. **在自然界,变化是相互作用的,这是自然规律的一个实例**。例如,如果有人说,人的肺的功能由心脏的功能来决定,或者反过来说,人的心脏的功能由肺的功能来决定,这都是不正确的。但是,因为人容易受到外部因素的影响,所以,人的心脏、肺和其他器官的功能之间相互影响。当将两个不相同的球 A 和球 B 同时放入平滑的水盆中时,如果有人认为,球 A 的位置决定了球 B 的位置,那么,这是不正确的。但是,如果我们知道了球 A 的确切位置,那么,我们就能立刻确定球 B 的确切位置,这是正确的;如果我们知道了球 B 的确切位置,那么,我们就能立刻确定球 A 的确切位置,这也是正确的。球 A 和球 B 的位置同时由万有引力定理的作用来决定。

商品正常价值的决定也是如此。如果商品的生产难度不变,并与产品无关,那么,在这样一种特殊情况下,商品的生产成本决定其正常价值。但是,一般来说,商品的生产成本不是固定的,因此,商品的产量和正常价值同时由经济规律的作用来决定。

所以,"商品的生产成本是决定其价值的唯一因素"这一说法是不正确的,李嘉图就犯了这样一个错误。但是,如果将商品的效用看成是决定其价值的唯一因素,这也是不正确的。商品的效用总是决定其价格的一个因素,这无疑是正确的。在商品供给不变的条件下,商品的效用决定其价格。每件商品的最终效用由其价格来衡量,对于那些刚刚才被引诱来购买该商品的消费者来说,商品的价格就是其使用价值。但是,商品的最终效用不能决定其价值。因为,根据需求定理,商品销售数量的变化会引起商品价值的变化。商品数量以及由此决定的最终效用取决于商品供给状况与需求状况之间的关系。]

3. 现在,我们从正常价值理论转向市场价值理论。正常的结果是指在自由竞争条件下所产生的结果,自由竞争总是会导致那些有产生倾向的正常结果的出现。市场的结果是指在我们生活的世界中,由于复杂的社会力量和经济力量的作用而实际产生的结果。

我们曾经将正常价值比作为树的正常生长。现在,我们将正常价值比作为正常潮汐,正常潮汐是指在没有海风侵袭、没有不规则海岸线影响下的潮汐状态。观测记录告诉我们,海风形成的波浪使得海平面快速地涨落。在某些海岸线不规则的地方形成的潮汐波的高度,十倍于在海洋中部形成的潮汐波的高度。正常潮汐理论不会告诉我们,在布里斯托尔海峡的任何地方的潮汐可以达到的最高点是多少。一方面,如果不去考察这一海峡的特殊环境,不考虑海风的影响和海岸的特殊性质,那么,我们就无法得到答案。另一方面,除非我们首先就知道哪些海洋运动是由地方性因素或者暂时性因素所引起的,哪些海洋运动是由月亮引力和太阳引力的正常影响所引起的，否则，我们就不能在海洋运动的解释中取得进展。我们只有首先找到在没有海风干扰、没有不规则海岸影响的情况下，关于潮汐形成的抽象理论，上述问题才能得到解决。

正常价值理论也是如此。正常价值理论并不会告诉我们某一特定工作的工资水平或者任何特定时间上某一特定商品的价格水平。一方面，如果不考虑商品供给和需求的变动、地方性障碍对自由竞争的阻力，那么，我们就无法获知商品的正常价值。另一方面，除非我们首先就知道哪些工资和价格的变动是由地方性因素或者暂时性因素所引起的，哪些工资和价格的变动是由自由竞争的正常作用所引起的，否则，我们就不能在工资和价格变动的解释中取得进展。正常价值理论是我们着手探究所有无规律、不公平市场价值的出发点。① 如果每一个人都能够准确地预测未来，并且深思熟虑地改变、形成自己的行为以使自己和家人获得最大的经济利益，那么，正常价值理论就会告诉我们工资和价格的波动幅度有多大。正常价值理论能使我们正确地研究人的行为因习俗、冷漠或者动机而改变，而不是因对财富的渴望而改变。

于是，我们可以运用理论来解释现实，我们能解释到什么程度就解释到什么程度。那些不能运用理论来解释的现实是启发性现实，这类现实引导我们如何去修正和扩展理论。由此，经济学在理论与新现实之间的交替作用下逐步向前发展：运用理论来寻找、解释新现实，运用新现实来修正、扩展和强化理论。

---

① 我们必须先理解了正常价值理论，才能进一步解释市场价值理论，由此，我们可以说，正常价值理论是市场价值理论的基础。——译者

第 三 篇

市场价值

第二十三章 货币购买力的变化

1. 在讨论分析正常价值理论的全过程中,我们假设货币的购买力恒定不变。① 因此,商品交换价值或者一般购买力的上升或者下降,总是可以简要地用商品价格的上升或者下降来表示。现在,我们必须简要地探究货币的价值或者一般购买力是如何发生变化的。但是,对货币价值理论的充分的讨论,属于"贸易与金融经济学"的范畴。

影响一国贵金属购买力的最显著的因素是可当作货币使用的贵金属数量。一方面,如果一国可当作货币使用的贵金属数量增长过快,那么,这就会超过该国在原来的价格水平上从事经营所需要的货币数量,这使得该国商品价格上升。另一方面,如果一国可当作货币使用的贵金属数量保持不变,而该国的人口与财富却增长了,那么,该国从事经营所需要的货币数量就会大大增加,这使得该国贵金属的购买力上升,商品价格下降。

例如,在 16 世纪初期,美国银矿新供给的出现使得它们感觉到:白银的购买力会下降;在 17 世纪早期,平均而言,伦敦的商品的价格是 1500 年的 3 倍。再者,在 20 世纪初期,商品的价格也很

---

① 参见本书第十章,第 4 点。

高。但是，直到1850年，才出现了来自于矿山中新的重要的金属供给。在那段时期内，贵金属因其在产业技艺中的应用和自身的磨损，其贮存量日渐减少；同时，人口和财富快速增加。因此，黄金的购买力上升，商品的价格下降为1800—1810年间价格的一半。大概在1850年，美国加利福尼亚州和澳大利亚的金矿被发掘，这使得贵金属的供给大大增加，从而商品的价格再次上升。

2. 虽然流通中贵金属的数量是影响货币购买力的最显著的因素，但是，替代贵金属作为交换媒介的人造替代物的发展，也是影响货币购买力的具有同等重要程度的因素。

在这些人造替代物中，最常见的是纸币。纸币可以自由流通，纸币对商品价格的影响与铸币对商品价格的影响是相同的。但是，在英国，纸币对商品价格的影响力远不如支票，在几乎所有的批发业务和大多数的零售交易中，支票可以替代纸币与铸币。

支票不能自由流通。支票通常由出票人签发给收款人，由出票人的开户银行负责将款项支付给收款人。虽然支票不能像纸币一样成为铸币的替代品，但是，支票的数量如此之多，以至于它对商品价格形成了强有力的影响。再者，现代信用制度使得那些既没有货币也没有能直接代表货币的任何物品的人，也可以从银行家或者其他货币交易商手中获得可用于购买商品的财产。他之所以能够做到，不仅是因为他自身的信用（当银行准许他获得"账面贷项"时），而且还因为其他人（指保证在将来某个时候付钱给他的人）的信用（当他"贴现票据"时）。

20世纪，文明世界的经营活动急剧增加；按现行价格从事经营活动需要大量的铸币（即金属货币）。如果没有发明可替代铸币的信用或者信贷，则经营活动对贵金属的需求就会大大增加，从而贵金属的购买力比其实际的购买力高出数倍，商品的价格也会变得很低。信贷的增长为贵金属提供了一种持久性的替代品，影响着贵金属的正常价值。但是，信贷会经常发生波动，而且信贷的每一次波动都会改变贵金属的正常价值。

例如，信贷扩张与源于美国加利福尼亚州、澳大利亚矿藏的相继发掘所带来的贵金属的汇集同时发生，这会增强商品价格上升的趋势。但是，在1857年发生的危机中，许多贸易公司无力偿还债务，信贷规模急剧下滑；尽管一国贵金属的储存量还像以往一样快速地增加，但是，商品的价格仍然呈现下降的趋势。过了一段时间后，信贷规模开始再次扩大，商品价格上升，这种上升趋势一直持续到1866年另一场危机发生时，然后，商品价格下降。然后，信贷规模又扩大，商品价格上升，一直持续到1873年。那时，尽管没有发生危机，但是，信贷规模逐渐下滑的状况一直持续到1879年。1857—1866年间商品价格的最低点要远高于1850年商品价格的最低点，1866—1873年间商品价格的最低点依然要高于1850年商品价格的最低点。但是，自从对黄金的供给实施轻微的控制以来，德国黄金货币制度的应用吸收了大量黄金以及其他的原因，使得现在（即1879年）以黄金衡量的商品价格，与1850年的商品价格处于同样低的水平。

3. 信贷规模开始扩张的时期，通常是一连串的丰收时节。人们在食物上花费得越少，人们对其他商品的需求也就越大。生产者发现，人们对其所生产的商品的需求在不断增加，他们也就越期望能获得更多的利润，也更愿意为消费者想要的商品限时专送给予一个好价格。雇主们为争夺劳动力而相互竞争，由此导致工资上升。雇员工资的花费使得他们对所有各类商品的需求增加。新的国有公司与私人公司都开始利用在一般活动中显示出来的美好开端和良好前景。由此，人们购买商品的欲望和支付高价的意愿同时增强，信贷蓬勃发展，人们也乐意接受并采用纸币来支付价款。价格、工资和利润在不断上升，行业从业者的收入也普遍增加，他们自由地花费，使得商品需求不断增加，商品价格不断上升，并保持在较高的水平上。许多投机者看到价格的这种上升景象，并认为这种景象会持续下去，所以也购买了一些商品，并期望将来能将商品卖出并从中牟利。在这样的时期中，一个仅有几百英镑的人，经常能从银行家和其他人那里借到可以购买价值几千英镑的商品的资金。任何一个人以买方的身份进入市场，无论他是使用自己的资金来购买商品，还是使用借来的资金购买商品，都会增强商品价格的上升趋势。

商品价格的这种变动会持续一段时间，直到最后绝大多数的交易都是通过信贷和借贷资本来进行。原来的公司为扩展经营而借入资金，新公司为开业而借入资金，投机者为购买和囤积商品而借入资金，这都使得交易处于危险的境地。那些从事资金放贷业务的人，是第一批能够读懂危险信号的人。一旦他们读懂了危险信号，他们就开始考虑收缩资金的放贷规模。但是，他们一旦收缩了放贷规模，他们的放贷业务就会受到很多妨碍或者扰乱。如果他们在放贷初期就更加谨慎，那么，他们就不会去开展一些新业务。但是，业务一旦开展了，他们就不会轻易放弃，除非他们能承受所投入的大部分资金的损失。所有类型的贸易公司利用所借入

第二十三章 货币购买力的变化

的巨额资金,开始投资于铁路、码头、钢铁厂和工厂的建设,造价的高昂使得它们已有的支出难以支撑建设项目的完成;尽管它们还没有准备好要从投资中获得利润,但还是不得不再次回到信贷市场上,以筹集更多资本。一方面,资本放贷者已经希望收缩其放贷规模;另一方面,资本借入者对资本的需求大大增加,这两方面的因素使得资本的利率非常高。资本放贷者对借入者的不信任日益增强,他们渴望得到的保障也就越多,并拒绝以特惠条款(或者分期付款方式)或者任何条款续借。一些投机者为了偿还债务,不得不出售商品,这使得商品价格的上涨受到遏制。这种遏制又使得所有的其他投机者感到焦虑,其中的许多投机者也开始纷纷抛售商品。对于一位在支付利息的条件下借入资金以购入商品的投机者来说,当商品价格保持不变时,如果他长期持有这些购入的商品,那么,他可能会破产;当商品价格下降时,如果他还持有这些购入的商品,那么,他必定会破产。当一位大投机者经营失败时,他的失败通常会导致将资金出借给他的人的经营失败,他们的失败进而导致其他人的经营失败。在这些经营失败的投机者中,还是有一些"资金充实的投机者",即他们的资产可能多于负债。但是,尽管某一投机者的资产多于负债,但某些不幸事件,例如他的债务人的经营失败,也会使得他的债权人对他的经营产生怀疑。他的债权人会要求他立即偿还贷款,但他却不能快速地收回债务人欠他的钱;市场被扰乱的同时,他也不被信任,他因此也就不能借到资金,从而导致经营失败。因为,信贷的增长是一个自我促进的过程,所以,当不信任取代信任时,失败和恐慌会滋生新的失败和恐慌。当商业风暴横行时,社会上到处是破产;当商业风暴结束时,社会就会风平浪静,但是,那是一种压抑而又沉重的风平浪静。那些已经拯救了自己的人,再也没有心情去冒险、投机了;那些成功的希望比较渺茫的公司,变得更加紧张起来;人们也不会成立新的公司。那些用来制造固定资本的煤炭、铁制品和其他原材料的价格呈现下降的趋势,价格下降的速度正如价格上涨的速度那样迅速。钢铁厂和船舶被迫出售,即使以任何公平的价格出售,也没有人购买。

借用奥弗斯通勋爵①的一句名言来描述的行业状态是,"行业发展总是在一个确定的周期中循环往复。首先,我们可以发现行业处于静止的状态,然后依次经历改进、信心增长、繁荣、激奋、交易过度、震荡、压力、停滞、危机的状态,然后再次进入静止状态而告终。

[4. 在每次危机过后的商业萧条时期,商品的供给大于需求。当然,某些特定商品可能很容易就出现过度供给的情况;一些制造商所生产的衣物、家具和刀具如此之多,以至于他们不能在一个有利可图的价格上出售这些商品。但这里面蕴藏着更多、更深层次的含义。危机过后,在几乎所有重要行业的仓库里,都堆满了大量的积压商品。为了能提供一个好的资本利润率和劳动工资率,几乎每一个行业都在持续地缩减生产规模。人们认为,商品的这种状态是一种普遍的生产过剩。然而,我们将会发现,这种生产过剩只不过是一种商业无序状态,纠正这种商业无序状态的途径或者方法就是重振信心。

显然,正如穆勒最初所说,"商品的支付手段仍然是商品。每

---

① 勋爵是指英国对贵族和上院议员的称呼。——译者

个人购买他人生产的商品的手段,是由他自己所拥有的商品构成的。从一个词的含义上来看,所有销售者不可避免地也是购买者。如果我们能够使一国的生产能力突然增加一倍,那么,我们也能够使每个市场上的商品供给增加一倍;采用同样的方法,我们也能够使人们的购买力增加一倍。每个人都会产生双倍的需求和供给,每个人也都有能力购买双倍的商品,因为每个人都拥有双倍的可供交换的商品。"

尽管每个人都具有购买商品的能力,但是,他们也可能选择不使用购买能力[①]。当信心已经被失败所动摇、摧毁,人们也就无法筹集到资本去成立新公司或者扩张旧公司。修建新铁路的项目无法获得支持,船舶被闲置,也不能得到新船制造的订单。社会上对挖土机的工作,几乎没有任何需求;社会上对建筑业的工作和对发动机制造业的工作,也没有太多的需求。简言之,在任一制造固定资产的行业中,可供人们从事的工作非常少。[②] 在这些行业中,那些拥有专用资本和专业技能的人的收入很低,因而他们所能购买到的其他行业生产的产品的数量也就很小。在其他行业中,它们所生产的产品面对的市场也很不景气,这导致它们的产量更低,它们所能赚取到的收入更少,从而导致它们所能购买到的商品数量也更少。人们对它们所生产商品的需求的减少,使得它们对其他行业所生产商品的需求也在不断减少。由此,商业活动的无序化迅速蔓延,一个行业的无序使得其他行业的经营活动也不能正常运转,出现失常;各个行业的无序相互影响,并日益加剧其无序化。

[①] 即不实际购买。——译者
[②] 影响这些行业的主要原因,在本书第二十四章第 6 点中会有详细说明。

产生这种恶果的主要原因是缺乏信心。如果信心能够得以恢复,大部分的商业无序化马上就会被消除掉。而且,信心的魔杖会触及所有的行业,并使得它们继续生产和保持对其他行业所生产的产品的需求。如果所有生产可供直接消费的产品的行业能够联合起来,像平常一样生产并购买彼此生产的产品,那么,这就为彼此都能获得一个适中的利润率和工资率提供了方法和手段。制造固定资本的行业可能还要等待一段时间,但是,当信心恢复后,到目前为止,那些拥有投资资本的人也会决定如何对这些行业进行投资,由此,这些行业也会得以恢复正常运转。信心的增长是一个自我促进的过程,信贷的出现和发展,增加了人们新的购买方式,由此,商品的价格也得以恢复。在那些已经可以获得丰厚利润的行业中,新公司纷纷成立,旧公司的经营业务也不断扩大。过不了多久,社会上对制造固定资本的工作的需求就会大大增加。当然,在各个行业之间没有关于重新开足马力生产和为彼此的产品建立一个市场的正式协议。产业的复苏是一个循序渐进的过程,而许多不同行业的信心的增长却经常同时发生。交易者一旦认为商品价格不会再继续下降,他们的信息就会马上恢复和增长,由此,产业复苏,商品价格上升。[1]]

---

[1] 在社会主义者提议建立的产业人工组织的所有方案中,最合理的方案是致力于建立一个"规避商业风险"的人工组织。他们提议,在萧条时期,政府应该挺身而出,向前迈步,以确保每一个独立的行业能够规避风险,促使所有行业能够正常运转,并由此获得收益和购买彼此的产品。政府立刻承担了所有风险,反倒不会有风险。但是,他们没有阐明,政府如何判断一个人所处的困境是否真的由非个人的可控制因素所造成;他们也没有阐明,在不阻碍发明进步和潜力所需要的自由的情况下,政府所提供的保证如何发挥作用。

[5. 商品价格的下降与行业停滞之间的关系，还需要深入研究。

行业萧条和商品价格的下降，没有理由使得那些不必支付任何生产费用的工作停止。例如，如果某人不需要支付工资，依靠自己的双手来生产自己所需要的原材料，那么，在行业萧条和商品价格下降的经济背景下，他持续地工作也不会有任何损失。无论商品低廉的价格如何下降，只要他所生产产品的价格的下降比例不高于其他人所生产产品的价格的下降比例，对他来说是无关紧要的。当商品的价格比较低时，他出售商品所能获得的收入也就很少。但是，当商品的价格比较高时，如果他所能购买到的商品数量，与在他能获得更多收入时所能购买到的商品数量是一样的，那么，商品价格的下降并不会给他带来任何损失。如果他认为，自己所生产商品的价格的下降幅度大于其他人所生产商品的价格的下降幅度，那么，他就会有些气馁；但是，即使如此，他也不会停止工作。

同样地，在价格下降对所有商品的影响相同，并且价格不会进一步下降的情况下，尽管制造商不得不支付原材料的购买价款和人员工资，但是，他也不会因为商品价格下降而停止生产。如果制造商所生产商品的价格下降了四分之一，并且他所应该支付的劳动工资率和原材料价格也下降了四分之一，那么，他在这个行业中所能获得利润和以前一样多。现在，付出 3 个金镑①可以完成的工作，在过去需要付出 4 个金镑，他使用少数几个计数器来衡量、

---

① 金镑是面值 1 英镑的英国金币，1914 年后停用。——译者

比较其收入与支出,但是,现在,他的收入与其支出之间的关系与以前是一样的。他的净利润在总营业额中所占的比重与以前一样。通过计数器计算出来的收入比以前减少了四分之一,但是,他所能购买到的生活必需品、舒适品和奢侈品的数量与以前一样。

然而,事实上,制造商支付的费用的下降比例与其售出商品时所获得的价格的下降比例一致的情况,极少发生。当价格上涨时,完工制成品价格的上涨速度通常要快于原材料价格的上涨速度,也总是快于劳动价格的上涨速度。当价格下降时,完工制成品价格的下降速度通常要快于原材料价格的下降速度,也总是快于劳动价格的下降速度。因此,当价格下降时,制造商的收入有时不足以弥补原材料、劳动和其他形式流动资本的支出,他们也很少有足够的收入来支付固定资本的利息和自己的管理报酬。

即使劳动、原材料价格的下降速度与完工制成品价格的下降速度相同,但如果商品价格的下降趋势没有终止,制造商继续生产则会遭受损失。制造商可能在商品价格普遍下降了六分之一时,一次性地购入了原材料和劳动。但是,等他再次出售商品时,商品价格又下降了六分之一,则其收入可能会很少,以至于不足以弥补其支出。

由此,我们可以得出结论:相对于原材料和劳动的价格,完工制成品的价格较低时,或者当完工制成品的价格在下降,甚至所有商品的价格都同等程度地下降时,制造商如果继续生产,则只会获得一个较低的利润率,甚至会出现亏损。]

[6. 因此,商品价格下降会使利润降低,从而会使制造商变得贫穷,同时也会使拥有固定收入的人的购买力增强。再者,商品价

格下降以牺牲债务人的利益为代价使得债权人变得富有。如果将应属于他们的资金用于偿还债务，那么，这笔资金的购买力就会增强。如果他们将这笔资金按一个固定的利率出借出去，那么，他们在低价格水平上所能获得的回报，要高于在高价格水平上所能获得的回报。出于同样的原因，商品价格下降会使得债权人和那些能够获得固定收入的人变得富有，而使得那些像大多数商人那样，需要支付相当可观的固定数额的租金、薪酬的经营者变得贫穷。当价格上涨时，其所带来的好处要比实际的多得多。因为，一个普遍的观点认为，一国的繁荣昌盛深受制造商巨头和商业巨头的影响。他们根据自身所积累的经验去判断经济发展形势，在商品价格上涨的时候，他们的财富迅速增加；在商品价格下降的时候，他们的财富固定不变或者逐渐减少。但是，统计数据表明，一国在目前低价格水平下的实际收入，要远低于以前在高价格水平上的实际收入。英国人在1879年所能享有的生活必需品、舒适品和奢侈品的总量，与1892年所能享有的总量相比，只稍许少了一些。]

第二十四章　市场波动

1. 我们已经讨论了永久性地或者暂时性地改变货币购买力的原因。现在，我们仍然假设货币的购买力保持不变，除非我们做出相反的陈述。再者，我们仍然使用货币来衡量价值或者一般购买力，在谈及一般购买力的变化时，就如同是在谈及价格的变化。

接下来，我们要研究，当商品的正常价值自身缓慢地上升或者下降时，商品的市场价值如何围绕其正常价值上下波动。

生产者与交易者都试图预测市场价值的每一次波动。如果他们预计价格会升高，则他们就会增加商品的供给，以获得高额利润；如果他们预计价格会降低，则他们就会减少商品的供给，以避免损失。因此，他们在相互之间进行自由竞争的情况下的行为，与当他们的目标都是阻止市场价值围绕正常价值上下波动时的行为是一致的。当他们取得了成功时，供给就会被调整至接近于需求的水平。但是，当他们预测失误或者联合起来人为地限制供给时，市场价格就可能会严重地偏离正常价格。

2. 在供给方面，产生错误的主要原因是自然界对人类努力的回报的不确定性。一个较好的实例是水产品市场（或者鱼市场）。因为渔船的捕获量不确定和鱼无法长期保存，所以，鱼的价格会剧烈波动。在比林斯门①,每个交易者都会张贴出他所要出售的鱼的清单。在了解其他出售者的清单的基础上,他们试图制定鱼的合适售价,以使自己的鱼在每一天结束之前全部售出。如果某一交易者将鱼的售价制定得太高,则直到晚上他的鱼也卖不完,留在自己的手上;如果他将鱼的售价制定得太低,则他实际获得的收益就会低于他本可以获得的收益。

再者,谷物价格每年都有发生很大的波动。一般来说,一个收获时期的谷物很少会留存到下一个收获时期。因此,每年的谷物消费量都会受到前一个收获时期谷物供给的限制。如果在收获时期谷物减产,则会导致食物短缺,饥饿迫使人们在购买食物时需要支付非常高的价格。在此,我们注意到,谷物供给的变动会导致生活必需品的价格发生剧烈变动,但只会导致那些能很容易找到替代品或者那些很容易被完全分配出去的商品价格发生很小的变动。如果鱼价过高,则人们只需购买少量的鱼,就能得到一定程度上的满足。因此,在这种情况下,即使鱼的供给不足,鱼的价格也不会上涨到非常高的水平。然而,如果谷物价格过高,则每个人还要购买谷物,或者接受高价。因此,谷物供给的少量减少将会导致谷物价格的大幅上涨。②

---

① 比林斯门是伦敦桥附近的一个鱼市。——译者
② 在19世纪中期,谷物的短缺率与其价格上涨之间的关系为:

谷物短缺率(%)	谷物价格上涨率(%)
1/10	3/10
2/10	8/10
3/10	16/10
4/10	28/10
5/10	45/10

在野蛮国家,除非沿着河流和海岸线,否则,粮食的长距离运输几乎是不可能的。即使在中世纪的欧洲,"作为一条普遍的规律,各个地方都依赖于当地和邻近地区所生产的粮食。因而,在大多数的年份里,在任何大国的某些地方或者其他地方都会出现粮食真正缺乏的现象。在一个幅员辽阔的国家中,如果具有多种土壤和气候,那么,几乎每一个季节都一定会对这个国家的某些地方不利;同时,同样的每一个季节却会对该国的其他地方有利,以至于从全国范围内来看,这个国家只会偶尔出现粮食总产量不足的情况。即使是那样,在全国层面上出现的粮食总产量的不足程度,要低于在各个地区层面上出现的粮食总产量的不足程度。而如果从全世界的层面上来看,则几乎就从未出现过粮食供给严重不足的情况。因此,在以前曾经爆发过饥荒的地方,现在只是出现了粮食供给不足的现象;在以前,有些地方是粮食供给不足,另外一些地方却是粮食供给过剩,而现在,到处都是粮食供给充足……这种影响由于大量资本的存在而得到了极大程度上的增强,大量资本通常掌控在所谓的投机商人的手中。投机商人的业务是先买进商品,然后再卖出,并从中赚取利润。这些投机商人当然是在商品价格最低的时候购入商品,并将其储存起来,然后在商品价格非常高的时候再将商品投放于市场。他们的经营操作的趋向是提高价格的均衡性,或者至少是缓解价格的不均衡性。如果没有投机商人,那么,商品的价格就会在某段时间里大幅下降,又会在另外一段时间里大幅上升。"[①]

[①] 资料来源:穆勒的《政治经济学原理》,第四篇,第二章,第四节。

近期,轮船、铁路、电报的出现和发展,极大地增强了零售商和批发商在提高价格均衡性中的作用。不久以前,远方市场的消息传递到本地需要好几个月,而如今只需要几分钟。商人甚至可以通过电报来指示他们的船舶的停靠港口。因此,满载货物的英国船舶的到达,会使几千里之外的市场短缺在几天之内烟消云散。①

3. 许多商品每天的市场价格由商人的行为来决定,而不是由生产者的行为来决定。许多种类型的初级产品只能在一年当中的特定时节生产,这些初级产品价格的上升所带来的直接影响,不是增加自身的产量,而是诱使商人提前大量地出售初级产品,或者诱使商人从远方进口初级产品以供销售。如果我们进入任何一个玉米、羊毛或者棉花市场,则我们会发现,商人在某一天会很乐意出售商品,而在另外一天却会控制商品出售。在任何一个价格水平上,商人愿意出售的产品数量取决于他们对与其有密切联系的市场的当前状况和未来状况的预测。有些报价是商人愿意接受的,有些报价是商人所不能接受的。有些价格能够被那些最不能等待的人和那些对未来市场状况的预期最不乐观的人所接受,而其他人则不会接受这些价格。竞标的价格越高,商品的销售量也就越大。

例如,在某个谷物市场上,当谷物的价格为 50 先令时,商人一天愿意出售的谷物数量是 500 夸脱;当谷物的价格为 51 先令时,商人一天愿意出售的谷物数量是 700 夸脱;当谷物的价格为 52 先

---

① 康普·克伦普(Comp Crump)的《政治经济学的新发展》(*New departure in Political Economy*)。

令时,商人一天愿意出售的谷物数量是 1000 夸脱,等等。因此,在任何市场的任何时间上,每一个特定的销售量对应着一个特定的价格,同理,每一个特定的购买量对应着一个特定的价格。在谷物市场上,如果谷物的价格为 50 先令,那么,磨坊主和谷物投机商愿意购买的谷物数量是 900 夸脱;如果谷物的价格为 51 先令,那么,他们愿意购买的谷物数量是 700 夸脱;如果谷物的价格为 52 先令,那么,他们愿意购买的谷物数量仅为 600 夸脱。如果每个人都准确地知道谷物的市场状况,精确地知道购买者购买的渴望程度和销售者销售的渴望程度,那么,谷物的价格就会立刻被固定在 51 先令的水平上。在这个价格水平上,700 夸脱的谷物在一天内就会被售罄。因此,这一价格就是需求与供给相等时的价格。但事实上,在一天中的价格是上下波动的;甚至在同一时刻,同一谷物交易所的不同区域内的交易价格也不同,但是,一天中谷物的平均价格为 51 先令,谷物的总销售量不会太多地偏离 700 夸脱。

因此,在经济变迁缓慢推进的过程中,谷物在每个年代的正常价格都不相同。同时,在同一年代的不同年份的连续收获时期,谷物的平均价格也不相同,其中的原因是,生产者未能将谷物的供给调整至等于其需求的水平上。在商人的预测和讨价还价的影响下,每个谷物市场上谷物每天的价格围绕其平均价格上下波动。

在谷物需求量十分清楚的情况下,谷物价格每天、每周都会发生剧烈波动,其中的原因有二:一是商人对任何时间上所存在的存货的估计产生了失误;二是人们对即将带来的收获期的预测发生了变化。许多其他商品(例如煤炭、铁制品)的价格每天也都会发生波动,这主要受到了商人对这些商品的即时需求和未来需求的估计的影响。但是,无论商人主要用来指导其讨价还价的估计的本质是什么,除商人联合起来人为地抬高价格之外,这些讨价还价会使得市场价格等同于市场上的供给和需求。也就是说,这些讨价还价倾向于使商品价格处于这样一种水平:在这一价格上,市场上的卖方愿意出售的商品数量,恰好等于市场上的买方愿意购买的商品数量。

4. 接下来,我们研究由于对商品需求变化的预测的失败而导致的商品价格波动。

服装时尚的变化经常使得有些种类的布料的市场价格或者远远高于其正常价值,或者远远低于其正常价值。如果某家制造商能够迅速地洞察和把握时代特征,并能预期某一特定类型布料的未来需求,那么,他就能获得丰厚的利润。但是,在商品供给能够非常迅速地被调整到等于商品需求的情况下,除非需求发生巨大而又突然的增长,否则,需求的增长不会导致商品价格的大幅上升。

但是,住房市场却不同,住房的供给无法迅速地被调整至满足新的住房需求的水平。伴随着当地经济繁荣程度的变化,当地住房价值也呈现上升和下降的变化趋势。当柏林市变成特大城市时,人们对住房的需求就会急剧增加;同时,住房租金也急剧上涨,建筑工人一天所赚取的工资,要比农业劳动者一周所赚取的收入还要多。另一方面,当一个地方的人口减少时,这个地方的住房价值就会降低到非常低的水平。在美国的许多地方就出现了这样的一种情况:在一个小镇上,每年都有 2 万居民长大成人,但是,在今后的几年中,这个小镇就变得荒无人烟,所遗留下来的房屋也变得毫无价值。在英格兰的康沃尔郡,某些村庄随着开矿人员的离开也变得荒无人烟;在英格兰的其他地方,房屋的售价还不及其建筑成本的一半。

5. 在大量使用固定资本的行业中,商品价格更容易发生剧烈波动。因为,当商品的价格处于正常水平时,商品价格所带来的收益,不仅能弥补制造商的原材料支出和劳动支出,而且还能弥补扣除了折旧基金之后的固定资本的利息支出,还能补偿制造商自己的管理报酬。只要商品的价格能够偿付制造商的原材料和劳动的支出以及利息,则制造商的使工人团结一致和保持贸易联系的欲望,诱使他继续生产。因此,制造商投入的资本越多,制造商继续生产的动机或者欲望也就越强;纵使制造商所生产的商品的价格在很长的一段时间内低于其正常水平,他们仍然会继续生产,这会使商品价格进一步降低。

再者,大部分固定资本也是专用资本。例如,当煤炭的价格下降时,用于开采一座煤矿的资本将无法收回。谨慎的资本家不会被煤炭的高价所诱惑而投资于煤矿,除非他有理由认为,煤炭的高价能够持续很长一段时间。因此,在开采新矿以增加煤炭的供给之前,煤炭的价格就已经大幅上升;即使新矿被开采了以后,来自于新矿的煤炭供给量也要经过相当长的一段时间之后,才会对煤炭价格产生影响。煤炭开采也需要大量的专业人力资本,并且,如果没有矿工的迅速增加,就没有煤炭供给的快速增加。除非高薪引诱,否则,那些对地下工作的危险性和不适性不了解、不熟悉的人,根本不会去从事矿藏的开采工作。最初,因为这些矿工的劳动的效率非常低下,所以,开采一吨煤炭所需要支付的工资,要远高于开采工作的正常工资。因此,一方面,煤炭需求的增加使得煤炭价格快速上升到较高的水平上,但是,由于煤炭的供给不会增加,所以,煤炭价格不会出现再次快速下降的情况。另一方面,当煤炭的需求下降时,如果用于煤炭开采的专业材料和专业人力资本保持供应,那么,煤炭的价格会下降到较低的水平上。家用的煤炭量,每年都会发生变化,但变化很小;用来制造蒸汽的煤炭量,每年也都会发生变化,而且变化大一些;到目前为止,对煤炭需求的最重要的变化,归因于钢铁生产中的煤炭使用。

6. 钢铁价格之所以发生大幅度的波动,其中的一部分原因是钢铁价格的上升,不会使煤炭、铁矿石和钢铁生产所需要的固定资产的供给迅速增加;另外的一部分原因是,因为钢铁主要制造机器设备、修建铁路和生产其他形式的固定资本,所以,钢铁的需求会发生剧烈变化。固定资本的需求的变动,要比那些用于直接消费的商品的需求的变动更为剧烈;生产固定资本的行业所受到的商业繁荣与商业萧条更替的影响,要比其他行业所受到的影响更多、更深刻。因为,一方面,当信贷规模扩张时,信贷增加所带来的额外的购买力主要流向贸易商和贸易公司,无论他们是想要开始营业,还是想要扩张经营业务,他们都肯定会将所获得的额外购买力花费在机器设备、建筑物、船舶、铁路用材和其他形式的固定资本的购买上。另一方面,在信贷规模收缩的地方,人们会发现,他们的购买力也会下降,而那些购买力没有受到限制的人,直到他们认为价格已经几乎快要到达转折点时,他们才会在固定资本上进行投资。

1870—1873年,生铁的价格翻了两倍,某些煤炭的价格翻了四倍,但是,它们现在的价格要低于 1870 年时的价格。1870—1873 年,钢铁行业劳动的工资上升了 50%,继而又下降。每一次类似的变化都伴随着经济繁荣程度的变化。在每一次危机之前,即 1837 年、1847 年、1857 年、1866 年的前夕,英格兰和其他国家的钢铁价格的上升速度,都要快于其他商品价格的上升速度。而在每一次危机过后的几年中,钢铁价格的下降速度也要快于其他商品价格的下降速度。因此,不仅是钢铁的价格,而且还包括钢铁的价值和一般购买力,在每一个这样的时期中都会上升和下降。在建筑行业也出现了与钢铁行业相同的现象,挖土工、泥瓦匠、砖瓦匠和木匠的工资,在几乎每一次危机的前夕都会快速上升,在几乎每一次危机过后的几年中都会快速下降。

在商业萧条时期,对固定资本的唯一需求,来自于那些在行业繁荣时期不愿意终止现有工作而去改变生产的制造商。但是,在行业萧条、建筑物和机器设备价格比较低时,另外一些制造商却会抓住机会进行扩张和整治,以能在行业复苏时获得利润。但是,这些制造商对固定资本的需求,不足以弥补因信贷规模普遍收缩、旧公司和公众性公司经营失败、新公司缺乏所造成的亏损。

目前,伴随着行业萧条,英格兰的出口大幅下降,但是,英格兰的进口却没有相应地下降。其中的部分原因是,在国外投资遭受了大量损失的英格兰人将大量国外资本带到了国内。当英国将资本出借给外国时,外国通常都将所借到的大部分资本投入到铁路修建和在英国买卖的制造机器设备等项目上,这种情况在 1873 年以前的繁荣时期尤为明显。英格兰出口的连续下降,对钢铁行业所产生的损害程度要高于其他行业。但是,出口的连续下降不会对建筑行业产生影响,因为,建筑行业的产品不出口。另一方面,在人们没有以不同形式对建筑物形成需求之前,英格兰人不会将从国外带回来的资本投入建筑行业,这在某种程度上维系了建筑行业。这就解释了:1873年以后,为什么钢铁的价格快速下降,而建筑物的价格却长时间地保持不变。

7. 商品需求增加,其中的一个原因是商品的替代品的供给不足。 因此,在美国内战时期,棉花供给的不足导致了羊毛需求的增加。商品供给增加,导致商品价格下降,其中的一个原因是用来生产产品的商品(即中间产品)的需求增加。将天然气的价格和从一吨煤炭中所获得的焦炭的价格加总在一起,必须要足以弥补它们的联合生产费用。如果天然气的需求增加,则焦炭的产量也就越大①,焦炭的价格就会下降,这会使得焦炭供给的增加脱离市场需求。天然气价格的上升,必须要能够足以弥补焦炭价格的下降所带来的损失,同时,也要能够弥补所增加的天然气、焦炭的联合生产费用(如果它们已经发生了)。自《谷物法》被废除以来,英格兰所消费的大部分小麦都来自于进口,当然,英格兰没有进口稻草。这会导致稻草供给不足,从而导致稻草价格上升,种植谷物的农场主也开始将稻草视为农作物价值的重要组成部分。

在进口谷物的国家,稻草的价格很高;而在出口谷物的国家,稻草的价格却很低。同理,在澳大利亚生产羊毛的地区,羊肉的价格就一度非常低。羊毛主要是出口到国外去,羊肉必须在国内消

---

① 根据供求定理和替代品之间的关系,天然气与焦炭是一对替代品,天然气的需求增加,在天然气供给和其他因素保持不变的条件下,焦炭的需求会增加,从而会引发焦炭生产者增加产量,以满足需求。——译者

费，而因为国内消费者对羊肉的需求不多，所以，羊毛的价格就必须要能够弥补羊毛和羊肉的全部联合生产费用。后来，羊肉的低价促进了出口羊肉保鲜行业的发展，在澳大利亚，现在羊肉的价格已经上升到了一个较高的水平。

相同的结论也适用于取决于运输的那部分商品生产费用，无论是将原材料运达商品制造地，还是将完工商品运达销售地。修建、维护公路和铁路所发生的费用，都要被分摊到经过这些公路和铁路上的各类商品上去。当某个地方发现了矿藏并为此修建了铁路时，当地的居民就会发现，他们所生产的远销到外地的商品的价格上升到了一个较高的水平，而从外地购进的商品的价格则下降到了一个较低的水平。另外，英国出口的商品的重量要轻于美国出口的商品的重量，体积要小于美国出口的商品的体积，因此，来自于英国的运费的竞争非常激烈，导致运费非常低。于是，商人就把船舶的大部分工作费用都分摊到来自于美国的商品的运费上。美国对英国所生产的重量较重、体积较大商品的需求的增加，会加剧来自于美国的船舶运费的竞争，并导致英国市场上的美国商品的价格下降。再者，如果某种重量大但体积小的出口商品，与另一种重量轻但体积大的出口商品由同一艘船舶运输，那么，这两种商品各自需要承担的运费的多少，取决于进口国对这两种商品的需求的大小。如果进口国对某种出口商品的需求大，那么，另一种出口商品所需要承担的运费就少；如果进口国对某种出口商品的需求小，那么，另一种出口商品所需要承担的运费就多。例如，一艘主要运载钢轨的船舶，经常会搭载一些英格兰斯塔福德郡所生产的重量轻的陶器，以降低运费。在主要运载羊毛的船舶上搭载的来自于澳大利亚的罐头是压载物,羊毛几乎承担了这艘船舶往返的全部费用。但是,如果澳大利亚的矿物产量增加,而羊毛产量减少,那么,羊毛就可以以非常低的运费由船舶搭载出去。

8. 商品需求的增加会使商品的价格上升,最初,商品价格上升所带来的收益几乎完全进入到了制造商手中。但不久后,制造商扩大经营的欲望使得他们在劳动力的雇用上相互竞争,这会导致雇员工资的上升,从而使得制造商最初所获得的收益中的大部分,由其手中转移到雇员手中。相反地,商品需求的减少会使商品的价格下降,最初,商品价格下降所带来的负担全部由雇主来承担,但不久后,大部分负担逐渐地由雇主手中转移到雇员手中。在英格兰,一种情况下工资上涨的方式和在另一种情况下工资下降的方式,以及工资上涨或者下降所带来的收益或者损失在商品生产中所雇用的不同种类工人之间的分配,在当前主要受贸易联盟的影响,这些影响留待在后续的章节中讨论,更为合宜些。

但是,在这里,我们注意到,工资几乎总是随着价格的变化而变化,极少发生意外情况。需求增加引致价格上升,一段时间后,工资上涨;这导致需求进一步增加,价格进一步上升。但是,价格的最初上涨和进一步上涨,主要缘于需求增长的速度快于供给增长的速度。确实,工资的上涨增强了价格上升的变化趋势。如果工资一直很低,从高价中所获得的全部收益都被计入利润中,那么,这个行业就会非常迅速地吸引大量资本,供给的增长速度会更快,这会导致价格上涨的速度下降。但是,价格的每一次上升都会直接导致工资的每一次上涨。

工资上涨的比例很少与价格上升的比例保持相同,因而也很少与管理报酬的增长比例保持相同。其中的一个原因是,正如我们在第一个例子中所讲到的,价格上升所带来的收益,最初全部流入到了雇主的口袋;在刚开始时,工资很少上涨,只有当利润增加引发了雇主之间的竞争时,工资才会上涨。另一个原因是,额外的资本投入到某一行业中时,投资者所要面临的风险是需求的增长,这只是暂时性的;其实,利润的增长,看上去好像只是为了抵御这一风险。

同理,当需求下降时,价格会首先开始下降,随后是工资开始下降。工资的下降是由价格下降所引起的,但是,它不是价格下降的原因。价格下降的比例,以及由此所导致的利润下降的比例,远大于工资下降的比例。此时生产者根本就没有利润,资本遭受大量损失,并且这些损失不平等地分摊在不同的生产者身上。但是,如果将行业视为一个整体,那么,资本损失是由在高价格和高利润基础上所形成的保险基金来支付的。

[9. 当不同阶层劳动者的工资随着他们所生产商品的价格的上升而上涨时,某一行业中劳动的额外供给的增长速度,取决于该行业工资与其他行业工资之间的关系。如果该行业工资异常地高于其他行业工资,高额工资就会吸引大量劳动者进入该行业。大量劳动力的进入会阻止工资的进一步上涨;当行业萧条来临时,它还会使得工资下降的速度更快、幅度更大。另一方面,在工资上涨之前,如果与其他行业的工资水平相比,该行业的工资水平低于其正常水平,那么,即使工资在长时间内持续上涨,该行业也招揽不到劳动力,无论工资如何上涨,该行业的劳动力数量可能保持不变。

由此,我们发现,正常生产费用决定正常价值的定理,与价值的市场波动是生产费用的市场波动的原因而非结果这一事实是一致的。如果李嘉图和穆勒多费点心解释清楚了正常价值理论与市场价值理论之间的区别,那么,关于"是生产费用决定了价值,还是价值决定生产费用"这一问题,人们就不会有那么多的争论。]

第二十五章　习俗对地方性价格和
　　　　　　　工资变化的影响

1. 在谈及商品的正常价值定理时，我们注意到，同种商品在**不同市场上可能有不同的正常价值**。商品在任何一个市场上的正常价值等于商品的生产费用。在这些生产费用中，从商品产地运输到销售地的费用，当然，包括在运输途中所缴纳的关税，都被认为是必须要支付的费用。因此，正常价值定理自身还包含着**正常价值的地方性变化定理**：如果两个市场上的同种商品都是同一个来源，那么，将同种商品从产地运载到两个市场销售地的运费的不同，决定了距离商品产地较远（或者商品更不容易运达）的那个市场上的商品的正常价值水平较高；如果两个地方生产的同种商品在同一个市场上出售，那么，将同种商品从两个商品产地运载到市场销售地的运费的不同，决定了距离市场销售地较远（或者更不容易通达）的那个产地的商品的正常价值水平较低。

如果同一种商品在两个市场上的价格的差异，要大于将这种商品运载到两个市场上的运费的差异，那么，就会有人专门从事这样的工作：将这种商品从价格比较低廉的市场运载到价格比较昂贵的市场，以上这些定理将其视为是理所当然的事情。假设确实存在这样的一批人，他们拥有从事这项工作所需要的资本和经营

第二十五章 习俗对地方性价格和工资变化的影响

习惯,并且能够与这些市场取得联系;并假设市场对这种商品的需求量非常大,则这批人就值得去组织商品的这项运载工作。

当商品是一种普遍使用的商品,且市场是由一些相互之间具有密切的商业往来的大城镇所组成时,上述的这些假设条件就会被满足。当地的商业贸易中主要商品批发价格的地方性变化,除了少数的几个例外,都可以将其归因为运输费用的不同。当生产者为被迫进入一个距离较远的市场而感到非常忧虑时,最重要的例外情况由此产生。与那些在地理位置上更具优势的供应商的竞争,可能使得他们在将运费考虑进去之后,在这个市场上以一个很低的价格将商品卖出,这一低价使得他们无法获得正常的利润率。也许他们可以通过相互联合的方式,在自己所在的本地市场上以一个很高的价格将商品卖出,以弥补亏损。例如,英国的制造商在将税收和运输费用考虑进去之后,一种商品在美国市场上的出售价格,要低于同种商品在英国国内市场上的出售价格。一些美国商品,例如缝纫机,将关税考虑进去后在加拿大市场上的出售价格,要低于在美国市场上的出售价格。但是,通过打破当地的商业联合、迫使生产者以等于商品生产费用的价格在本地市场上出售商品等方式来增强竞争的趋势,可以消除上述的反常现象。

如果没有完善的交通运输体系,商品的价格不会由自由竞争来决定,价格的地方性变化也不会简单地由上述的"正常价值的地方性变化定理"来决定。接下来,我们必须要考虑与分析:那些不能很容易地运载到远方市场上销售的商品的价格的地方性变化,以及总体零售价格的地方性变化。

2. 在无法被运送到远方市场销售的商品中,首当其冲的便是土地。但在现在，铁路能将许多种类的农产品运载到远方市场，这使得农产品价格的变化能够遵循"正常价格的地方性变化定理"。既然土地租金是生产者所获得的价格中超过了商品生产费用和运输费用的部分，那么，这就意味着，如果土地总是因为农业用途而在自由竞争条件下被出租出去，则租金就会受到上述定理的间接影响。

　　土地价值在很大程度上是由土地租金来决定的。假设安全投资的利率是 4%，则人们每年都可以从 2500 英镑的投资中获得 100 英镑的安全收入。如果租金是土地所有者从土地中所能获得的唯一收益，且租金不大可能上涨，那么，人们就愿意将 2500 英镑投资到土地上，以每年都可以获得 100 英镑的安全租金。但是，当人们在购买土地时，通常都期望土地租金能够上涨。在美国，新农田的开垦、交通设施的增加，可能会抑制农产品价值的增加，因而会抑制英国农场的租金的上涨。但是，靠近大城镇的土地的租金和制造区的土地的租金的上涨，不受这些遏制因素的影响，而是会一直持续地上涨。这种土地租金的增长，只要是由人口增长所引起的，并且与地主所做出的任何行为无关，则可被称为土地租金的"自然增值"。当"自然增值"已经被估计出来时，需要计入土地价值中的"自然增值"的数额可以通过一个简单的算术运算来求得。

　　但是，这是关于决定土地价值的原因的不完整解释。第一，即便是在完全自由竞争中，土地除了能为土地所有者提供收取土地租金的权利外，我们必须还要考虑到土地为土地所有者所能提供的其他好处。有些人能从土地所有权中获得独特的乐趣，他们热爱自己所拥有的土地，就如同热爱自己所驯养的狗，他们愿意为自己的这种喜悦的感情付出代价。这种感情和土地所能带来的社会地位，使得土地的价值进一步增加。但是，土地价值最后的增加额的大小取决于国民性格和社会安排，其中，社会安排因地不同、因时不同，并且这些变化没有规律可循。

第二，土地租金很少由完全自由竞争来决定。地主的舒适感、社会地位在土地价值中的极端重要性，要求地主与佃户都要诚恳地对待对方；地主很少担忧其与佃户之间所进行的那些艰难的讨价还价。农场租赁权的竞争通常发生在农场附近的几户家庭之间，更确切地说，竞争发生在与地主保持着良好的私人关系、社会关系和政治关系的人之间。即使地主也很想收取最高的土地租金，但是，他经常发现，收取最高租金是非常困难的一件事。

另一方面，现今的真实情况与亚当·斯密时代的情况相同，即，"在利润相同或者利润几乎相同的情况下，人们更乐意将资本投入到土地的改良和耕作中，而不是将资本投入到制造业或者对外贸易中。"在一国的某些地区，地主与佃户之间签订了土地长期租约，这使得佃户可以将资本安全地投入到土地上；但是，竞争使得土地租金快速上涨，从而使得农场主所能获得的利润率，要低于其他任何行业的利润率。

3. 自由竞争在决定土地租金时所遇到的障碍是历史遗俗。 在我们的日耳曼先祖的村落社会和存在于印度的类似村落社会中，我们没有发现土地私有制。在那里，土地的价格不是由竞争来决定的，因为土地没有价格。习俗决定了村庄中所生产和出售的所有商品的价格。在这种情况下，村民可以从村外人手中购入的商品，只有少数的几种商品；村民可以出售给村外人的自己所生产的商品，也只有少数的几种商品。这几种商品的价格取决于讨价还价和自由竞争,并且容易受到经济变化的影响。贵金属涌入一个国家,会使得这个国家的这几种商品的价格立刻上升;但是,在很长的一段时间内,这几种商品价格的立刻上升,却很难对每个村庄那些自产自用的商品的价格产生影响。然而,随着时间的推移,村民发现,将自己所生产的商品运载出去,以一个新价格出售所能获得的收益,要远大于将自己所生产的产品以旧的惯例价格在本地市场销售所能获得的收益。村民会开始慢慢地寻找利润更加丰厚的工作;尽管由习俗所决定的价格仍在逐渐上涨,但是,村民所需要的用于自己家庭消费的商品数量变得越来越少。村庄越封闭,与距离较远的地方的贸易越少,则村庄生产的商品的价格受贵金属涌入的影响而发生变动之前所经历的时间也就越长。

在发达国家,习俗的影响并没有消亡。在农业地区,仍然有许多村庄直到最近,也依然与该国的其他地区没有任何往来。在铁路建成之前,这些城镇中的大多数商品的供应都来源于邻近的乡村;城镇生活中的社会变化和经济变化所产生的影响,要经过至少一代人的时间,才会波及那些偏远地区。

企业中习俗的形成过程很缓慢。那些直到现在仍然与外界缺乏联系的地区,对于利用现代方法将自己的产品运载到远方市场,毫无热情。城镇居民的事业心和进取心将这些地区从昏睡中唤醒,他们在偏远地区与大城镇之间建立起了乳制品和其他易腐品的供应链。农场主的惰性、不爱阅读与自己所从事行业有关的新闻、相互之间不能保守秘密的习惯,使得他们在乳制品的销售中难以形成一个统一的批发价格。两个朝夕相处的农场主以不同的价格销售各自所生产的牛奶,这种事情经常发生。但是,竞争所产生的影响要比过去更大:"例如,在伦敦市场上,牛肉、羊肉、牛犊肉、黄油、鸡蛋、家禽的价格上涨了大约 25%,但是,在爱尔兰和苏格兰内陆的新铁路沿线地区,这些商品的价格上涨了 1 倍,超过了几年前的上涨率。在爱尔兰通过铁路与英格兰的港口和市场建立联系之前,爱尔兰内地城镇的每磅肉类的一般价格在 3.5—4 便士;而在现在,爱尔兰内地城镇的每磅肉类的一般价格在 7—8 便士。"①

15 世纪末期和 19 世纪,美国的大量矿藏被发现,此后,贵金属供给增加;在比较这两个时期中贵金属的新供给在农村和城镇之间的分配方式时,我们找到了一个关于农村地区与城镇建立紧密联系的有趣例子。在 15 世纪末期的情况中,贵金属的新供给影响到整个欧洲经历了两个世纪。新供应的银几乎完全停留在少数的几个城镇和商业中心,"例如,在伦敦市场上,商品价格大幅度上涨;而苏格兰高地和爱尔兰西部的部分地区的商品价格却完全没有受到影响;但是,在英格兰,即便是在距离大都市不远的一些地区,其商品价格所受到的影响也很小。"②

但现在,那些最近通过铁路已经对外开放的乡村地区,吸收了贵金属新供给中的大部分份额。在德国,我们找到了一个很好的例子,德国的一部分乡村地区最近通过修建铁路与外界建立了紧密的联系,但是,仍有大部分乡村地区没有受到这种新型交通运输方式的影响。新供给的黄金大量涌入德国,使得银行业迅速发展,从而使得在 1873 年之前,德国市场上的商品价格呈现了普遍上涨

---

① 克利夫·莱斯利的《政治与道德哲学论文集》(*Essays on Political and Moral Philosophy*),第 227 页。

② 克利夫·莱斯利的《政治与道德哲学论文集》,第 327 页。

的趋势。但是,商品价格的普遍上涨在有些地区表现得非常显著,而在另一些地区却表现得非常不显著。克利夫·莱斯利先生对商品价格上涨到较高水平时的商品价格清单进行了详细而又深入的研究,研究结论表明,从整体上来说,商品价格普遍上涨所产生的直接影响,不是减少商品价格的地方性不均等现象,而是增强商品价格的地方性不均等现象。他把德国划分成四个货币区域,并发现,那些在交通运输或者其他方面较为落后的地区,商品价格仍然保持在一个较低的水平上;而在那些通过轮船与优良市场建立了紧密联系,但其本身并非大量企业所在地且没有任何特别吸引力的地区,其商品价格呈现出了大幅度上涨的趋势;在那些通过最好的联系方式将当地活动或者当地的度假胜地,与外来活动或者外地的度假胜地紧密联系在一起的地区,其商品价格呈现出了快速上涨的趋势;在那些除了具有上述优势外,还靠近交通要道和西欧人口迁居的地区,其商品价格的上涨速度最快。[1]

影响商品零售价格的特殊因素是那些与零售商所获得的收益的地方性变化有关的因素。现在,我们开始着手研究工资和利润的地方性变化。

4. 亚当·斯密告诉我们,"在所有行李中,人是最难搬运的东西。"布伦塔诺[2]在谈及劳动与所有其他商品的区别时,追根溯源

---

[1] 克利夫·莱斯利的《政治与道德哲学论文集》,第 331 页。

[2] 卢约·布伦塔诺(Lujo Brentano,1844—1931),德国经济历史学派代表人物,一般称他为新历史学派左派或者自由派,其主要著作有《现代工会》(1871—1872)、《历史中的经济人》(1923)、《英国经济发展史》(3 卷,1927—1929)、《劳动时间、工资与生产的关系》(1876)等。——译者

地指出,"劳动力与为劳动的出售出价的人之间所建立的联盟,是绝对牢不可破的联盟。"①商品的出售者只要能够以最好的价格将商品卖出,他不会关心商品卖到了什么地方、卖给了谁。但是,对于劳动力这种商品,这就完全不同了。在劳动者出售其劳动的整个时期内,劳动者必须要和同伴们一起待在某一个地方,并且必须要服从于雇主所制定的规章制度。当劳动者结束其工作时,他仍然属于由住在他工作过的附近地方的人所组成的社会群体。劳动者不会为了寻找高薪工资而离开自己的家乡,除非他所期望的工资不仅能够补偿因工作而带来的不适,而且还要能够补偿因离开亲属和朋友、离开出生地的熟悉环境和网络关系所带来的不适感。在这之前,我们已经说过,在预估使人们从事某种职业的净利益,以及净利益对从事该职业的工人的正常工资所产生的影响时,我们必须要考虑该职业的舒适性、社会声誉、健康性、清洁度等因素。在现在,在预估将人们束缚在某一特定地方的某种职业的净利益,以及净利益对从事该职业的工人的市场工资所产生的影响时,我们必须还要考虑个人友谊、感情和联系等最重要的因素。这些因素在导致邻近地区同一行业中的工人工资真正不平等方面所产生的影响,不亚于冷漠和无知所产生的影响。在不考虑劳动平均效率的地方性变化的情况下,如果我们单独看工人的计时工资,我们就会发现,工人工资的不平等程度,要远低于其所给人印象的不平等程度。事实上,当工人的计件工资都相等时,计时工资的不平等不是真正的不平等;不管怎样,计时工资的不平等不是那种通过竞

---

① 卢约·布伦塔诺:《工人工会》,第二卷,第6页。

争就能消除的不平等。

我们已经注意到,某地区工资率的增长,如果没有捷足先登者,会在一代人的时间里导致劳动者劳动效率的提高,从而,对于雇主来说,劳动也不是那么昂贵;雇主也无须支付比工资率增长之前更高的计件工资①。例如,在英格兰的南部乡村地区,1770年农业劳动者的周平均工资是7.5先令,而在北部乡村地区,同年农业劳动者的周平均工资只有6.75先令。北部乡村地区制造业的发展促使劳动者离开土地,导致农业劳动力短缺,这使得农业劳动者的周平均工资在1850年上涨到11.5先令,现在,已经上涨到18先令。同时,南部乡村地区劳动者的周平均工资在1850年只上涨到8.5先令,在现在,只上涨到大约15先令。但是,高额工资使得北部乡村地区劳动者的平均实力和劳动效率得到提高,从而使得北部地区的计件工资并不高于南部地区的计件工资。

[5. 在考虑工资对劳动者劳动效率的影响时,我们当然应该着眼于实际工资,而不是货币工资或者名义工资,也就是说,实际工资能为劳动者带来生活必需品、舒适品和奢侈品。在有些地方,其生活必需品较为充足,但是,舒适品、奢侈品、能够培育出聪明而又杰出的工人的教育机会等却通常都不足。因此,相较于劳动者的孩子在成长起来时起初显露出来的活力,全世界范围内不同地区的劳动者的货币工资是一个更好的衡量劳动者效率的标准。布拉西断言,挖土工所从事工作的货币成本,例如挖掘铁路用沟渠工作的计件工资,如果用货币来衡量,则计件工资在文明世界都是一

---

① 参见本书第十六章,第2点。

样的。相对于这一规则的主要例外情况发生在新兴国家和最近发展了大量产业活动的传统国家的部分地区，这些国家或者地区的经济状况，在很多引人注目的方面与新兴国家的经济状况极为相似。这些国家或者地区工人的计时工资和计件工资水平通常都很高，由于人口的增长，直到现在，工人的工资水平才开始减少到其正常水平上。]

[6. 不同地区计件工资出现平等现象的另一个原因是，在不同地区生产但在同一个市场上出售的同一种商品之间的竞争。

例如，英国生产的机车和比利时生产的机车，在与两个国家具有同等距离的市场上以相同价格出售。两国钢铁行业拥有相同的自然优势，两国的利率也几乎相同，因此，在这两个国家中，价格被分配到资本和劳动中的份额是相同的；同时，因为英国和比利时的钢铁生产者的效率相同，所以，这两个国家的钢铁生产者所获得的收益也相同。但是，因为英国钢铁工人的平均工作效率要高于比利时钢铁工人，所以，不管怎样，两国钢铁工人的计件工资的均等必然会导致两国钢铁工人的计时工资的不均等。

钢铁生产者包括许多不同阶层的劳动者，例如，煤矿工人、铁矿工人、搅炼工人、工程师、雇主等。如果英国矿工的计件工资高于比利时矿工的计件工资，而比利时搅炼工人和工程师的计件工资高于英国搅炼工人和工程师的计件工资，那么，这些工资的不均等就不会直接受到英国和比利时机车生产之间竞争的影响。但是，在这里，人们可以在同一地区中从一个职业调换到另一个职业，以及父母在自己力所能及的范围内为其子女挑选最有利的职业开始发挥作用。正如我们所看到的，这些原因使得同一地区中不同行业的工资之间的正常联系得以建立。在英国,如果相对于矿工的工资,搅炼工人的工资非常低;而在比利时,如果相对于搅炼工人的工资,矿工的工资非常低,那么,在两国每个地方的这些工作都会发生一些地方性变化,从而使得这些工资的不均等得以消除。在英国和比利时,如果从事钢铁生产的各个阶层工人的工资都保持着相同的联系,那么,钢铁生产商在中立市场上的竞争会使得两个国家每一阶层工人的计件工资都相同。

这种竞争会间接影响其他行业。以英国不与外国人直接竞争的砖瓦匠为例,砖瓦匠的工资倾向于与每个国家的搅炼工人的工资形成某一特定的正常联系,因此,钢铁行业的竞争使得英国和比利时的搅炼工人的计件工资趋于相同,同时也使得英国和比利时的砖瓦匠的工资趋于相同。这种在中立市场上竞争从而间接地促使两国的计件工资趋于相同的现象,常常被人所忽视;然而,它却总是在每一个地方都默默地发挥作用,并且影响着每一个行业。]

7. **工资的地方性变化的一个代表性例子是女性工人工资的变化**。男性难以运输,但是,女性却很少有能力去选择工作地点。女性更容易、更多地被家庭关系所束缚,她们不能像男性那样在全世界范围内寻找机遇和好运。远方市场上的竞争,不会使得纺织区内女性工人的工资像同区域内男性工人的工资那样迅速下降。因为女性不能容易地迁居到工厂,所以,在钢铁区就涌现出了大量纺织厂,以充分利用矿工的妻子和儿女的劳动。计件工资的地方性变化的最令人信服的例子是家庭佣工工资的地方性变化。在人们对因为工作而失去个人自由的厌恶情绪日益增强的影响下,英国家庭佣工的工资水平快速上升。在一些新兴国家,人们的这种厌恶情绪更加强烈，所以，只有少数移民愿意进入家庭服务行业工作，并且他们经常能获得非常高的工资。但在落后国家，人们却愿意在较低的工资水平上从事家庭服务工作。

在英格兰，许多女性工人的工资水平都很低，这不是因为她们所从事的工作的价值低，而是因为她们自己和她们的雇主都习惯性地将"女性工资不必很高"视为是理所当然的。有时，即使当男性工人和女性工人在同一个工厂从事同一种工作时，女性工人的计时工资和计件工资，都要低于男性工人的计时工资和计件工资。就其原因而言，这种工资的不均等是由习俗所导致的，随着人们智力的发展和竞争习惯的进步，这种工资的不均等会逐渐消失。但其实，使工资不均等的原因比我们最初想的要持久。雇主认为，即使某一位男性和某一位女性都是同样好的工人，但是，从长期来看，女性工人的工作量要少于男性工人的工作量。当雇主和监工要来检查工作时，女性工人要比男性工人表现得更加焦虑。在工作时，女性工人不会像男性工人那样放下所有心思而全身心地专注于工作，并且女性工人比男性工人更容易受到外部因素的干扰。在女性的一生中，她们不太可能持续性去工作，原因有很多，其中的部分原因有二：一是女性将较多的心思倾注于她的家庭，而将较少的心思倾注于她工作的地方；男性却恰恰相反，男性将较多的心思倾注于他所工作的地方，而将较少的心思倾注于他的家庭；二是从整体上来看，在遇到困难时，相较于男性，女性更缺乏毅力、判断力和应变能力。因此，尽管在遵从人们的指导下，女性能够非常出色地完成某项工作的分项具体工作，工作完成的准确度很高，但是，雇主还是更加喜欢雇用男性工人。因为，雇主可以从男性中挑选领班、监工，以及从男性中为那些需要判断力的行业部门挑选优秀工人。再者，某些被认为是比较轻松的工作，偶尔也需要体力，而且在特别紧急的情况下还需要加班，女性在这类工作上处于劣势。因此，非常适合女性的职业很少，但女性工人人数众多，因而她们的工资水平很低。这对习俗和一般观点产生了影响，并使得女性在很好地完成了有一定难度的工作时仍然只能获得微薄的工资。

然而，科学的进步和机器设备的改进为女性开拓出来了许多基本不需要体力的新职业。电报就是一个很好的例子。在所有的轻金属行业，在机器设备的帮助下，女性可以从事在过去原本专属于男性的工作，而且不管怎样，女性所能获得的工资水平要远高于过去所从事工作的平均工资。同时，教育的发展使得女性适合于从事更加困难的工作、更加符合雇主的需求，雇主也更愿意为她们支付高额工资，从而，教育行业中的女性职工数量也大大增加了。虽然，偏见、行业联盟的规定迫使女性工人离开了很适合于她们的为数不多的职业，但是，启蒙运动的发展却打破了这一对立状态。特别是，在那种情况下，迫使女性工人离开工作岗位有害于公众利益，也就是说，有害于女性和儿童的医疗卫生。法国的经验表明，大量的经营管理工作可以安全地交给女性来完成，并且，法国女性能够完成的经营管理工作的数量，要多于英国女性能够完成的经营管理工作的数量。在英国伯明翰市最大的、最成功的黄铜公司中，总经理一职就是由一位女性来担任的，我们有理由相信，从事经营管理工作的女性人数会越来越多。

8. 利润的地方性变化可能是由利息的地方性变化所引起的，

也可能是由管理报酬的地方性变化所引起的。我们已经看到,现代信贷体系的发展已经使英格兰各个地方的利率都趋于相等。相较于其他任何阶层的工人,商人在很多方面拥有更大的便利,使得自己从一个不怎么需要他的能力的市场转移到一个很需要他的能力的市场。当一个商人经营地点发生改变时,他肯定会损失一些资本,这些损失的资本大多变成了沉没资本,或者沉没于所建立的与地方行业之间的良好关系,或者沉没于所建造的建筑物和其他无法移动的厂房。但是,商人的思维习惯和智谋使得他能够获悉远方市场上所发生的事情,使得他能够充分利用自己的知识。从总体上来说,商人的任务管理报酬和通过特定能力而获得的收益,不会因地点的改变而改变。当一个商人的平均能力强于另一个商人的平均能力时,这两个商人在两个不同地方的任务管理报酬的趋同会使得这两个商人所能获得的平均利润率不相同。一个最好的例子是农业经营。

在全体居民都生机勃勃、富有进取心的地方,农场主和劳动者的效率标准也很高,收入水平也很高。因此,我们期望能发现,在劳动者的工资水平比较高的地方,农场主的管理报酬水平也比较高;在劳动者的工资水平比较低的地方,农场主的管理报酬水平也比较低。观察结果显示,这是一条普遍规律。我们还期望能发现,在土地肥沃的地方,人们的营养也越加充足,人们精力充沛、朝气蓬勃;在土地租金水平很高的地方,农场主的收益水平和劳动者的工资水平通常也很高。这一条普遍规律的例外情况多于前一条普遍规律的例外情况。邻近地区制造商对人的活力、现行的工资率和农场主的收益的影响程度,要大于土地的肥沃性对它们的影响程度。在英格兰的北部地区,土地贫瘠,但人们活力十足,现行的工资率和农场主的收益水平很高;而在英格兰的南部地区,土地肥沃,但人的活力不足,现行的工资率和农场主的收益水平很低。在那些土地可以随意使用且无须支付租金的新兴国家,人的活力非常充足,现行的工资率和农场主的收益水平非常高。但是,如果我们对欧洲不同地区(这些地区在其他方面都拥有相同的有利条件,同时,这些地区不靠近制造业区和矿区)的人的活力、现行工资率和农场主收益进行对比的话,则我们会发现,对比的结果与上述规律非常契合。①

9. 然而有一类职业的利润的地方性变化非常大。各国经营小店的店主所获得的管理报酬的差别非常大。例如,在德国,小店店主的管理报酬很低,而在美国,小店店主的管理报酬却很高。因为,在德国,许多人只拥有少量资本、受教育程度也很低,而经营一家小店所需的资本本来就不多,店主所需要的受教育程度也不高,德国人喜欢过简单的生活。但在新兴国家,那些拥有少量资本的人却更加希望去努力工作,以赚取更多收入;他们不愿意经营小店,除非经营小店能使他们获得丰厚收入。英格兰的零售价格与批发价格之间的差异,要大于德国的零售价格与批发价格之间的差异;而美国的零售价格与批发价格之间的差异,要大于英格兰的零售价格与批发价格之间的差异。同样的原因还造成了另一种结果:在零售行业中,大资本取代了小资本,这种现象在美国最多,英国次之,德国最少。

---

① 克利夫·莱斯利的《政治与道德哲学论文集》,第365—370页。

第二十五章　习俗对地方性价格和工资变化的影响　259

接下来,我们来探讨这样一个问题:为什么在同一个城镇的不同地方,商品的零售价格经常会不同? 例如,为什么伦敦西部地区商品的零售价格会高于伦敦东部地区商品的零售价格? 对于不同的行业来说,其中的答案不尽相同。在那些商品交易时需要用品位来选择商品的行业中,身处时尚地段经营小店的店主本身就必须是一个有品位的人。他们必须很好地为消费者提供时尚商品,即使所出售的时尚商品可能会使他们蒙受损失,但他们也必须迅速地处理掉那些会降低库存商品品位的所有商品。同时,消费者在购买他们的商品时,他们必须要为消费者提供很大的选择空间和很多的选择机会,他们的库存商品数量也必须要与其商品销售量相匹配,以免出现库存短缺、供应不足的情况。这种店铺中的商品的售价很高,并且商品的高价并不会阻挡富人前来店铺购买商品。那些销售粮食和其他商品的店铺就不同了,这些商品的选择需要很少的品位,甚至不需要任何的品位。售卖物美价廉商品的店主可以获得广泛的声誉,并能吸引店主所在地区的大部分消费者前来购买商品。但是,这样的店主却难以吸引那些指使佣人去购买商品或者那些不能立即支付价款的顾客前来店铺购买商品。那些顾客总是会去一种特殊类型的店铺购买商品,这类店铺在出售商品时也会索取高价,但这个高价是扣除了支付给佣人的回扣、支付给所有债权人的利息、支付防范坏账的费用之后的剩余部分。

零售价格的波动程度要小于批发价格的波动程度。其中的原因是,如果零售商所售商品的价格公平合理,能让消费者感到满意,那么,零售商就能留住消费者。零售商不必密切关注市场行情的变化,也不必知道在商品出售时的每一次单独的索价中,是否适当地考虑了市场的波动。但是,在规模较大的批发交易中,购买者会利用自己的长处来了解、考察每一次讨价还价。在重要交易中,讨价还价是很适合商人们从事的工作;但是,在大多数的零售交易中,讨价还价却是一件浪费时间和精力的事情。

[人们常说,在伦敦的西部地区,因为店铺的租金较高,这迫使店主在出售时也索取高价。这是一个倒置因果的错误,人们在讨论租金问题时,经常会犯这一类错误。如果某个店铺坐落在一个极佳的地理位置上,店主拥有充足的资本且知道店铺经营能够获得丰厚的净利润,那么,店铺的租金会很高;否则,店铺的租金会很低。店主可以通过以下两种方式的某一种来获得丰厚的净利润。第一种方式是,如果店铺坐落在伦敦的西部地区,即使商品的售价很高,但仍然有顾客前来购买商品,而且,通过低价销售的方式未必能使商品的销售量大大增加,那么,店主在销售商品时就可以索取高价格,在出租店铺时就可以收取高租金。第二种方式是,如果店铺坐落在伦敦的东部地区,店主知道,他必须低价才能将商品卖出,或者他店铺中的商品根本就卖不出去,那么,店主就必须对每次所获得的低利润率感到满意,并使自己的资本能够顺畅地周转起来;但是,如果店主具有一流的运作能力,能使自己的资本在一年内周转多次,那么,他每年所能获得的净利润就会非常丰厚,所愿意支付的店铺租金也就会非常高。在伦敦,在许多租金异常高昂的店铺中,商品的售价很低;而在伦敦时尚区安静的街道中,店铺的租金不是很高,但商品的售价却很高;在许多村庄,店铺的租金很低,但商品的售价却也很高。零售价格中租金所占的比

重要小于批发价格中租金所占的比重①,但是,地理位置中的一些有利条件导致了高租金和高价格并存的现象,而一些其他条件导致了高租金和低价格并存的现象。]

---

① 参见本书第十三章。

第二十六章　垄断与联合

1. 到目前为止，在研究价格和工资的市场波动和地方性变化时，我们一直都遵从以下假设：同一行业中的每一个人在业务经营的过程中，未与同行达成任何特殊的协议。但现在，我们要讨论行业联合对价格和利润的变动所产生的影响。行业联合既可以是在行业中所组建的具有明确规则的正式社会团体，又可以是在习俗的影响下而形成的联合，或者是在真实行业团体或虚拟行业团体的影响下而形成的联合，抑或是在阶层利益的影响下而形成的联合。

如果商品生产者数量众多，并且每个生产者都独立地行动，那么，当生产者预期的商品价格高于其生产费用时，增加商品供给的行动符合每个生产者的自身利益。如果生产者之间的竞争是自由的，则商品的售价不会长时期地高于生产费用。但是，如果生产者之间的竞争不是自由的，整个市场的生产都由一家公司所掌控，或者由少数几家公司所掌控，这几家公司联合起来限制商品的供给，从而使得商品的价格一直保持在其正常水平之上。因此，当商品的价格保持在远超过其生产费用的水平上时，则我们称呼这个价格为**垄断价格**。

如果某种商品只有一个生产者来生产，那么，这个生产者就是一个完全垄断生产者。例如,完全垄断通常形成于一座价值极高的矿泉的所有权,或者形成于一项禁止除了所有者之外的其他人生产某种特定商品的专利权。如果垄断者只关心自己的切身利益,那么,垄断者在销售商品时如何定价、定多少价是一个非常简单的问题,也是一个必须要解决的问题。首先,垄断者要计算出出售每一特定数量商品时的价格,同时还要计算出商品相应的生产费用。其次,他要计算在每一特定价格上出售商品时所能获得的净利润总额。最后,根据上述计算结果确定商品的售价,以获得尽可能多的净利润总额。①

如果某位生产者所生产的商品质量优异,并在行业内享有良好声誉,那么,该生产者通常是一位局部垄断生产者。在决定所出售商品的价格时,局部垄断者必须考虑高价将引来同行业竞争对手这个风险。局部垄断者确保自身的垄断特权的最佳对策是制定一个只能获得较低资本利润率的价格。因为,在投入大规模资本的情况下,即使局部垄断者所获得利润很少,但他所能获得的管理报酬却会很多。

2. 当某种商品的生产掌控在已经形成了行业联盟的少数几家公司手中时,该行业也就难以实现完全垄断。 但是,在每个时代、每个国家和每个行业中,行业联盟通过限制供应的方式来提高商品价格的行为时常发生。在印度的每一个行业内部,都会自发地形成一个特权阶层,尽管这个特权阶层不是正式的、有组织的联

---

① 假设,垄断者所出售商品的价格为,出售数量为,每一单位商品的生产费用为,则出售商品所能获得净利润总额为$(xy-xz)$,能使$(xy-xz)$取得最大值的y,即为垄断者所要确定的商品售价。

盟，但是，却是一个非常有效率的组织。在印度的各个村庄内，确实存在一些习俗和规则，他们在将商品出售给欧洲人时所收取的价格，通常会远高于将商品出售给本国人时所收取的价格，这是一种有意的行为；而且，事实上，也很少有人以低价将商品出售给欧洲人。

但是，在不存在特权阶层的国家，任何市场上的行业联盟都会遇到很多困难。如果市场上的生产者数量众多并且散落在一个广阔的区域内，那么，在一个行业内，就很难建立并维持一个行业联盟。在大量使用固定资本的行业中，建立行业联盟的难度最大。因为，行业联盟的目的就是无论在何时，都要确保商品的价格足够高，以期能弥补所有的生产费用。而对于行业联盟中的每一个成员来说，成员自身利益驱使他在出售商品时所收取的价格也要足够高，以期能弥补所发生的实际支出。这些实际支出不包括固定资本的利息，也不包括在产量很少时所发生的无法避免的永久性费用。单个生产者越有可能通过继续生产来使得商品的售价低于其正常水平，则在行业联盟通过成功的联合来限制产量、维持价格，从而使得消费者利益受到损害的情况下，作为一个整体的行业所能获得的收益也就越多。大量使用固定资本的行业，就是那些形成行业联盟时需要付出最大的努力的行业。

例如，船运公司收取的船票费与运费，在弥补完了运营费用后，必须使所投入使用的大量固定资本有利可图。如果船舶没有装载满，则多搭载一名乘客或者多装载一吨货物所增加的费用，要远低于其正常费率。当往返于两地间的两条轮船航线为了争夺交通运输而发生竞争时，船运公司收取的船票费与运费通常会远低于其正常费率或者"能收回成本"的费率。如果某家船运公司比另一家船运公司更富有,那么,这家富有的船运公司会通过持续竞争的方式来摧毁竞争对手,从而获得对交通运输的垄断。但是,两家船运公司各自的自身利益,通常会驱使他们就船票费和运费的价目表达成协议。并且,如果两家船运公司所面对的市场空间很大,那么,通过收取远超过正常水平的船票费和运费的方式,这两家船运公司在一段时期内就可以获得大量的垄断利润。也就是说,这两家船运公司所收取的船票费和运费水平,必须足以弥补所有的运营费用,必须要能为投入使用的所有资本带来一个正常的利润率。但是,在行业联盟形成后,每家公司都会面临这样一个强烈的诱惑:在不公开降低费率的情况下,通过给予间接优惠(例如隐性降价)的方式来吸引顾客。行业联盟内成员之间的相互怀疑是导致行业联盟解体的常见原因。在运输业的大多数分支部门中,大多数行业联盟都经历了"建立→解体→再建立"的发展过程,行业联盟的这种发展过程在英国与美国之间的船运航线上尤为常见,在美国的海运航线和河运航线上也很为常见。从芝加哥和密西西比河流域到大西洋的主干线的近代历史上,就形成了大量的行业联盟,并发生了许多与行业联盟有关的惊人而又浪漫的传奇事情。[1] 宾夕法尼亚与新英格兰的许多大型煤矿公司在各个不同的时代中,都相互捆绑在一起,建立行业联盟。在行业联盟内,如果有成员违约,则要处以罚金;罚金的具体数额由一个中央委员会来确定,罚金数额不会超过产出水平。处以罚金对每一个成员的约

---

[1] F. J. 亚当斯(F. J. Adams):《铁路的困境》(*The Railway Problem*)。

束力,要大于共同确定一个商品售价所产生的约束力。

3. 接下来,我们探析生产者在驱除来自于远方市场上新对手的竞争时,所遇到的困难有哪些。在不同的商品竞争上,生产者所遇到的困难不同。例如,瑞士的棉花生产商所组建的行业联盟,对全世界市场上棉花的价格所产生的影响甚微。但是,在商业的大繁荣时期,英国棉花生产商之间所签订的关于限制棉花供应的协定,却可能使得市场上的棉花价格大幅度上涨。每个人都知道这样的道理:在阳光普照时去割草并将其晒干,同理,每个企业都渴望能从形成行业联盟所带来的高额利润中获得更大的比重。如此这样,这个行业联盟肯定会被解体。另一方面,在经济萧条时期,由于其他国家的许多磨粉厂都处于闲置状态,所以,英国的磨粉厂如果要试图限制产量,这将会带来外国磨粉厂取代英国磨粉厂的严重后果。商品的价格只要稍稍上涨一点,则英国的外国竞争对手将会获得由价格上涨所带来的全部收益,并且销售出去的商品数量会越来越多。此外,正如我们以前就已经指出的,这种类型的行业联盟还要承受因巨额固定资本的使用所带来的压力。当英格兰兰开夏郡的工人希望他们的雇主限制产量时,他们提出:在商品的价格没有上涨之前,自己不会为其他的任何雇主全职工作,以消除雇主所承受的压力。

4. 如果某种商品不能从远方运载过来,那么,由当地生产商组建的地方性联盟就会发现,组建行业联盟以限制供给,这对他们是有好处的。例如,因为冰淇淋不能从远方运载过来,所以,冰淇淋生产商组建的地方性联盟能够在他们所选择的地方确定冰淇淋的价格;然而,因为担心高价会抑制消费者对冰淇淋的需求,所以,地方性联盟不会将冰淇淋的价格制定得非常高。但是，在某个谷物无法进口的地方，谷物经销商所组建的地方性联盟就不会受到此类担心的约束，在中世纪，当谷物交易处于无序状态时，当高价格的信息不能快速地从一个地方传递到另一个地方时，当重物的陆路运输费用非常昂贵时，谷物经销商所组建的地方性联盟就会将谷物价格定得非常高。过不了多久，谷物价格因为新供给而不断降低，使得一部分谷物存货不得不赔本销售。在最坏的情况下，就是将谷物留存到下一年。但是，可能会出现这样一种情况：如果谷物经销商按照两倍于购进价的价格将一半的库存谷物销售出去了，那么，谷物经销商就能够承受得起剩下的库存谷物低价销售时所带来的损失①。

即使在现在，谷物经销商组建的地方性联盟偶尔也会引起当地谷物价格的混乱。英格兰人所消费的大量谷物是从美国芝加哥取道纽约运载过来的。如果竞争是完全自由的，如果将横渡大西洋的运输费用计入谷物价格，那么，英格兰市场上的谷物价格应该会高于纽约市场上的谷物价格；如果将横跨几乎半个美国大陆的运输费用计入谷物价格，那么，纽约市场上的谷物价格应该会高于芝加哥市场上的谷物价格。据说，纽约谷物经销商所组建的地方

---

① 参见本书第二十四章所引用的表格。在亚当·斯密之后，穆勒也曾经错误地认为，"如果某投机商购进了大量谷物，将其储存起来且不投放于市场，则这会导致每夸脱谷物的价格提高 10 先令，而且也只能提高到这个程度……当投机商将所储存的谷物投放于市场时，谷物的价格就会降低。"参见穆勒的《政治经济学原理》，第四篇，第二章，第五节。中世纪的法律法规禁止投机商在特定市场上联合起来"囤积居奇"商品和控制商品供应，禁止他们将囤积商品以非常高的价格零售出去或者倒卖出去。尽管投机商的行为所造成的结果是弊大于利，但其实，也不是我们通常所想象的那样荒谬。

性联盟,有时会将谷物价格抬高到与英格兰市场上的价格(这个价格是来自于其他国家的竞争迫使英格兰谷物经销商所确定的销售价格)一样高的水平上。芝加哥的谷物代理商向芝加哥面包店主所收取的价格,与向纽约面包店主所收取的价格一样高。

再者,当某种商品运载到某个地方的运输方式形成了局部垄断时,则在这个地方的市场上,该种商品的价格就会被人为地推高。在那些可以容易地通过水运将煤炭运载到的地方,煤炭的价格通常会很低;而在那些只能通过铁路(这条铁路被唯一的一家铁路公司所控制)将煤炭运载到的地方,煤炭的价格通常会很高。

5. 现在,我们来概括一个市场上的行业联盟通过限制供应方式来成功抬升商品价格应具有的条件。成功的条件包括:(1)那些创建行业联盟的人,必须能与那些可以便利地为市场供应商品的所有商人建立密切联系,获得他们的支持;(2)行业联盟必须要能对那些不守信用、不忠于联盟的成员施加社会性或者金钱上的惩罚;(3)行业联盟所售卖的商品必须是消费者所急需的商品,并且该商品不会因为价格的上涨而导致消费者消费数量的下降。

买方联盟成功拉低商品价格应具有的条件,与行业联盟成功抬升商品价格应具有的条件有着密切的对应性。首先,那些创建买方联盟的买方,必须能够诱导那些频繁地在市场上购买商品的人加入买方联盟。其次,买方联盟必须要能对那些不守信用、不忠于联盟的成员施加社会性或者金钱上的惩罚。再次,买方所购买的商品必须是难以运输的商品,或者因为某些其他的原因,买方联盟能阻止新买方进入市场。最后,在商品价格水平较低的情形下,商品生产商和经销商不得限制商品的供应。在买方是富有商人、他们能从远方市场上购买商品以供出售等少数情况下,上述条件可能会得到满足;尤其是在卖方都是穷人,例如渔夫,或者卖方都属于未开化种族的人的特殊情况下,上述条件更有可能会得到满足。在一个人口密集地区,如果买方都是劳动的雇主,卖方都是劳动者,并且劳动者除了通过出售劳动的方式来维持生计外,几乎没有其他的任何选择,那么,上述条件通常都能够得到满足。

6. 自此,工资不再由习俗所决定,而开始由合约所决定。由雇主所组建的联盟来压低工资,已经是一种普遍现象。在许多地方,雇主联盟都已经具备了成功压低工资的所有条件。以英格兰部分地区的农场主为例,这些地区远离所有大城镇和制造业所在地。在这些地区,农场主的数量很少,并且从儿时起,农场主相互之间就都很熟悉,所以,在向农场劳动者支付的工资率这个问题上,农场主们之间有着一种心照不宣的默契。如果有人打破了这种默契,尤其是有人打破默契的目的是要从其他农场主那里挖走人才时,那么,这个打破默契的人在他最关心其意见的人眼里,将是声誉尽毁。事实上,"在某一特定地方的某一行业内,部分雇主之间在劳动的雇用上很少有太大的竞争,除非他们之间在劳动的雇用上的竞争来自于行业外。"[①]在一个农业村庄,除非其邻近地区有制造业,否则来自于外部的竞争也很少出现。

另一方面,在市场上,劳动者处于易消亡商品的卖方的位置上。在某些情况下,他们希望在工作一会儿后能进行休息,或者能有"休息日"。但是,如果他们休息的时间过长,则他们的工资,尤

---

① 克利夫·莱斯利的《土地所有制制度》,第371页。

其是已婚男性的工资,就会因为他们的部分劳动的价格下降而遭受很大的损失。① 只有非常少的农业劳动者会离开出生的行政区,而到外地去寻找工作,因此,农业劳动者有时就完全受少数农场主的支配,任凭少数农场主摆布,这些农场主可以决定市场上农业劳动者的工资。

农场主为决定工资这类事情所召开的会议通常是非正式的,会议上所讨论和决定的内容,只有农场主们自己知道,很少有其他人知道。但是,人们可以在任何报纸上读到以下信息:英格兰西兰开夏郡的煤炭所有者联盟或者美国福尔里弗②制造商联盟在某一天聚集在一起,投票决定工资是应该上涨 10% 还是应该下降 10%;或者,"雇主们在英格兰布莱克本和普雷斯顿③召开会议,商讨英格兰北兰开夏郡棉纺工人的雇主联盟和东北兰开夏郡棉纺工人的雇主联盟所提出的关于工资率的建议。"

然而,掌管城镇中的行业雇主联盟的难度,要大于掌管农场主联盟的难度。因为,在城镇或者制造区,一个行业中的雇主对劳动力的某些竞争通常来自外部,城镇中的劳动者更容易转换自己的职业和改变自己的住所;相较于农业劳动者,城镇中的劳动者更会全面调查所有行业,以期能为自己的儿女选择最好的职业。因此,如果一个行业中的雇主联盟成功地使得工资水平远低于其正常水平,那么,这个行业中的劳动供给就会大大下降;因为商品供给受到限制,所以商品的价格会上升,从而,那些低价购进劳动、高价卖

---

① 也就是说,他们所能得到的工资额会减少。——译者
② 美国马萨诸塞州东南部港市。——译者
③ 布莱克本和普雷斯顿都是英格兰的西北部港市。——译者

出商品的雇主将会获得非常丰厚的利润。对于该行业中的每一位雇主来说,如果能吸引更多的劳动者加入他的公司,即使他所支付的工资稍微有点高,那么,通过扩大经营还是能够获得更多的收益的,因为,此时的商品售价远高于商品的生产费用。为了防止雇主只追求自己的私利,防止雇主与其竞争对手在劳动市场上竞买劳动者,我们必须制定非常严厉的处罚措施。但是,制造商组建的行业联盟对不守信用、不忠诚成员的社会性惩罚通常不会太重,因为雇主在自己的行业中不会像农场主那样严重地依赖于社会团体。因此,此类行业联盟通常会对打破规则的行为设定一个罚金范围,并要求每一位成员为其应付款预付一份保证金。从整体上来看,此类行业联盟的实力日益增强,但是,实力非常强大的行业联盟只是极少数。

第二十七章　工会

　　1. 工会是一系列运动的现代代表,这一系列运动对英格兰人、西欧所有其他国家的人的成长与发展产生了巨大影响。工会引导、促使行业成员为了共同利益而紧密地联合在一起和一致行动的精神,在整个现代文明发展的时期不断蔓延和增强。刚愎自用的、任性的野蛮人或者流浪的海盗要服从于某种粗野的军事纪律;消极而又冷淡的东方人默认了政府通过有权势的特权阶级的上层力量所施加于他们身上的统治;迄今为止,文明的最高形式仅存在于人们都具有了实施坚决、永久自治所需要的活力、耐心和毅力、意志力等。这些特性在居住于西欧的条顿族人身上,尤其是英国人身上迅速发展。但不幸的是,这些种族对"邻邦"这一术语的理解总是过于狭隘和偏执。对于那些他们认为是朋友的人,他们总是会真诚相待;而对于那些邻里人,他们却不愿意避免造成不必要的伤害。

　　2. 我们已经看到,中世纪的人们就已经自发地形成了城镇同业工会,以抵御胡作非为的贵族的压迫。他们做出了许多崇高的、自我牺牲的英勇事件,直到获得了自由。但没过多久,同业工会就开始粗暴地排斥那些地位相对较低的人。受压迫的手工艺者自发形成了同业工会,并且在经过了几个世纪的斗争后,同业工会推翻了旧的城镇同业工会,制定了符合自身利益的规则,在长达几代人的时间里统治着自己所在的城镇。

在早期,由于生产中所需要的资本非常少,所以,资本主义雇主与其雇用的劳动者之间的差别几乎不存在。每个手工艺者为自己提供所需要的少量资本,并依靠自己的双手来从事生产。手工艺者的工作通常都需要学徒的协助,学徒在适当的时候也会变成手工艺者。手工艺者的工作也经常需要家人的协助,有时也雇用一个或者两个佣人来协助工作。工艺发展缓慢,新发明很少出现,手工艺者与佣人之间的合约一签就是好几年。即使手工艺者所生产的商品的市场需求不足,但出于个人利益他还会继续生产。所以,手工艺者不等待订单,而是连续、平稳地生产,并将所生产的商品储存起来。手工艺者的生活步调不会因为饥荒、瘟疫、战争、国王或者贵族的暴政而受到扰乱。手工业同业工会促进了诚实工作理念的形成和传播、兄弟情谊的建立和发展,它们保护那些受压迫的人,解救那些遭遇了不幸的人。

随着时间的推移,行业的复杂性日益增强,生产中需要的资本越来越多,手工艺者也变成了小雇主。每一个雇主招收多少个学徒、雇用多少个劳动者、为劳动者支付多少工资、劳动者每天应该工作多少个小时,都必须服从于同业工会和政府当局的规定。随着雇主的财富的逐渐增加,雇主不再亲身从事生产工作,也不再与所雇用的佣人交往。有时候,同业工会所制定的学徒规则,使得同业工会的成员几乎变成了一个独有的特权阶层。

3. 雇主与劳动者之间的社会分化一直呈现平稳的发展趋势,但是,直到上世纪末期,在世界上一系列举世闻名的文明的冲击影

响下,社会分化的速度逐渐放缓。 1760—1770 年,罗巴克开始用煤炭来冶炼钢铁;布林德利通过运河将处于发展上升期的制造区与大海连接起来;韦奇伍德研发了制造价廉质优的陶器的工艺;哈格里夫斯发明了珍妮纺纱机(或者多轴纺织机);阿克莱特利用怀亚特与海伊的发明,通过使用滚轴纺纱机来纺纱,并应用水动力来驱动滚轴纺纱机的运转;瓦特发明了压缩式蒸汽机。不久后,克朗普顿的走锭纺纱机和卡特莱特的动力织布机先后问世。这些发明将制造业从住宅和村舍,搬入了工厂和大车间。在资本主义雇主的管理下,大量工人聚集、团结在一起,现代的工资问题由此产生。

许多早期的制造商是粗暴的、没有教养的人,他们滥用新近获得的权利。制造商招收了大量学徒并分配到工厂的各个车间,其中,大部分学徒是制造商从各个地方行政区以每个学徒 5 英镑的费用招收过来的。制造商的工厂极不卫生,童工的工作量很大、很辛苦,工作时间也很长,以致他们的身体和精神都受到了严重损害。工人们也不知道该如何保护自己。在 20 世纪初,异乎寻常的连年歉收导致的食物和衣物价格的暴涨,以及伟大的法国战争导致的税收和管制的增加,都使得工人的生活窘迫不堪。1806 年的一份国会报告写道,"富裕的服装商实际所雇用的工人数量,要比他能够雇用的工人数量多三分之一,以致多出的这三分之一的工人在大部分的工作时间中无事可做。"工人努力地探索改变自己所处的不利境地。在很长的一段时间中,工人除了向议会请愿以期能推进相关法令或者条例(它们由都铎王朝①后期的伟大的政治

---

① 都铎王朝是英国的封建王朝,其历史期为 1485—1603 年。1603 年,英国女王伊丽莎白一世死后,都铎王朝为斯图亚特王朝所取代。——译者

家们制定)的实施,从而使得自身利益能够得到保护外,再也没有其他更好的办法了。尤其是,他们敦促和推动了两部法令的实施,这两部法令分别在1555年和1562年获得了议会的通过。[①] 法令规定了每位纺织工人应照看的织布机的数量,法令还规定,一家店铺中的学徒人数不能比雇工人数多三人以上;法令还重申了一条强制令,即工人的工资由治安法官定期地确定。第一个工会就是工人以向议会请愿以推动这些法令实施为目的而形成的联盟,并且,第一个工会的努力取得了局部和暂时的成功。但是,尽管在都铎王朝时期,这些法令是利大于弊,但是,这些法令仍然使得现代产业的发展受到了许多无法忍受的束缚。最终,工会清楚地知道,寻求政府的帮助是徒劳的,他们只能像以前所依靠的同业工会那样,依靠自己的力量来自救,尽最大努力争取合法权益。从那时起,工会就不再祈求政府会从他们的利益角度出发,来为他们出头;但是,他们仍然会向政府请愿,鼓动政府停止对他们的干扰。逐渐地,《联合法》[②]被废除了。现在,对于任何的一件事情,如果除了工人以外的人做了不违法,那么,工人做了,也不违法。同时,对于任何的一件事情,如果除了工人以外的人所组建的联盟做了不违法,那么,由工人所组建的联盟做了,也不违法。

在工会可以自由地掌控自己的命运后,遵循旧时的同业工会所制定的路线,工会不断发展壮大。同业工会所具有的优点和缺点、同业工会中个体成员的自我牺牲和上流阶层的自私自利,都在

[①] 菲利普,玛丽二世和玛丽三世,cap. Ⅱ;伊丽莎白五世,c.4,参见布伦塔诺的《论同业工会》,第99页、第103页。

[②] 制定和实施该法的目的就是制止工人结社。——译者

现代工会中再生。甚至在细节方面,工会所制定的每一条规则都可以在同业工会的历史记载中找到相对应的规则。

在上两代人中,工会主要由愚昧无知、粗鲁无礼的人来管理。法律使原本无罪的事情变成了有罪的事情,这件事情主要是指工人们联合起来拒绝工作以谋求获得高工资。"那些在心底就知道自己是罪犯的人,因为在其自己的视野范围内,其目标较为单一而又纯粹,所以,他们毫不在意自己所采取的行为是否还包含别的罪行。"他们知道,法律充斥着阶级不公。它们扛着正义、公平(它们所认为的)的幌子,其实是在摧毁他人的生命和财产,这对他们所造成的损害远大于法律不公对他们所造成的损害,并且,他们的道德感成为与暴力犯罪和解的一种手段。

直到现在,在许多规模较小的工会里,仍然留有早期的愚昧无知、自私自利、小规模的暴力事件。但我们相信,现在,在规模最大和管理最好的工会里,这些缺点再也没有出现,并且,随着时间的推移和知识的广泛传播,这些缺点会全部消失。确实,最好的工会也不会总是遵照工会中最具卓识的会员所制定的工会主义原则来行事。正如我们在讨论行业经济学时,没有自寻烦恼地、详尽地讨论不诚实商人的欺诈行为,因此,在讨论工会主义经济学时,我们可以接受由工会中最具卓识的工会会员实践的原则。接下来,我们开始研究目前最好的工会的章程、资源、目标和行动方式。

4. 工会是在同一行业工作的人的联合。工会的主要目标有:"(1)为会员争取其劳动的最佳回报,例如,更高的工资,更短的工作时间;推动限制性规则的实施,例如,那些除非工人联合起来,否则不可能获得的较好的雇用条件或者工作条件;(2)为会员提供互助保险,使会员在身患疾病、发生意外事故、死亡、失业、年老时失去劳动能力而退休、器具在火灾中受损、移民等情况下,能够获得金钱上的补助。"①

某一行业中的成员如果想要被邀请加入其所在地的工会,必须满足以下三个条件:一是在学徒期(如果存在这个阶段),他能遵守工会的规则;二是他的习惯和行为非常稳定;三是有能力赚取他想去寻找工作的地区的现行工资。会员加入工会时所举行的仪式,仍然显得非常庄重、正式和谦恭,有些形式还借鉴了古老的同业工会的仪式。

5. 最初,工会仅存在于单个城镇或者辖区面积较小的地区,直到现在,在很多地方仍然如此。但是,同一行业的地方性工会形成工会联盟已经成为一种不可阻挡的发展趋势。特别是在采矿业中,各个工会之间的联系纽带有时是不结实、不牢靠的,但各个地方的采矿业中的工会自发形成联盟工会或者联邦工会,已成为一种发展趋势。也就是说,每个地方性社会团体保持"自治、自立、独立保存自有资金、按照自己所定规则进行管理、由自己的官员和委员会领导、决定自己的支付和收益,但是,在其他方面都必须一致行动,尤其是涉及工作时间、工资、劳动条件、生命安全和身体安全等事务时必须一致行动;在所有有关罢工、停业以及与雇主发生争执等方面,必须相互支持。"②

更为常见的是,同一行业中各种各样的工会联合起来形成一

---

① 乔治·豪厄尔(George Howell)的《资本与劳动的斗争》(*The Conflicts of Capital and Labour*),第三章,第四十五节。

② 乔治·豪厄尔的《资本与劳动的斗争》,第三章,第三十六节。

个工会联合体,全体成员选举产生一个中央管理委员会或者中央执行委员会。在所有的工会规则都没有进行明确规定的事情上,中央执行委员会可以事先做出有约束力的决定,直到下一届全体代表大会召开时,其中,代表都来自于各个地方的分支工会。当一个工会有许多分支工会时,每个分支工会的日常支出都应该按照工会总则来进行管理。工会总则规定了支出的范围,包括为不在罢工期的失业者提供"捐赠",为正在四处寻找工作的人提供帮助,为退休人员提供退休津贴,为身患疾病、遭遇突发事故和死亡的人提供"捐赠"、帮助和补助等。任何一个分支工会都不能因为承担支持某次罢工的专属责任而从工会的总基金中支出资金。"某一工会或者其分支工会的会员会按照一定的程序和方式寻求工资上涨、工作时间减少或者其他特殊利益,如果这些利益诉求遭到了雇主的拒绝,那么,这会引发工人罢工,罢工的大致情况如下:罢工运动往往由某些特定的商品、公司或者地方的工人率先发动,他们会首先向当地的分支工会或者工会的地方分会提出罢工申请,并由这些分支工会或者地方分会对罢工申请中的所有细节内容进行深入讨论;如果罢工运动是由当地的分支工会的会员所发动和推动的,那么,他们就应该将所提出的罢工申请呈递给工会的中央执行委员。"①申请中必须包括所有的细节,例如,罢工对工会会员和非工会会员可能会产生的影响,该地区的行业状况和工人的情绪状态,罢工成功的可能性等。如果工会的中央执行委员会批准了罢工申请,那么,附有中央执行委员会意见的声明全文会发往每个分

---

① 乔治·豪厄尔的《资本与劳动的斗争》,第三章,第二十六节;附录六。

支工会，以供传阅；工会的所有会员对罢工申请的决定都有平等的投票权。投票会在那些不能从罢工成功中获得直接利益的人中进行，而不会在那些不得不支付部分罢工津贴的人中进行。因此，每年都会有罢工申请被拒绝。

在每个季度，各个不同的分支工会都要进行资金的普通审计和平衡核算。也就是说，每个分支工会的收入超过经过审定的支出的剩余部分，都要计入工会的总储备金中。然后，按照各个分支工会的会员数比例，再把这些总储备金分配给各个分支工会。因此，除了少数几种临时的地方性征税外，各个分支工会的所有收入都应该存入一个共同的钱包中，只有获得了总工会的授权，各个分支工会才能从这个共同的钱包中支出资金。由此，一个规模较大的工会也就具有了一个有组织的团体的所有优点。在规模较大的工会中，所有最具才智的会员所提出的意见都确信能够被听到，但是，工会发展中的每一个重要步骤都要根据全体会员投票的结果来做出。决定工资的市场波动的"讨价还价"行为，日渐从单个工人与单个雇主之间的行为，演变成为一群工人与一群雇主之间的行为。

6. 工会会员的总人数大约为 125 万，其中，半数以上的会员是现在每年都会在一些大城镇召开的行业工会代表大会的代表。行业工会代表大会所讨论议题的范围非常广泛，但其行动仍几乎仅局限于追求工会最初设定的目标，即从影响立法的角度来保障工人的合法权益。

有人提议组建一个有积极目标的工会联盟，但至今，这仍无实现的可能性，除非在国家雇主联盟日渐强大的情况下，工会将组建工会联盟视为一项防御措施。几乎在每一个大城镇中，都存在由地方性工会和工会的分支工会选举成立的行业委员会。行业委员会的权利很少，但却能对那些事关共同利益的事务采取行动；并且，行业委员会有时还能对不同工会之间的纠纷进行仲裁。某一工会在罢工时，如果需要得到其他工会的援助，则当地的行业委员会通常会对其进行调查。行业委员会要么为罢工者收集捐款，要么在罢工者已经获得了最好的条件时，为罢工者结束罢工提出建议。

7. 虽然工会的会员总数不及全国工人总数的一半，但是，工会所做事情的数量，却远远超过了几乎每一个技术性行业中技术最熟练、最具才智和最沉着稳重的工人所做事情的数量。毫无疑问，有些精力充沛和想出人头地的人不愿意加入工会，因为他们觉得对他们来说，工会的规则是一种负担。但是，也有大部分人被排斥在工会的门外，那是因为他们达不到工会所要求的工人的效率标准，或者因为不愿意缴纳工会会员费。

探究工会如何才能留住优秀工人是很有必要的。首先，在古老的同业工会的时代，人们都为同业工会所尊奉的"自立、自卫"理念而感到高兴。最优秀的雇主承认，如果工会的政策永远不会被卑鄙之人和逃避责任之人所影响，那么，工会所做的事情就很少给人们带来损害。最优秀的工会会员承认，如果没有不公平和严厉无情的雇主，那么，工会可能会变成一个纯粹的互济会。事实上，许多工会会员将自己对工会的义务视为是一种爱国精神。其次，非工会会员经常像工会会员那样，热忱地参加罢工。非工会会员没有属于自己的资源，所以同意接受工会的支持。罢工结束后，有荣誉感的非工会会员也加入工会。最后,工会有能力留住那些害怕一无所有而不得不过度地依赖教区的人。因为工会承诺,当一个人失业时,他仍然能维持舒适的生活。但是,如果一个由不同行业的工人组成的工会也试图这么做,则会失败。因为,当一个人说"在合理的工资水平上无法找到工作"时,我们无法检验该陈述的真实性。

8. 接下来,我们来研究罢工成本。我们可以将罢工时由工人所引起的所有费用(包括失业时的工资损失)都加总在一起形成一个总额。无论是罢工使得工资成功地获得了上涨,还是罢工使得工资成功地阻止了下降,我们都可以将工人通过罢工所直接获得的工资都加总在一起形成另外一个总额。然后,我们可以发现,前一个总额要远大于后一个总额。但是,这并不能证明,工人罢工的成本大于罢工所获得的收益。英格兰在阿比西尼亚战争中所花费的 1600 万英镑是严重的浪费,这是一个合理的争执,因为英格兰从这次战争中带回来的战利品非常少,除了国王西奥多的雨伞之外。这笔开支是否合理,取决于一个非常复杂的问题,即花费 1600 英镑就是为了让其他国家明白"他们不可能不受惩罚地欺负英国人",这是否值得。工会会员坚持认为,这笔开支是合理的,因为这笔开支使得雇主明白,不能无缘无故地降低工资或者肆无忌惮地欺负工人,否则,雇主也会受到惩罚。军队的作用不是发动战争,而是维护一个令人满意的和平。战争是军队有悖于其第一目标的一个证据。尽管在工会内部也总会存在主战派,但是工会内部最冷静、最聪明能干的会员知道,宣告发动罢工其实就是承认失败。如果所有工会会员都能认识到,在每周增加 1 先令工资的情况下连续工作六年,才能弥补在周薪30先令的情况下罢工十周所产生的工资损失,那么,罢工的次数就一定会减少。

然而,许多罢工不是政策蓄意为之,事实上,规模较小的工会中的行业争端,正如古时期的同业工会中的行业争端一样,通常是由个人情绪与阶级感情之间的矛盾而引发的,而不是由于工资纠纷而引起的。有组织的规模较大的工会通常不会使个人争端演变成罢工。

9. 接下来,我们来探究工会制定政策所应遵循的主要原则。现代产业的持续发展使得我们很难实施如学徒制中那样严厉的规章制度,这可能是大多数工会所面对的最重要的事项,他们发现,这个最重要的事项最好是通过地方性的行业惯例来解决。毫无疑问,以技术学校制度为补充的学徒制会极大地提升一国的教育水平,其条件是,学徒必须在带薪教导他的人的手下工作,或者在有兴趣将他培养成优秀工人的人的手下工作;同时,学徒的规则不能用作为人为地限制学徒学成后进入技术行业的人数的手段。我们已经看到,工会起源的主要原因之一是雇主招收了大量学徒,并使得学徒在其学徒期满后无法在合理的工资水平上找到工作;直到现在,这样的现象仍然少量地存在。但是,锅炉制造商公开表示要实行的规则:每5个熟练工人带领1个学徒,或者帽子制造商所制定的更为严厉的规则,是没有道理的。如果这些规则在英格兰的技术性行业中实行,那么,熟练劳动者对非熟练劳动者的比例将呈现小幅稳步增长的态势。尽管生产技术取得了进步,但是,产业生产的总产量仍然会缓慢增长或者下降,英国工人平均智力水平和平均收入水平会停止增长。与那些没有此类限制的国家相比,英格兰将会变得贫穷和愚昧无知。然而,尽管按照工会规则的要求,工会成员必须是与雇主签订了正式契约的工人,但是,工人在申请加入工会时,很少会被要求提供他们与雇主所签订的契约,这导致在现在的工会会员中,真正接受过完整学徒教育的会员人数不足10%。

10. 行业工会旨在使行业中的工人能以一个紧密的整体与雇主讨价还价。他们通常认为,如果没有他们的坚持,以下结果不可能达到:如果实施计时工资,那么,每个地区必须要有一个最低工资率,并且,如果工资低于这一最低工资率,则没有工会会员愿意工作,直到这个规则发生了改变;如果实施计件工资,那么,工人与雇主双方必须就详细的计件工资达成一致意见。

首先,关于计时工资。初学者、病人、老人的工资通常低于固定工资率。当工会作为一个整体与雇主就日工资进行讨价还价时,必须固定一个工资率并将此作为那些没有特殊情况的工人能获得的工资率。当然,那些能力超强的工人所能获得的工资肯定会高于这一最低工资率。在一国的不同地区,最低工资率并不尽相同。许多工会在其出版的年报中详细披露了那些建有地方分会的地区的现行工资率。例如,在工会1873年出版的年报中就披露了各个地区木匠的现行工资率,英国巴恩斯特普尔和汤顿木匠的现行周工资率为20先令,布里斯托尔大约为28先令,北部地区各个城镇为28先令或者30先令,伦敦为37先令。在现行工资率较高的地方,为了赚取这个地区的现行工资率所必须要达到的效率标准也较高。一方面,如果布里斯托尔的工会会员工作了一周不能获得28先令的工资,那么,他将会被禁止在这个地方工作,工会会将他送去汤顿工作并为他支付交通费,因为他在汤顿可以在现行的工资率水平上找到工作。另一方面,汤顿的能力超强的木匠可能会外出到布里斯托尔或者伦敦找工作,因为他们在那里可以获得更高的工资。因此,工会通过将低效率的工人移送到效率标准较低的地方,同时间接地将高效率的工人移送到效率标准较高的地方,工会的这些行为如果不会强化效率的地方性不均等和计时工资的地方性不均等,则有助于维持效率的地方性不均等和计时工资的地方性不均等。

其次,关于计件工资。对于那些工资性质日日不同且无法制定出工人和雇主都认同的工资价目表的工作,工会反对实行计件工资制度。因为,在计件工资制度下,工人必须孤身地与雇主就每一项单独的工作的工资进行谈判;如果不是这样,而是雇主已经将某一项特定工作外包给了某一个承包商,并且该承包商雇用劳动者来做该项特定工作,那么,工人就必须孤身地与该承包商就该项特定工作的工资进行谈判。[①] 对于这两种情况,工会都是反对的,但更不喜欢后一种情况。尽管工会反对计件工资制度,但计件工资制度却仍然取得了较大的发展,即使是在计件工资价目表没有确定的地方,计件工资制度也得到了很大的发展。最能干和最强硬的雇主通常都坚持实行计件工资制度,因为他们认为,这是他们自由地实施工作计划的必要条件,同时也是他们激发工人最大干劲的必要条件;并且,在比赛中,最能干和最强硬的雇主能轻而易

[①] 这一计划不能与分包合同制度混淆在一起,在分包合同制度下,一群工人与总承包商签订分包合同,其中,某一个工人担当发言人的角色。分包合同制度是一种合作形式,工会并不反对。参见本书第九章。

举地战胜那些在这一方面或者其他方屈服于工会的雇主。在工人与雇主能就计件工资价目表达成一致意见的地方,工会通常不会反对计件工资制度。那些产品出口行业普遍实行计件工资制度,其中的部分原因是这类行业的计件工资价目表能够很容易地制定出来,部分原因是这类行业面临的竞争压力最大。

然而,工会会员坚称,计件工资制度有时使人过度工作、过度劳累,从而使人过早地衰老;该制度还会导致工人所做工作的质量不高。计件工资制度的这些缺点尽管表现得不是很严重,但在少数行业中确实存在。工会会员还坚称,因为每一个工人所承担的工作增加了,所以,雇主对劳动力的需求就会下降,从而工人的工资也会下降。如果所有行业都以这些理由来反对计件工资制度,则这会导致产量减少,从而导致工资-利润基金减少,最终导致工资水平普遍下降。在生产出现了普遍过剩的情况下,上述这些不利结果就不会出现。① 然而,如果这些不利结果只是局限于某一行业,那么,该行业劳动力的暂时性短缺只是会在少数情况下发生,并且,劳动力的暂时性短缺会使该行业获利,而使其他行业受损。尽管该行业所获得的收益只是暂时性的,但却给其他行业造成了极大的损害②。

11. 劳动时间过长所带来的危害与上述提及的三个不利结果是完全一样的。一个每天都习惯地工作12小时或者14小时且从中得不到任何享受的人,活着也是受累。对于这种人来说,最好的

---

① 参见本书第二十三章,第4点。
② 参见本书第二十九章。

做法是少工作,少挣钱。工会希望工人每一天的正常工作时间短一些,工人加班工作所能获得的工资率,要高于正常工作时间所能获得的正常工资率。这项计划会极大地促进世界范围内的道德进步和社会发展。但是,这项计划在普遍的实施过程中却遇到了阻碍,因为最优秀的工人愿意也坚持加班工作,以期能获得高水平工资。所以,那些不习惯加班加点生产的雇主反倒会流失最优秀的工人。这是一个"工会会员的个人意愿凌驾于工会的集体意愿之上"的例子。

实施这项计划所遇到的另一个障碍是,雇主所支付的包括固定资本利息在内的部分支出的持续增长,以及因新发明的出现而不得不更换机器设备所提取的偿债基金的持续增长。雇主的这部分支出与工人每天工作时间的长短无关。如果英国工人不以极大地牺牲部分收入为代价,那么,工人就恐怕难以成功地获得更多的休息时间和娱乐休闲,除非英国工人能够克服他们对"具有冒险性的治疗方法"的反感。这一治疗方法的内容,就是要在大量使用固定资本的行业中逐渐地实施工人工作的双班轮流制。许多制造商承认,如果能让两组人每天都工作八小时,那么,他们就愿意为这每天工作八小时的工人支付与每天工作十小时的工人一样高的日工资,如此,他们能从中获得更多的利润。毫无疑问,现实中的反对声会使得该治疗方法无法实施,例如,如果某一台机器设备的看护责任由两个工人来共同承担,那么,这台机器设备被看护的精心程度,要低于只有一个工人看护时的精心程度。再者,为适应每天十六小时工作制度的要求,重新调整相关业务组织的工作安排会有些难度。但是,雇主和工头却认为这些困难是可以克服的。实践经验表明,工人很快就会消除他们最初对双班轮流制的反感情绪。工人工作的双班轮流制可以这样安排:第一班工人在中午结束工作,第二班工人接着工作。或者,更好的具体安排可以是,第一班工人在上午的5点到11点之间工作和下午的1点半到3点半之间工作,第二班工人在上午的11点15分到下午的1点15分之间工作,以及在下午的3点45分到9点45分之间工作;这两班工人在每周的周末或者每月的月末更换工作时间。目前,英格兰还没有足够的劳动力能使得所有适合实施双班轮流制的车间和工厂立即实施这一双班轮流制计划。但是,随着机器设备的日渐磨损和陈旧,这一双班轮流制计划可以在小规模的工厂中实施。另一方面,那些在工人十小时工作制度下因不能获利而没有被引进使用的新机器设备,在工人十六小时工作制度下便可以引进使用。新机器设备一旦被引进,雇主就可以对其进行改良,由此,生产技术的进步会更快,工资-利润基金的数额日益增加,工人不需要将资本引诱到工资水平较低的国家就能获得高额工资,所有的社会阶层都能从这些变化中获益。

12. 很少有工会试图控制每一个工人的工作量。但在许多车间中,那些努力工作并将工作标准提高到远高于其他人所确定的工作标准的人,往往要承受巨大的社会压力。并且,毫无疑问,工会组织通常会增大这些人所承受的社会压力。再者,如果工头是工会会员,则他往往会尽力地掩盖工会中的会员工人所犯的错误,并将会过度地偏爱那些能干的非工会会员。那些只使用机器设备而很少做其他工作就能获得全额工资的人,有时能获得工会的某一个分支工会的控制权。尽管这样的例子很少,但是,由此产生的损害,要大于工会的吸引绝大部分社会公众注意力等其他种类行动所产生的损害。

13. 工会正在快速发展,并逐步戒除那些毁坏工具的习惯,所谓毁坏工具,是指藏匿、偷窃、毁坏雇主或者违犯工会规则的工人的工具。没有迹象表明工会有意废除在发生过罢工的地方派驻纠察员的习惯,所谓纠察员,是指安排在周边所有入口的被指定为代表工会利益的人。但是,现在,纠察员不再做那些威胁、恐吓他人的事情了,他们的工作局限于全心地向那些想找工作的工人解释罢工的性质和原因。纠察员充分利用人们的爱国主义情感,并努力地劝阻人们不要站在雇主、反对雇员的那一边,纠察员还向那些背弃初衷而站在工会一边的人提供所有由此而产生的费用。

工会领导在劝阻各行业的追随者不要抵制改进工艺和机器设备的引进等方面做得很成功,尤其是在那些需要与外国进行竞争的行业中,工会领导的劝阻行为更为成功。当雇主用机器设备来替代工人花费毕生精力获得并形成了其全部资本的专业技能时,这个工人会努力地阻止自己被贬降到非熟练劳动者的阶层中去。如果这个替代行为被普遍使用了,那么,抵制机器设备的最后一个恳求会被删除。据说,排字工人工会就倾向于抵制排字机的引进;律师工会虽然不像是一个正式组织,但相较于其他行业工会,律师工会仍然是一个强有力的组织;同时,律师工会也不像在司法程序被大大简化的情况下那样表现得有活力。

迄今为止,我们还没有谈及一些工会会员试图通过控制行业的方式来减少行业发生极端变化的野心。事实上,如果这样的计划被发现了,那么,相较于雇主,工人会使自己更加努力地贯彻执行这样的计划。因为,雇主非常不愿意屈从于实施这个计划所必需的限制和管控。行业的变迁兴衰只会给工人带来损害,行业变迁所带来的突然获利的兴奋和机会对一些雇主具有很大的吸引力。但是,看起来具有成功可能性的计划还没有被提出来。

第二十八章　工会对工资的影响

1. 我们已经看到,不同产业阶层之间关于它们的共同劳动成果的分配问题,一直就争论不休。现在,我们来探究行业联盟对这个争论所产生的影响。在这里,我们暂时忽略不同层级的雇用劳动者之间的利益冲突,并假设生产者被划分成两个阶层:一个是雇主这个大阶层,一个是雇员阶层。下面,我们要研究的是,雇员是否可能通过自身的联合,以牺牲雇主利润的方式来普遍地提高工资水平。

我们知道,在其他条件都相同的情况下,如果雇主无法在比较低廉的工资水平上获得充足的劳动供给,那么,雇主为劳动者支付所支付的工资就等于劳动者工作的净价值,这是符合雇主利益的。例如,农场主认为,如果在农场生产中新增一位劳动者所带来的收益,在弥补了每周 14 先令的工资支出后还有利润,那么,在其他条件都相同的情况下,农场主一定会增加劳动力的雇用并为其支付工资,并且不会因为得不到额外的帮助而空手而归。但是,其他条件并不会总是保持相同。如果教区的现行工资率为每周 12 先令,那么,农场主为雇员每周支付 14 先令的工资就一定会引起兄弟农场主的憎恶,并使得自己已经雇用的劳动者也要求将工资提升到每周 14 先令。因此,该农场主只能为劳动者每周支付 12 先令的工资,并抱怨劳动力短缺。每周 12 先令的工资将会保持一段时间,因为劳动力市场不是完全自由竞争市场,劳动者除了在劳动力市场出售劳动,别无他法。同时,因为劳动者的劳动无法被储存起来,所以,劳动者不能等到劳动的最低价格等于雇主所能支付的最高工资时才出售自己的劳动。

在上述例子中,劳动者的劣势如同店铺店主所处的情形一样。一般来说,店主为自己的商品制定价格,如果某一天有顾客来店铺购买商品,在店主所制定的价格水平上拒绝购买,那么,店主就一直等待,直到有顾客愿意在其所制定的价格水平上购买商品。但是,如果在任何时候,当店主被迫迅速地低价处理库存商品时,则只要能将商品销售出去,无论是什么样的出售价格,店主都能够接受,并不再隐瞒自己的最低价格。在任何情况下,如果前来店铺购买商品的顾客人数非常少,那么,店主也就不得不以远低于商品实际价值的价格将商品销售出去。因为,对于这少数的几个购买者来说,他们也不是非常需要购买店主的商品,所以,店主在将商品出售给他们时,也就不能卖个好价钱。购买者甚至可以联合起来,充分利用店主销售商品的紧迫性,迫使店主将商品的售价降低到比购买者愿意支付的价格水平更低的价格水平上。①

---

① 如果市场上的购买者非常少,那么,采用荷兰式的拍卖销售或者英国式的拍卖销售,会使得商品销售的结果大不相同。在荷兰式的拍卖销售中,卖方在开始时所制定的售价很高,然后逐渐降低其售价,直至降低到这样的一个价格水平上,例如 20 先令,在这一价格水平上,某一个人愿意购买该商品,购买者在该价格水平上不会空手而归。但是,在英国式的拍卖销售中,卖方在开始时所制定的售价很低,然后逐渐提高其售价,直至提高到一个非常高的价格水平上,没有人愿意支付比此价格水平还要高的价格。如果只有一个人愿意为该商品支付 18 先令的价格,并且他的投标价格就是 18 先令,只要其他人的出价都低于他的出价,那么,他就可以竞标到该商品。可见,这一商品在英国式的拍卖销售中所获得的售价,要比在荷兰式的拍卖销售中所获得的售价低 2 先令。参见桑顿的《论劳动》(第二版),第 56 页、57 页。

同理,如果某个劳动者没有任何属于自己的积蓄,也不属于某个行业,那么,该劳动者也就只能以雇主支付的任一价格将自己的劳动出售出去,雇主的邻居也赞同其出价;而且雇主的出价可能远低于雇主愿意支付的价格水平,并且不会因雇用不到劳动力而空手而归。如果雇主之间所签订的这些地方性协议几乎在所有的地方和行业中都是适用的,那么,所有相同行业的利润,要稍高于在正常价值理论假设条件下由完全自由竞争所决定的利润;所有相同行业的工资,要稍低于在正常价值理论假设条件下由完全自由竞争所决定的工资。确实,利润不可能远远地高于其正常价值,因为,如果利润远高于正常价值,那么,雇主就会有更强的动力以更高的价格来雇用更多的劳动力,从而扩大生产;同时,雇主之间的默示协议会不断地被打破,工资会上涨,而利润则会下降到其正常水平。但是,很显然,如果全国各地的劳动者在出售自己的劳动时,没有设置最低价格的习惯,那么,劳动者从工资-利润基金中获得份额就会很小,要低于他们在雇主之间是完全自由竞争时所能获得的份额,或者要低于他们在设置了最低价格的情况下出售自己的劳动时所能获得的份额。

如果劳动者加入了地方性的行业工会,并且在除了最低价格水平之外,劳动者拒绝出售他们自己的劳动,那么,他们从工资-利润基金中所能获得的份额就非常有可能增加,并且在雇主利润受到损害的情况下,工人的工资增加。但是,劳动者所得的份额和工资能增加到什么程度?劳动者的行动是否会抑制雇主对劳动的需求?而这又是否会导致在工人工资受到损害的情况下,雇主的利润增加?

2. 回答上述问题,我们必须从以下事实开始:工资是劳动者从工资-利润基金中所能获得的份额,工资-利润基金是指在扣除了税收和租金之后,土地、劳动和资本的净产出。因此,在任何情况下,如果工资的上涨是以工资-利润基金的减少为代价的,那么,工资的增加就有可能带来自我毁灭的危险。现在,利润率是影响资本积累的多个因素中的一个因素。除非被其他因素的影响作用所抵消,否则,利润率的下降会导致工资-利润基金的减少,或者至少会抑制工资-利润基金的增长。

在最近的几年内,这种减少不会造成太大的影响;同时,工会在与雇主讨价还价过程中为劳动者所带来的优势,可能会使得劳动者能从已经减少的工资-利润基金中获得更大的份额,从而维持应得的工资水平。但是,尽管利润下降对工资-利润基金所产生的影响在最初很小,但是,这种影响会日益增强,除非工资的增长能产生一些补偿性的影响。如果在某一年,利润下降导致工资-利润基金比以往减少了1%,那么,到第二年年末,工资-利润基金将会减少2%;到第三年年末,工资-利润基金将会减少3%;到第十年年末,工资-利润基金将会减少10%,以此类推。① 当工资-利润基金的减少额逐年增加时,工会在与雇主讨价还价过程中为劳动者所

---

① 本文中的例子是轻描淡写的。即使利润率在十年中都保持不变而没有进一步下降,工资-利润基金的减少额也会呈现几何级数而非算术级数的增长。然而,进一步来说,如果工资一直保持在较高的水平上,则利润所承受的负担会不断加重。因此,工资-利润基金在第二年的减少(或者被抑制增长)程度,要远远大于在第一年的减少程度,在第三年的减少程度要远远大于在第二年的减少程度,以此类推。更进一步来说,利率的下降会促进机器设备的使用,并使得辅助资本增加而工资资本减少,从而工资下降。在这里,对这个问题的更为严密的讨论需要一定的数学知识。

带来的优势却没有相应地增加。并且,在生产中,资本对辅助性劳动的竞争迟早会降低,并使得工资下降,且工资的下降会持续到抑制工资-利润基金增长的原因被消除了为止。

很明显,如果工资的上涨仅仅是以雇主的利润受到损害为代价的,且利润的减少没有对工资-利润基金产生补偿性的影响,那么,从长期来看,利润的减少就是自我毁灭。最终,利润的减少还会导致资本和经营能力的短缺,以至于即使在资本只能获得低利率、经营能力只能获得低管理报酬的情况下,工资-利润基金总额也不足以负担得起高额的劳动工资。

3. 但是,工人在工会的帮助下所获得的工资上涨,并不必然是自我毁灭。因为,尽管工资的上涨在最初是以雇主的利润受到损害为代价而获得的,但就是这样一种方式的使用,使得工资-利润基金的减少得到抑制,利润也不用再承受永久性的负担。

首先,如果劳动者能像资本家和雇主所做的那样,将收入中的大部分存储起来,那么,以牺牲利润为代价而获得的工资上涨就几乎不会对资本积累产生任何的影响。但是,工人阶级几乎将全部收入都用于满足即时需求。英国全国雇用劳动者的工资总额差不多为5亿英镑,大概为全国年净收入的一半。但是,在考虑了雇用劳动者所购买的房屋和家具以及他们对储蓄互助会的捐赠之后,在每年新增的2.4亿英镑国家财富中,雇用劳动者年储蓄额的所占比重非常小。确实,在英格兰一些工资长期处于较高水平的地区,许多工匠都拥有自己的房屋。因此,随着时间的推移,工资的上涨会使得人们的储蓄意愿和储蓄能力都日益增强。我们必须承认,以牺牲利润为代价而获得的工资上涨所产生的直接影响就是抑制物质资本的增加。

其次,我们已经看到,如果计时工资上涨所导致的效率提高,并没有使得计件工资的水平高于其以前的工资水平,那么,计时工资的上涨并不会使利润减少,反而会使利润增加。换句话说,工资的上涨总是会导致个人资本的增加;并且,个人资本和物质资本对工资-利润基金的增加所产生的影响是一样的。

工人阶级会在很大程度上将增加的工资用于增加物质资本和个人资本,从而提高工作效率。如果工人阶级果真是这样做的,那么,工资的上涨不会导致工资-利润基金的减少;尽管工资的上涨在最初是以牺牲利润为代价而获得的,但是,工资的上涨不是自我毁灭。

然而,我们必须注意的是,在假定工资上涨会提高劳动者的效率时,我们必须将以下情况认为是理所当然的:劳动者获得工资上涨所采取的措施不会使得他们的效率有任何很大程度上的降低。我们也必须将以下情况认为是理所当然的:劳动者坚称,关于学徒期的规定不会抑制熟练劳动者数量的增加;劳动者不反对机器设备的改进、生产工艺的进步和生产安排的改善;劳动者可以在不进行罢工的情况下实现自己的目标。当然,在估算工资上涨的真实价值之前,我们必须要将工人在罢工中所发生的支出从所获得的收益中扣除出来。同时,我们还必须要将罢工和害怕罢工对生产所产生的间接损害从工人所获得的收益中扣除出来,这是一项进一步和更为重要的扣除。因为,在那些会妨碍雇主事业心的事情,以及那些使得雇主畏怯地制定计划并且不完善地执行这些计划的事情发生时,生产就会受到阻碍,进而工资-利润基金就会减少。

雇主把本应该投入到正确的生产工作中的精力越多地转向与其所雇用的劳动者进行令人烦恼的争论,则工资-利润基金的数额也就会越少。

由此,我们得出结论:工会很有可能会使得劳动者的工资获得普遍性的上涨,并且,这种普遍性的工资上涨是劳动者以前从未获得过的。除非这种普遍性的工资上涨是通过不严重阻碍生产的方式获得的,除非工人将所获得的工资上涨用于大量地增加劳动者的物质资本和个人资本,并由此极大地增强劳动者的效率,否则,工资的普遍性上涨会自发地发挥作用,使得工人的工资下降,但是它不会永久地自发发挥作用。

[4. 这个结果有助于我们理解"产业的发展受制于资本"这一命题[①],这一命题经常被用来说明工资基金理论。人们一直对工资基金理论有很多误解和谬见。即使是最有能力和最认真仔细的解说者对工资基金理论进行解释,似乎也难以令人满意。因为,工资基金理论依赖于以下假设:所有的工资都是用那些已经确定为资本的财富来支付的。这个假设最初是为简单起见而做出的,而不是出于遵循经济科学的基本原则为目的而做出的。但是,由于该假设使用起来比较方便,所以,一些经济学家不知不觉地陷入了这样的思考与写作习惯:所有工资就应该用那些已经确定为资本的财富来支付,这是一条必然的自然法则。从这一基本原则出发,经济学家指出,国家境况决定了辅助性资本和报酬性资本在资本总额中的所占比重。经济学家将一国的报酬性资本称作为"工资

---

① 参见本书第三章,第3点。

基金",并认为,没有什么改革能使工资基金增加,除非一国的资本总额增加或者以牺牲辅助性资本为代价来增加报酬性资本。①

因此,当行业工会声称它们可以以牺牲利润为代价来使得工资上涨时,工资基金理论的支持者给予的回答是,工会的行动不会使工资增加,反而会使资本减少。因为,工会无法改变决定资本总额中辅助性资本和报酬性资本所占比重的国家境况。② 因为工会做不到上述任何一件事情,所以,工会无法使得形成工资基金的报酬性资本增加。因此,在工会的努力下,某一行业所获得的实际工资的上涨,必然要以其他行业的至少是相同金额的工资下降作为补偿。事实上,正如穆勒所说,在"一般理论"或者"工资基金理论"中,其思想表达的次序就是这样。资本家的财富有两部分组成:一部分是资本,另一部分是利润或者收入。资本是资本家在年初或者某一商业运作循环开始阶段的投入,收入是资本家在年末或者某一商业运作循环结束时所收到的收益。在资本家的资本中,除了固定在建筑物和机器设备上的部分,以及花费在材料物资上的部分之外,剩余的资本是用来支付工资的。在资本家没有获得收入之前,他无法用收入来支付工资。当资本家获得了收入时,他就可以将部分收入转增为资本,由此,这部分收入就形成了下一年工资基金的组成部分,但与今年的工资基金毫无关系。

---

① 也就是说,只有国家资本总额增加了,或者以辅助性资本的减少为代价而获得的报酬性资本增加了,工资基金才会增加。——译者

② 我们已经看到,利率降低会使得机器设备和其他固定资本的使用大大增加,由此,相对于报酬性资本的使用,辅助性资本的使用会大大增加。但是,工资基金理论的解说者通常会从自己的立场出发而忽略这一论点。

"然而,资本家与其所拥有的资本之间的关系,以及资本家与其所拥有的收入之间的关系,全然是人们想象的……资本家自己的收入……是其资本的预付款,是其所得回报的替换,并与他所支付的工资同比例变化。如果我们将资本家用于支付工资的所有财产称为工资基金,那么,在扣除了机器设备、建筑物、材料物资和养家糊口的支出之后,资本家的工资基金与其经营所得的全部收益同时同方向增加。资本家的工资基金被共同地用于他自己和他所雇用的劳动者身上,用于资本家自己身上的工资基金越少,则用于他所雇用的劳动者身上的工资基金也就越多,反之亦然。"

"这些资格条件和限制因素是让人们接受工资基金理论所必需的",这是穆勒希望将其引入其工资理论(该理论包含在其著作《政治经济学》中)的原因。穆勒认为,资本家并没有刻意地将一定数量的财富当作报酬性资本来使用,工资与利润一样,都来自于土地、劳动、资本的总产出中扣除了租金和税收之后的净产出。关于我们之前提及的工资-利润基金,穆勒认为,利润和工资在工资-利润基金中所能获得的分配决定了有多少产出会变成报酬性资本。

新理论与旧理论之间的区别可以用劳动者移民到一国的例子来很好地阐释。根据旧理论,工资必须用已经从财富中分离出来作为资本的那部分财富来支付。因为,劳动者在工作时需要一定数量的原材料和工具的投入,所以,辅助性资本会增加,而报酬性资本会减少。因此,大部分劳动者所能获得的工资总额,一定会小于小部分劳动者所能获得的工资总额。根据新理论,结果不一定是这样的,很有可能是相反的。因为,劳动供给的增加会促进资本和劳动的净产出的增加,从而促进工资-利润基金的增加。雇主之间对雇用劳动者的竞争的激烈程度,明显地小于以前的激烈程度,其中的部分原因是雇用劳动者供给的增加,部分原因是雇主将自己的部分财产从用于雇用劳动者转向用于提供更多的辅助性资本,以符合自己的目的。由此,工资率会下降。但是,我们现在还不能确定,甚至说是不能完全确定,劳动从工资-利润基金中所能获得的总份额,是否会小于以前所能获得的总份额。①

关于工资问题,旧理论使工人认为,他们的工资是雇主用已经储存起来的资本基金来支付的,工人所能获得的工资额至少在目前是固定的,与工人的努力程度无关。新理论认为,工人的工资不仅取决于其他人所储存起来的资本量,而且在很大程度上还取决于工人的工作效率。]

---

① 凯尔恩斯(Cairnes)[《重要原则》(Leading Principles),第二部分,第一章]认为,我们没有足够的理由来反对穆勒改变自己的观点。凯尔恩斯巧妙地重新阐述了穆勒的旧理论,以防止出现各种常见的错误解释,但是,凯尔恩斯没有抓住穆勒的新论点的要点。如同凯尔恩斯通过继续争辩所显示的,"当固定资本和原材料被共同使用时,劳动供给的增加会导致工资基金减少,因为参与分配工资基金的人数增多了。"

另一方面,杰文斯教授、克利夫·莱斯利教授、赫恩教授、弗朗西斯·阿马萨·沃克教授,以及沙德韦尔先生都持有相同的观点,即工资是产出的分配,供求定理确保了劳动者能够从产出的分配中获得工资(参见杰文斯的《政治经济学理论》,第二版,序言,第50页)。弗朗西斯·阿马萨·沃克教授收集了一些具有启发性的实例,这些实例表明,是劳动者事先将自己的劳动提供给雇主,而不是雇主事先拉着将工资支付给劳动者。参见桑顿的《论劳动》。约翰·埃雷特·凯尔恩斯(John Elliot Cairnes,1823—1875),英国古典经济学家,其代表作为《政治经济学的特点和逻辑方法》(1875)。——译者

第二十九章　工会对工资的影响(续)

1. 我们已经看到,劳动者可以通过自发地组建行业工会来获得工资的普遍性上涨;只要工资-利润基金没有减少,工资的普遍性上涨趋势就可以得到维持。接下来,我们要研究的是,当行业工会成功地使劳动者获得了工资上涨时,这种工资上涨很少是完全以牺牲利润为代价而获得的;雇主几乎总是能够将工资上涨的全部负担转嫁给他人。其中,部分负担落到了购买行业所生产产品的消费者身上,大部分消费者通常都属于工人阶级;部分负担落到了其他行业身上,这些行业与该行业生产过程有着直接的联系或者间接的联系。

例如,当木匠通过罢工或者罢工威胁获得了工资上涨时,建造商很少会承担工资上涨的主要负担。当房屋的价格上涨时,工资通常也会上涨;限制房屋供给或者威胁将限制房屋供给,会导致房屋价格进一步上涨;房屋价格的上涨又会抑制人们对房屋的需求。人们对房屋需求的减少又会抑制雇主对砖瓦匠的劳动、泥瓦匠的劳动、粉刷匠的劳动、油漆工的劳动、其他工人的劳动的需求,在这里,这些工人经常与木匠在一起且在同一雇主下工作;同时,人们对房屋需求的减少还会抑制雇主对制砖工人的劳动、采石工人的劳动和其他工人的劳动的需求,在这里,这些工人尽管与木匠有联系但不在同一雇主下工作,但是,他们在生产工作中却与雇主有间接联系。事实上,木匠的利益与砖瓦匠、泥瓦匠的利益是有关联的,木匠的利益与制砖工人、采石工人的利益也是有关联的,而且,木匠与这些工人的利益关系,与木匠与建造商之间的利益关系是一样的。在影响人们对房屋的需求和影响房屋的价格这些事情上,所有以上这些阶层的利益是一致的;但是,在与房屋价格的共享方式有关的相关问题上,木匠的利益与砖瓦匠、泥瓦匠的利益之间有着非常大的冲突,木匠的利益与制砖工人、采石工人的利益之间也有着非常大的冲突,而且,木匠的利益与这些工人的利益之间的冲突关系,与木匠的利益与建造商的利益之间的冲突关系是一样的。当雇主出售房屋的价格既定时,雇主购买的砖瓦的价格越低、工人砌墙的工资越低,则雇主建造的房屋也就越多,从而雇主对木匠的劳动的需求也就越大。反之亦然,当木匠的工资下降,而其他条件不变时,雇主对制砖工人和砖瓦匠的劳动的需求会增加。

　　以另一个生产部门为例,钢铁工人工资下降会促使钢铁生产商签订原先曾经拒绝签订的合同,这又会阻止那些为钢铁厂提供煤炭的煤矿工人的工资的下降。另一方面,钢铁价格下降所带来的负担,部分由不同层级的雇主来承担,部分由参与钢铁生产的不同层级的劳动者来承担。一方承担的负担份额越大,则另一方承担的负担份额也就越小。因此,煤矿工人的利益与钢铁工人的利益之间存在冲突,并且,他们之间一次、两次的利益冲突,会逐渐演变成煤矿工人工会和钢铁工人工会之间的公开的利益冲突。如果煤矿工人不以低价格向钢铁厂提供煤炭,则钢铁工人就会拒绝工作。工会之间的这种争斗有时会非常激烈,并且会长期存在。因此,(由地方工会组成的)总工会的主要职责之一就是"阻止工会因同一行业的两个部门之间的误解和嫉妒而引发的恶性罢工;这样的恶性罢工最终一旦发生,不仅会损害参与争斗的双方的利益,而且还会严重损害雇主的利益,尽管双方争斗的原因与雇主毫无关系。"①

2. 但是,由工人所组成的联合团体之间的利益的对立,并没有引起工人的注意。当某一个联合团体为争取更高的工资而举行罢工时,另一个联合团体对罢工如果不给予物质上的支持,就会给予精神上的支持。我们经常可以看到,在每一个规模很大的行业中,雇主会站在罢工的某一个阵营中,不同阶层的工人会站在罢工的另一个阵营中,而那些剩下的阶层则会对罢工者持有友好的中立态度。

不难找出这种事实的原因。首先,雇主被认为是资本的代表。雇主所获得的利润,就是其所生产商品的售价与其所支付的工资、原材料支出、维护房屋和机器设备支出等之间的差额。尽管如此,雇主对其所使用的资本并不拥有全部的所有权,雇主所使用的资本的利息与他们自己的管理报酬之间的区别并不是很明显。并且,雇主所获得的大笔资金是其向劳动者支付更高工资的丰富的储备,事实上,这些大笔资金不仅包括利息和管理报酬,而且还包括为防范资本损失而购买的保险。当某一雇主经营失败时,他的损失很快就会被人所遗忘;当某一雇主经营成功时,只要其所获得的成功能够持续下去,则会备受众人关注。在那些成功不会被公平分配的行业中,有人成功,但也有人失败,这不令人感到吃惊。

---

① 乔治・豪厄尔的《资本与劳动的斗争》,第五章,第二十节。

工人应该忘记这些失败,即那些使得平均利润率降低的失败,那些使得平均管理报酬达不到从事高难度和高压力工作应得的公平回报水平的失败。他们似乎只会贪婪地盯着积聚起来的几笔大财富,而不会去想积聚财富过程中所付出的辛苦。

其次,尽管在熟练劳动者与非熟练劳动者之间存在着明显的阶级界限,尽管在某些地区,半数以上的雇主都出身于雇员,但是,产业行列中的巨大的社会阶层分化就是雇主与雇员这两个阶层的分化。在工人的朋友和亲戚中,很少有人是雇主,工人的朋友和亲戚通常都分散在与工人所在行业相关的行业中;相较于成为雇主,工人更愿意在这些行业中变换工作。

最后,虽然某一行业的工资上涨,会阻碍处于同一生产过程且与该行业有密切联系的其他行业的工资上涨,但是,当人们对联合产业的产品的需求增加时,联合产业中所有行业的工资会不断地一起上涨;反之,当人们对联合产业的产品的需求减少时,联合产业中所有行业的工资会不断地一起下降。雇主的利润也会同时增加或者减少,但是,在这种情形下,不同雇主之间利润的关联性就没有如此紧密。在雇主的利润只能通过估计来获得,而工人的工资是明确的情况下,上述特点就不会如此明显。再者,劳动力流动使得不同行业的收益维持在一种正常的关系上,劳动者在两个由工人所组成的联合团体之间的流动速度,远快于劳动者在工人与雇主之间的变换速度。相较于泥瓦匠的工资,如果木匠的工资非常高,那么,相较于泥瓦匠的供给,木匠的供给就会开始快速增加,但是,这种不平衡在不久后就会得到恢复。事实上,工人阶级始终相信,如果某一行业的工资上涨了,那么,从公平的角度来说,处于同一生产过程且与该行业有密切联系的其他行业的工资也应该相应地上涨,这种相信本身就是一股巨大的推力。如果木匠工资的上涨速度快于泥瓦匠工资的上涨速度,那么,泥瓦匠抓住机会首先提出增加工资的要求,就会被认为是公平和合理的。但是,如果木匠也因此而再次提出增加工资的要求,那么,木匠可能只会博得其他行业的一点同情。在自然科学(包括物理学、化学、天文学、地理学等)中,我们可以只研究自然规律,而不用考虑大众观点的影响,但是,在经济科学和其他的道德科学中,我们却不能这样做,因为在道德世界中,当一种改变应该发生和将要发生时,信念会促使这种改变变成现实。

3. 在前面连续的几章内容中,我们可以看到①,(1)行业联盟拥有促使价格上升的力量所依赖的一般条件是什么;(2)行业工会的构成和行动模式有哪些;(3)正常工资定理和正常利润定理对由劳动者所组成的工会试图以牺牲雇主利润为代价来普遍地增加工资所施加的限制条件有哪些;(4)任何行业工资的上涨如何影响雇主的利益,如何影响有助于生产的商品的消费者的利益,如何影响在生产中与该行业有密切联系的其他行业的利益。现在,我们对工会拥有使工会成员能够获得工资上涨的力量所依赖的条件进行汇总。

第一,关于任何特定行业劳资纠纷的直接结果。

直接结果部分取决于行业中非工会会员的数量和行动,以及工人从其他行业转入该行业的难度;部分取决于工会的财务状况、

---

① 参见本书第二十六章、第二十七章、第二十八章、第二十九章。

储备基金额,以及从那些支持罢工但不参与罢工的工人中征收到的捐赠额;部分取决于工会会员的决心,以及工会会员和其他人对其正当而又合理的需求的依赖程度。在一个行业中,抑制劳动供给对劳动价格所产生的直接影响,部分取决于由雇主所组成的联盟的实力和影响力,部分取决于单个雇主的意志力和资源,部分取决于停工给雇主所造成的损失。停工损失额取决于这样一个差额,这个差额是指雇主所生产商品的价格与生产商品所需要的流动资本支出之间的差额,并且,这个差额是市场能够担负得起的差额。当其他条件都不变时,这个差额会更大。雇主从其他联合团体中雇用到的劳动者的工资越低,包括永久性费用和固定资本的利息支出在内的商品正常生产费用的范围也就越大。在评估商品的市场状况时,必须要考虑到雇主手中的存货,以及雇主与那些未受到劳资纠纷影响的其他雇主之间的竞争。

因此,一个工会面临的任何行业冲突中的直接问题,取决于在工会中起领导作用的人的性格和个人关系,也取决于各种各样的其他的意外事情,但更多地还是取决于正常工资定理和正常利润定理作用的发挥。

第二,关于行业工会政策的长期影响。

如果行业生产的产品能够很容易地从远方市场购进,那么,单个工会就很难使这一产品处于极度的短缺状态。来自于同一个国家的远方生产者或者其他国家生产者的竞争,会对本地的计件工资产生影响,而单个工会对计件工资的影响却极为有限。[①] 但是,

---

[①] 参见本书第二十五章,第6点。

在不存在这样的竞争的情况下,如果某一工会能使行业所生产商品的数量,能够永久地低于其他任何情况下行业所生产商品的数量,那么,该地的商品供应就会出现短缺,这使得他们帮助生产的商品的价格上升,从而雇主也就会永久性地向工人支付高额工资,对雇主来说,这是值得的。

工会在追求这个目标的过程中已经取得了部分成功。工会通过制定一些严格的规定来阻止那些没有当过学徒的人加入某个行业,来限制招收的学徒人数。虽然这些严格的规定可以很容易地在工资水平非常低的行业中实行,但是,在那些相对于其他行业的工资水平来说其工资水平非常高的行业中却难以实行。因为,雇主和那些曾经期望加入该行业的工人都知道,如果他们都能够避开这些严格的规定,那么,他们都能从中获得巨大的收益;没有任何一项规定能够在很长的一段时间内成功地阻止大量新来的人涌入行业。如果一个行业的净利益已经达到了邻近地区具有相同经营难度的其他行业的净利益水平,那么,这个行业的工资水平就不会永久性地上涨,除非其他行业的工资水平有相应的上涨。

由此,我们断定,对于任何一个工会来说,其任何行动都不会是永久有益的,除非工会的一般政策的目标是为了提高所有行业的工资水平。因此,如果我们只考虑最终的效果和永久性的影响,那么,我们可以采用上一章中所讲到的单个工会的规则。在那里,我们发现,在特定条件不具备的情况下,劳动者无法成功地通过工会来获得工资的普遍性上涨。由此,我们现在得出结论,在不具备相同条件的情况下,单个工会无法获得工资的永久性上涨。也就是说,只有在工资上涨没有对生产造成严重损害的情况下,在那些获得工资上涨的工人,能够将其所获得的上涨工资用于提高自身效率和大量增加国家个人资本的情况下(如果不是大量增加国家物质资本的话),单个工会才能获得工资的永久性上涨。没有哪个工会的政策会永远成功,因为,工会的政策会阻止人们充分利用自己的才能和将自己从事的工作做到最好;会阻碍先进生产方式的应用;会增加经营的不确定性;会以其他任何方式使雇主和资本家遭受极大的损害;最后,工会的政策还会使得人们大量增加那些只能带来一时快乐却不能带来任何长期回报的消费。这与另外一个说法极为相似,如果工会采用一项有损于人们一般福利和犯有道德错误的政策,则这些政策绝不会给工会带来任何永久性的利益。

但是,不幸的是,在任何特定时期,工会成员的经济利益总是不同于工会的最终利益和永久性利益。因为,他们往往不能长寿,以致不能完全弄懂他们的行动在正常工资定理和正常利息定理作用下显现出来的最终结果。如果他们能够人为地限制行业中的工人数量,那么,他们就可以使工资在好几年内都保持在非常高的水平上,从他们自身的经济利益角度出发,他们也会这样做,即使他们为了达到目标而制定的规定会使得工资呈现长期的下降趋势。他们一定会去制定能显示其精明的规定,而全然不顾什么责任感。

4. "除了[①]某些纯粹的细枝末节问题外,也许没有任何实际问题,即使是其性质最接近于纯粹经济的那些问题,可以容许仅仅依据经济的前提条件来解决。"[②]在不考虑除了渴望经济利益之外的

[①] 阅读人们对经济方法的评论(本书第一篇第一章,第 2 点和第 3 点)时,要与这一部分内容联系起来。

[②] 穆勒《政治经济学原理》的序言。

其他动机的情况下,试图去讨论人们在行业冲突中的行为,是不科学的,也是有损于公众福利的。共产主义者想当然地认为,没有人希望以牺牲他人的等量的幸福为代价来获得等量的收益。但是,如今的社会还没有准备好要在实践中应用这一高尚的道德准则。然而,如今的社会和工人已经准备好要努力地践行这样的一条原则:任何人都不能以损害他人更多的幸福为代价来获得自己的利益。当然,同样是1英镑的损失,但是,穷人因此而损失的幸福,要多于富人因此而损失的幸福。如果通过某种方式可以使得工人在牺牲雇主30先令利润的情况下获得1英镑的净收益,那么,要求工人放弃这一机会的做法是不合理的,除非有证据表明,雇主利润的损失会对工资产生长期的影响。但是,大多数人愿意承认,没有一个工会会采用以大量牺牲他人的工资总额为代价来提高自己的工资的行动方案。如果这一原则作为一条行动的基本原则被广泛采用,那么,运用经济科学对这些问题进行研究,那些残留在工会所制定的政策中的所有不善的内容都将会被清除,因为,经济学研究能使他们识别他们所做的那些"看不见的"行动所产生的长期影响,也能使他们识别他们所做的那些"看得见的"行动所产生的直接结果。

如果所有工人都明白,每一个行业所生产的产品都包含着对其他行业劳动的需求,那么,工人就能获得大量的收益,因为,在所生产的所有商品中,大约一半的商品被工人所购买,工人作为一个整体,承担了因抑制生产所带来的损失中的一半。并且,尽管某一行业可能有时会通过减产的方式来获得一个更高的价格,但是,所提高的价格的一半通常由工人阶级中的其他成员来承担。尽管看起来有时会发生产业失序的现象,但事实上不会真的发生普遍的生产过剩的现象。因为,在人们担忧生产过剩的情况下,如果每个行业的生产量都减少,比如说减少三分之一,那么,劳动的实际工资也会减少大约三分之一,工人能够购买的生活必需品、舒适品和奢侈品的数量也会减少大约三分之一。

如果所有工人都能够认识到,给那些想要学习行业技能的人设置一些不必要的障碍的做法是错误的,某一工会通过实施一系列行为来获得工资上涨的做法也是错误的,那么,工人就能获得大量的收益。这些做法的广泛采用会减少财富的生产,从而导致工资水平在长时期中的普遍下降。

不幸的是,工人说得没错,他们的上级在商界中有时所说的和所做的,除了诚实和追求自己的利益之外,都与经营业务没有太大的关系。当然,在某些紧急的场合下,雇主除了限制产量和遭受严重损失之外,往往别无选择;但是,在某些不紧急的场合下,雇主会像工人所承担的责任那样,承担起联合起来限制产量的责任。由此,在其他社会成员蒙受了巨大损失的情况下,雇主只获得了微薄利润。有时,工人也试图加入争斗,以获得高于正常工资水平的工资;通过制定严格的规定和制造持续不断的冲突所获得的高额工资只是暂时的,这些行为会使得工资-利润基金大幅度减少,会给社会带来令人悲痛的伤害。所以,在同样的诱惑下,雇主有时为了追求过高的利润,也会采取一些专断的手段。

对于不同产业阶级彼此都应该承担的责任,讲坛、社会科学联合会、商会、同业工会、工会代表大会应该进行充分而又深入的讨论。人们可以从雇主与雇员之间所进行的所有面对面的活动中受益,从雇主和雇员就所提出的要求的经济背景和道德理由进行心平气和的、充分的讨论活动中受益,这些活动的组织正是调解委员会的工作。

第三十章　仲裁与调解[①]

1. 在法国,长期以来,雇主与雇员之间的与合同履行有关的纠纷往往是由劳资纠纷调解委员会来解决,劳资纠纷调解委员会的全体委员由政府任命的主席从雇主和雇员这两个阶层中挑选出来的人数相等的代表组成。芒代拉先生改进了这一方案,其具体做法是,在英国诺丁汉市[②],在他自己所从事的针织品行业中,他说服雇主和雇员同意向调解委员会提交他们的纠纷,这些纠纷不仅包括对旧合同的解释,而且还包括新合同相关条款的制定。该委员会自1860年成立以来,在纠纷调解工作上取得了巨大的成功,许多其他方面的委员会也效仿其模式而建立。每个委员会都是由来自于同一行业中雇主和雇员这两个阶层中的人数相等的代表,以及由委员会挑选出来的主席所组成。如果委员会在投票中拥有决定性的一票,那么,委员会就会变成实际意义上的仲裁机构。芒代拉先生认为,委员会不能用投票方式来解决纠纷,这也许是正确的。雇主代表与雇员代表都应该认真地聆听对方的辩论,并努力地制定出一个全体委员都同意且无须投票表决的解决方

[①] 关于本章的主题,可以参阅克朗普顿(Crompton)的《产业调解》(*Industrial Conciliation*)。

[②] 诺丁汉市为英国英格兰的中部城市,诺丁汉郡首府。——译者

案。如果这样的解决方案难以达成,那么,纠纷就应该提交给仲裁机构,由仲裁员来裁决,该仲裁员为委员会的成员。只有在如果没有仲裁员的协助,仲裁会议就无法就纠纷达成令人满意的结果的情况下,仲裁员才会被传唤到仲裁会议。

纠纷调解委员会的工作是通过友好交流的方式来消除产生行业争端的原因。在不存在诸如此类的委员会的情况下,如果行业争端已经发生了,那么,通常来说,最好的解决方案就是立即将争端提交给仲裁员或者仲裁庭来解决。如果损害已经发生了,那么,仲裁工作必须马上进行,但通常是在还没有掌握处理行业中发生的难以理解、错综复杂的事情所需要的知识的情况下进行。因此,仲裁员可能像芒代拉所建立的委员会那样,为 6000 种不同的工作制定出详细的任务工资价目表。尽管仲裁方式在很多方面稍逊于系统化的调解方式,但是,仲裁方式更加灵活、更容易被人所接受,是一个行业中处理争端的唯一方法,虽然这种方法所应具有的相互宽容、彼此信任、互相坦诚的特点还没有完全具备,但是,它为后续的调解工作铺平了道路。

仲裁和调解工作能否成功取决于雇主和雇员对仲裁决定、调解决定的遵从程度。工会通常能够解答所有工会会员所关心的问题,工会的行为能够间接地控制所有非工会会员的行为。当人们将争端提交给仲裁庭或者调解委员会解决时,绝大多数雇主或者工人都会遵守仲裁庭或者调解委员会做出的裁决。

2. 调解委员会或者仲裁员做出裁决时会基于多方面的考虑,就如人类自身生活的多样性一样。但是,调解委员会和仲裁员在做出裁决时必须遵守一项一般原则,正如早期经济学家所说的,他们必须遵守自然规律。也就是说,通过人为手段做出的解决争端的决定,不能与根据自然规律做出的决定大相径庭。否则,他们的行为就会与大自然的力量产生强烈的冲突,最终,他们会遭受损失。他们必须要以伦尼为学习榜样,当伦尼想要在英国普利茅斯海湾修建一道防浪堤时,他就发现,海浪的自然作用会将一堆堆石块堆成斜坡,于是,他就把石块投入海中,利用海浪的自然力量而不是个人力量将所投入到海中的石块堆成斜坡,然后,再使用个人力量将所形成的斜坡压实、加固。因为他引导了大自然的力量,遵守了自然规律,所以,他支配了自然。这就是产业调解和仲裁的本职任务。

我们已经看到,每一类劳动的工资的正常价值都会发生波动。劳动的工资的正常价值会随着文明的发展和发明的进步而不断变化,也会随着人们的习惯和人的特质的变化而变化。但是,在任一特定地区和任一特定时期,某一行业的工资与其他行业的工资之间的正常关系,取决于经济规律的运行。任何试图使工资过高地偏离或者过低地偏离其自然水平的行为都会受到自然力量的阻碍,并最终会失败。

再者,裁决应该遵守自然规律,当行业繁荣时,应该提高工资;反之,当行业萧条时,应该降低工资。但是,劳动者工资波动的剧烈程度,应该自然而然地小于商品价格波动的剧烈程度。并且,因为,工资变动会给工人的生活带来有害的不确定性,所以,调解人和仲裁员应该致力于将工资的波动程度降到最低,并避免出现被调解的任何一方拒绝接受或者拒不履行裁决的行为。如果一个裁决给被调解的任何一方所带来的结果的有害程度,远大于罢工或者停业所带来的结果的有害程度,那么,一个裁决的结果一定会为将来埋下祸根。

3. 调解委员会的全体成员经常会面,并根据每一次正在发生的市场变动对工资进行及时的调整,但他们最好是采用具有自我调节功能的浮动工资。除此之外,仲裁机构没有其他方法为一个行业提供一个长久的和平环境。为了确定浮动工资的范围,第一步必须要做的是,将某一时期某一行业各个分支部门的被普遍、一致地认为是"公平"的价格、利润和工资作为浮动工资的起始点,在这里,所谓"公平"的价格、利润和工资,是指价格、利润和工资的正常价值。这些价格、利润和工资也被认为是标准价格、标准利润和标准工资。在没有任何特别裁决的情况下,制成品价格的每一次重大变化都会伴随着行业各个分支部门工资的相应变化,对此,调解委员会要进行系统的分类,这是第二步所要做的事情。这样做的目的是尽可能地减少工资的波动,因此,调解委员会不能做出这样的规定:工资总是应该与商品的售价保持一个固定的比例关系。但是,在某些行业,就应该做出这样的规定,例如,当商品价格高于或者低于标准价格的10%时,工资也就应该高于或者低于标准工资的5%,工资与商品的售价还有其他的固定的比例关系。在其他行业,调解委员会可能还会做出其他的规定,这些其他的规定与上述规定在细枝末节上有些不同,但在总体特征上还是相似的。不要奢望浮动工资的标准会在很长的一段时间内保持不变,不管怎样,只要行业的经营方式发生了重大变化,浮动工资的范围就必须要重新调整。

关于浮动工资的规定必须明确、不会被误解,过于简单的规定很可能会弊大于利。大自然不是简单的,而是复杂的,旨在引导而不是抵制自然规律发挥作用的浮动工资有时也很复杂。因此,调解委员会在确定浮动工资的范围时,通常不仅要考虑制造商销售商品时所获得的价格,而且还要考虑购买原材料的支出。例如,钢铁行业中的标准价格,不是每吨某种特定类型的生铁的价格,而是生铁价格超过生产生铁时所使用的铁矿石和煤炭的价格的部分。在确定棉织品行业中的标准价格时,既要参考制造商所支付的原棉的购买价格,也要参考制造商所获得的棉织品的销售价格。①

4. 解决行业争端需要依赖很多事实,而获得这些事实却面临着极大的困难;工人要探知由他们的劳动生产出来的产品的实际销售价格,也会面临很大的困难。调解委员会的优势之一,就是委员会中有一些值得信任的工人代表,他们可以从雇主那里获得关于行业经营的真实状况并理解雇主所遇到的困难;在某些情况下,他们可能要保证严守秘密;但是,在必要的时候,他们要把这些情况说出来;在雇主自己的辩解站不住脚的时候,他们要立场坚定地站出来。同时,雇主与雇员相互之间的关系也变得越来越近,这一方面是因为社会交往的普遍影响;另一方面,是因为他们彼此之间越过产业冲突的扭曲氛围的限制之后,从远处再去看对方,他们会发现,彼此的动机并不会像表面上看起来的那么不良。

但是,还有另外一种更为透彻的方法,可以让工人阶级了解自己所从事的行业背后所隐藏的工作。他们可以使用自己的资金来

---

① 这一方案似乎在回避克朗普顿所极力主张的浮动工资的缺点。参见克朗普顿的《产业调解》,第88页。

创办一家公司，并对公司实行完全控制，自负盈亏，这样，他们就有机会接近并了解这个行业的所有秘密。相较于通过其他方式所获得的知识，他们由此所获得的知识能使他们更好地知道，什么时候的工资上涨会妨害行业的发展，从而产生弊大于利的影响；什么时候需要"公平"；降低工资的建议，应该在什么时候因行业状况的影响而不被提倡，应该在什么时候因为"不公平"而被抵制。通过这样或者许多其他的方式，合作生产能同时极大地促进经济知识范围的扩展和产业道德水平的提高。

第三十一章　合作

1. 合作①运动的创始人的理想是，通过抑制竞争的残酷力量并代之以兄弟般的信任和联合来重塑世界。他们发现，在竞争的影响下，人们将大量精力消耗在努力地超越其他人；无论是商品的卖方还是劳动的卖方，都努力地将存在质量问题的商品卖出、将低素质的劳动卖出；买方总是试图充分利用卖方的迫不得已，迫使卖方尤其是劳动的卖方降低价格，即使在买卖双方彼此都很熟悉，买方也会认为商品价格的下降是必须的。"合作信念"只可意会不可言传，并受到了精明的实干家的热切追捧。通过发扬人的兄弟般信任和坦诚的精神，上述恶行能在很大程度上被消除，尽管兄弟般信任和坦诚的精神未得到充分的发扬，但是，它们仍然潜藏在人的本性中。人们期待着，当人类进步、发展到一定程度时，商业经营中的那些不必要的秘密会不复存在；每一个人都应该想着，要像保护自己的利益一样去提高人们的总体福利水平。

因此，这种精神的最终目标类似于盛行于早期基督教会的最

---

① 穆勒认为，合作就是劳动成员行为的相互联合，并将合作分为两种不同的类型，一种类型是简单合作，是指若干劳动者在同一组工作或者相同行业中相互提供帮助；一种类型是复杂合作，是指若干劳动者在几组工作或者不同行业中相互提供帮助，即通过劳动分工相互提供帮助。——译者

终目标,即通向共享商品、共享发展成果的社会。合作不同于最现代的社会主义计划,合作提倡保护私有财产、坚持自立自救、反对政府救助和所有不必要的对个人自由的干预。但是,在其他方面,合作同情那些社会主义的狂热支持者,并从他们身上学到了许多东西。事实上,英国最伟大的社会主义者罗伯特·欧文,就是合作的创始人,许多最热诚的合作者的信念都追寻着他的思想。他的许多荒唐性的观点毁掉了他的最理想的事业。他不受任何约束地相信人的潜在的善良人性和高尚品德形成的可能性;他真诚地期望能够通过信任他人、呼吁他人的理性来产生正确行动的力量;他不关心自己的利益;他依靠自己所拥有的无敌的经营天赋和商业洞察力获得了巨大利益;他慷慨、大方地与技工共享他所拥有的财富,并将所剩下的其他财富全部奉献到他伟大的社会事业中。他的所有这些品质对正在逝去的这一代工人阶层有着极大的吸引力,并且,这一代工人阶层的品质对其他人产生了深刻的影响。①

目前,合作者所要做的工作可以被分为三大项。他们试图消除或者缓解那些已经存在的秘密和不协调,主要包括三方面的秘密和不协调,首先是雇主与雇员之间(或者,不确切地说,是资本与劳动之间)的秘密和不协调;其次是零售商与消费者个人之间的秘密和不协调;最后是零售商、批发商与生产者之间的秘密和不协调。当他们在致力于这些目标的过程中,他们力求促使工人在交

---

① 卡尔·马克思认为,合作方式太温和,以至于难以治疗影响社会发展的痼疾。他自豪地指出,最伟大的社会主义者如何发明和实行工厂劳动时间的限制,并将工厂中工人的孩子送往学校接受教育,如何发明和实行合作制度;最伟大的社会主义者的观念如何被称为乌托邦和共产主义,如何被所有有身份的人嘲笑、藐视,以及他的观念如何赢得人们的尊重(《资本论》,第277页)。

易和生产中使用自己的资本,并将"为了共同的目的通过共同的行为而获得的共有的资本"所获得的利润储存起来。①

2. 巴比奇先生是清楚地解释了产业合作如何减少不协调、如何激发工人活力和热情的第一人。② 巴比奇先生倡导的合作形式之一是产业伙伴关系。在产业伙伴关系制度中,组织权和管理权仍然掌握在雇主手中,并且雇主提供了生产所需的大部分资本,但是,雇员的工资在一定程度上取决于经营利润。在史密斯先生的书摊上就有这样的一项制度:书摊上的每一个售货员都按其所售出的全部销售额来提取一定的提成,但是,他们不能从公司的总盈利中获得直接的经济利益。这是经常被引用来说明产业伙伴关系的一个例子,其实它也是支付计件工资的一个例子。我们需要予以重要关注的是,在所有支付计件工资的计划中,都包含了合作这一要素。勒克莱尔先生在巴黎的房屋绘画公司很好地阐释了产业伙伴计划制度。"除了勒克莱尔先生之外,公司还有另外两个合伙人,一位是德富尔诺先生,一位是由其他的所有被雇用者(大约200人)组成的储蓄互助会。在这三个合作伙伴中,每一个合作伙伴都往公司投入10万法郎的资本。勒克莱尔先生和德富尔诺先生作为管理人,每人获得6000法郎(240英镑)的管理工资,并平分公司一半的净利润。公司另一半的净利润分配给工人,其中,另一半利润中的五分之二分配给储蓄互助会,另一半利润中的五分之三分配给工人个人。然而,勒克莱尔先生仍然保留了谁享有净

---

① 斯图尔特(Stuart)教授的《在合作代表大会上的讲话》(*Address to the Co-operative Congress*),1879年。

② 巴比奇(Babbage):《制造业经济》(*Economy of Manufactures*),第二十六章。

利润和享有多少净利润的决定权,并保证决不私吞利润;在分配给储蓄互助会的净利润中,工人的定额部分①可能不会再分配给工人个人了"。②

3. "合作生产"一词从严格的使用上看,是指男性工人和女性工人供给经营所需的小部分资本,并享有公司的部分管理权。霍利约克③认为,"资本家雇用劳动力,并支付其市场价格,最后获得全部的利润。合作生产方式下的劳动者提议改变这个过程,具体的提议内容是,工人购买资本,支付其市场价格,工人获得全部的利润。"因此,一个合作生产作坊是一个"劳动者雇用资本,劳动者自己进行生产和管理①"的地方。"打算着手建立合作生产作坊的工人,首先要尽可能多地储存、积累资本,如果他们的自有资本不足,则他们还要将已经拥有的所有资本抵押给资本家,以便能从资本家手中借贷到更多的资本……他们还要租用厂房或者购买厂房或者建立自己的厂房。他们雇用或者任命管理人、工程师、设计师、建筑师、会计师和其他他们所需要的工作人员,在普通工资水平上,以上这些工作人员可能会根据自己的能力来控制市场。雇主以相同的方式向每一个雇用工人支付工资。如果他们所需要的资本量超过了他们所拥有的自有资本量,那么,他们就要根据经营风险以市场利率来借贷资本——从公司员工手中筹集到的资本也按市场利率来支付利息。他们每年所要承担的成本包括租金、

---

① 工人的定额部分是指公司在分配净利润时,按照储蓄互助会的工人数分配给储蓄互助会的净利润额。——译者

② 桑顿(Thornton)的《论劳动》(*On Labour*)(第二版),第366—367页。

③ 霍利约克(Holyoake):《合作的历史》(*History of Co-operation*),第二卷,第88页。

④ 霍利约克:《合作的历史》,第二卷,第122页。

原料支出、薪金支出、工资支出、所有种类的经营支出、资本利息。扣除了上述成本之后所剩下的所有收益就是利润,根据所有的工作人员、工人和顾客各自所提供的服务,将利润在这些人之间进行分配。因此,在运气好的年份,当利润率为20%时,薪金是500英镑的经理人,还会额外得到100英镑;工资是100英镑的工人,除了按其所投入的资本在公司资本总额中的所占比重而获得的利息外,还会额外得到20英镑。资本没有二次分配,工人得到了所有的剩余,因此,那些用脑力劳动或者手工劳动创造利润的人的高水平的努力得到了保障,因为他们获得了全部好处。这就是合作生产作坊的最独特的原则。"①

英国赫布登布里奇的棉亚麻混纺粗布合作生产社团,就是合作生产作坊的一个很好的例子。在该合作生产社团中,男性工人和女性工人都是股东,其他合作生产社团中的工人和"外来"的个人也是该合作生产社团的股东,这些"外来"的个人主要是在邻近地区的同一行业中工作的工人。该合作生产社团的所有股东都享有同等的投票权;在公司面临困难而股东所掌握的技术知识可以派上用场的时候,所有股东都要通过提建议的方式进行合作。该合作生产社团似乎具有有利于合作生产作坊成功运营的大部分条件,现在,我们可以一一列举出这些条件。

4. 能够让雇主获得管理报酬的工作有两种。第一种工作是组织生产,决定生产什么和如何生产,决定在何地买入和卖出,决定在何时买入和卖出。对于这些工作,我们可以用一个美国术语

---

① 霍利约克:《合作的历史》,第二卷,第123—124页。

来概括,即"经营管理"。第二种工作是我们所称的监督工作,包括为公司运行提供正确的指导。我们可以断言,通常来说,在那些管理工作难以开展但又非常重要的行业中,合作生产作坊不可能会取得成功。①

因为,在那些行业中,董事会在与单独的个体竞争中处于极其不利的地位,而工会完全是由公司的经理人管理的。但是,到目前为止,还没有合作生产作坊能够负担得起留住一流经理人的薪金,除非这位一流经理人深受合作信念的影响,从而愿意以低于他能够在公开市场获得的薪金来从事合作生产事业。因此,在过去,合作生产作坊就没有成功过;在将来,合作生产作坊在以下行业中也不大可能会成功:(1)需要创新能力的行业,例如,各种各样的机械制造行业;(2)需要抓住转瞬即逝的机会的行业,需要大量新知识、迅速决策和大胆行动的行业,例如,样式快速变化的女性服装布料制造行业;(3)需要大量资本的行业,例如,铁轧钢行业;(4)主要通过成功的投机来获取利润的行业。

但是,在那些容易按照固定模式有效运行的行业中,雇主的主要工作就是纯粹的监督工作,而合作生产能使得大量的监督工作根本不需要去做,从而为公司节省了很多要素的投入。因为,合作者之间能够相互制约,所以,他们能够确保自己公司的工头和其他的级别较低的经理人的工作效率,从而能够阻止浪费和在很多细节性的事情上的管理不善。因而,在那些需求稳定、变化缓慢、价

---

① 康佩尔·布拉西(Compare Brassey)的《关于劳动问题的讲义》(*Lectures on the Labour Question*),第 126—130 页。

格波动轻微、资本-劳动投入比很小的行业中,合作生产作坊拥有极大的成功机会。在那些满足工人阶级正常需求的行业中,合作生产会取得成功;在那些经营良好的小型营运轮船行业、捕鲸船行业和其他捕鱼船行业中,合作生产更容易取得成功。

在现在,尽管促使合作生产成功的大多数条件都已经具备,但是,迄今为止,合作生产在农业中所取得的进步甚微。即使农业劳动者获得了对经营农场所需资本的控制权,但是,他们也很难抵挡得住连续几次歉收的冲击。而且,更为重要的是,他们有限的学校教育和社会教育在某种程度上也限制了他们实行合作生产。因为,合作是信任的产物,而不信任就源于愚昧无知。在美国,"社区"是主要从事农业生产的地方,并且,大量"社区"中的农业发展都取得了极大的成功。但是,对于他们所耕种的土地,他们拥有所有权,而且耕种土地所获得的产出能满足他们的大部分简单需求;他们拥有许多实践能力,具有包括兄弟情谊精神和相互信任在内的虔诚热情。

5. 但是,即便是在合作生产达不到其一般管理要求的行业中,工人仍然可以通过签订分包合同形式来实行合作生产。当分包商是一个中间人时,他们善于进行艰难的谈判和严厉的管理,尽管分包合同制度可以降低生产成本,但是,工人仍然抱怨这一制度会经常给他们带来太大的伤害。[①] 但是,行业工会并不反对分包合同制度,分包商应该尽自己最大所能来扩大这一计划的使用范围,在这一计划中,分包合同由一组工人来承担,这组工人自己提

---

① 参见乔治·豪厄尔的《资本与劳动的斗争》,第六章第三节第四节。

供生产工具,共同承担责任,服从他们自己选择和雇用的经理人的命令。分包合同制度早就已经在挖土工、矿工、采石工身上和造船行业中施用,并且,这一制度具有无限扩展的能力。"在一条绵长的铁路上,每一个开凿、每一座桥、每一个隧道、每一个路堤、每一个车站的修建都是由一个或者多个独立的分包商来承担的。因此,合作生产制度被广泛地应用于大型建设工程被细分之后的每一部分的建造中。"①在许多工厂中,工厂的厂房以及厂房中所有的机器设备都被租赁给一个中间人,这个中间人雇用他所需要的劳动,并按照某一既定价格将某一特定部分的工作承包给他人,由此,这个中间人很有可能会有效地被一群分包商所取代。

6. 信用合作社在德国获得了巨大成功,其中的部分原因是德国大型工厂的工作制度远远落后于英国的工作制度,并且大量工人只需要使用少量的行业资本。这些工人团体联合其他社会阶层的少数人自发地组建了信用合作社。信用合作社中的每一个成员都拥有自己的核心资本,并以自己所拥有的核心资本和所有成员的全部财产作为抵押物,在市场上以市场利润筹借到更多的资本。然后,信用合作社再将这些贷款(即从市场上筹借到的资本)以一定的利率转贷给合作社的成员,这一利率要高于富有借款人所支付的利率,但是,这一利率要远低于工人个人通过正常的业务程序获得贷款时所支付的利率。工人可能会在偿还贷款前患病或者潜逃,这一风险会使得工人难以以任一合适的利率借贷到资本。信用合作社所获得的利息与其所支付的利息之间的差额,在扣除了

---

① 康佩尔·布拉西的《关于劳动问题的讲义》,第137页。

所有的费用与损失之后所剩下的差额部分,总是足以能够为信用合作社的资本带来丰厚的利润;信用合作社从这些利润中积累了大量的新资本,如此,在信用合作社每年所放贷的资本中,自己所拥有的自有资本越来越多,而借入的资本越来越少。因为,信用合作社始终把合作原则非常认真而又仔细地应用于对每一个成员的品德和行为的持续测试中,信用合作社主要是通过知道被测试成员所有情况的邻居来对每一个成员进行测试,所以,信用合作社不会遭受很严重的损失。某人想要加入信用合作社以及加入之后想要从信用合作社贷款,他都必须要达到信用合作社所规定的高标准。信用合作社成员所获得的贷款的期限最长不得超过三个月,并且,在借贷期间,信用合作社对其品德和行为的测试仍然会继续进行。这些信用合作社并不会像由英国工人所创建的合作商店那样自发地成长。信用合作社在很大程度上是在舒尔策-代利奇博士的远见和活力之下所规划和创建的。1849年,他在德国代利奇的一个小镇上创建了第一家信用合作社;1877年,他发布报告称,他所创建的信用合作社已达到1827家,这1827家信用合作社拥有100万名以上成员、800万英镑的资本和2000万英镑的贷款,它们的业务规模高达1.1亿英镑。①

---

① 英国读者想要更多地了解德国的这些信用合作社和其他的合作运动,可以参阅 R. B. D. 莫里尔(R. B. D. Morier)先生在《行业工会委员第11次报告》附录中的论文,参阅尼尔(Neale)先生《1879年合作代表大会报告》中的附录。合作生产与社会主义计划中关于政府援助和政府担保之间的关系,在舒尔策-代利奇(Schulze-Delitzsch)博士的《工人问答节选》(*deutscher Arbeiter-catechismus*)中进行了研究,拉萨尔(Lassalle)的《巴斯夏-舒尔茨先生》(*Herr Bastiat-Schulze von Delitzsch*)中进行了回答,在代利奇的《废除的拉萨尔先生》(*Die Abschaffung des geschafllichen Risico durch Herrn Lassalle*)中进行了答复。

7. 合作致力于"推动诚实、公平正义、节约在生产和交换中的践行"。"(1)取消所有不诚实的交易,或者采用,(a)直接的取消方式,即通过对生产出来的或是售卖出去的商品的真实情况进行描述,而不是按照生产者或者卖者所了解的该商品的情况进行描述的方式来直接取消不诚实的交易①。或者采用,(b)间接的取消方式,即通过让买方知道卖主曾经向其隐瞒的任何买方应该知道的关于原料的事实的方式,使买方能够判断其所购买的商品的价值。(2)通过对一般被认为是利润的基金在资本家、工人、购买方身上的平均分配,来调解这三者之间的利益冲突。"②

现在,我们转向研究这样的一个问题:要使零售商与消费者之间的关系有一个更好的基础,合作工作应该发挥什么样的作用。相较于合作工厂的工作,合作商店的工作更加卑微一些,正因为如此,合作商店取得了更大的成功。第一家合作商店是由美国罗奇代尔的28位工人创办的,1844年,这28位工人每人捐款1英镑,以批发价格购入面粉、燕麦片、食糖与黄油。28位工人中的某一位工人担当销售员,销售商品所得到的利润转增为商店的资本。从由28位工人组成的小型合作商店开始,该合作商店稳步发展,到1878年,已发展成为拥有10187位成员、29.2053万英镑股本、29.8679万英镑商品销售额的大型合作商店。其他许多城镇中的

---

① 对于已经生产出来或者售卖出去的商品,按照商品的真实情况向购买者描述、介绍该商品,而不是按照生产者或者卖者所了解的该商品的情况向购买者描述、介绍该商品,可以让消费者真正地掌握该商品的真实信息,最大程度上减少信息不对称,从而做出正确的购买决策。显然,通过这种描述方式可以减少甚至消除不诚实交易。——译者

② 合作联盟规则。

工人也纷纷效仿罗奇代尔的工人，由这些城镇中的工人所创办的合作商店的股本接近500万英镑，年经营总额约1400万英镑。这些数据还不包括由中产阶级所创办的商店的相关数据，虽然这些商店也被称为是合作商店，但是，却不包含任何真正的合作精神。

8. 由工人所组成的合作商店紧紧跟随罗奇代尔的先驱者的步伐，逐渐地形成了一个能够服务于所有合作商店的经营模式。他们控制着邻近商店的一般零售价格，并从每个季末的总利润中扣除资本的利息、折旧提成和拓展基金。在经营效益最好的商店中，2.5%的利润通常会用于阅读室、图书馆、演讲和其他以教育为目的活动中。如果合作运动的领导者有自己的行事方式，那么，合作商店的剩余就会按照季度内的工资比例或者他们各自在商店中的购买量，在商店所雇用的全部劳动者和商店的全部成员中分配。但是，如果合作运动是带着较高的目标开始的，那么，这样的合作运动即使成功了，但也会给经营者带来损害。在罗奇代尔，很多人受利益的驱使而加入了合作商店，成为了合作商店中的新来者，他们通过投票方式将旧成员淘汰出去，在没有给劳动者分配任何利润的情况下，这些新成员分配了全部的净利润。

这些合作商店许多好的做法是，他们在刚开始销售商品时，会向消费者收取全价，并在每个季末一次性地将一部分利润返还给消费者。由此，工人就会在不知不觉中一周接一周地将自己所得的部分收益储存起来。然后，工人会将他的储蓄取出，用于购买缝纫机或者一些重要的家具，由此，他就会有一个井然有序的家，并以此为自豪。如果他已经拥有了这样的一个家，那么，对于他所分配到的红利，他最好的处理方式不是将其取出，而是将其纳入到

"为了共同的目的通过共同的行为而储存的共同资本"中。这样的合作商店实现了真正意义上的合作,大量成员积极关注合作商店的经营业务和经营方式;无论何时,他们都愿意为他人提供有益的帮助和有用的建议,并积极参与社团官员的选拔工作和监督工作。通过这项工资,他们自己也受到了教育。当他们意识到他们对恰好可以用于自身目的的基金拥有处置权时,以及在合作商店中与那些具有坚定的合作信念的成员建立了良好的交往关系时,他们就会着手开始讨论和从事更加冒险的合作事业。

每年所召开的合作代表大会都会极大地激发合作人的热情。合作委员会、工会、行业工会仍在不断地发挥作用,并试图能够立刻增强和扩大伟大的合作运动。合作者了解到,"全人类都应该接受教育,尤其是,对合作者来说,教育是生活中的必需品。"①

9. 合作商店在与店主的竞争中所拥有的优势有:

(1)合作商店采用现金支付,并将其作为一条原则。合作商店不会拒绝消费者以赊购方式购买商品,但是,店主发现,即使他们一开始就建立并采用现金支付制度,也很难避免遇到赊购的例外情况,久而久之,例外情况就变成了规则。赊购制度不仅导致了大量坏账,而且还会扰乱贷款的自然秩序。那些希望从其资本中获得行业利润的交易者,应该直接或者间接地从那些只能从资本中获得利息的私人个体那里借贷资本,这是合理的。但是,在赊购制度下,消费者从店主手中获得资本的使用权。

(2)具有显著合伙性质的商店销售无杂质的商品,我们相信,

---

① 对于这一事实,斯图尔特教授在演讲中巧妙地进行了解释。

其他商店也会这么做。

（3）合作商店不需要在广告上投入太多或者只要坐落在黄金地段，就能获得大额订单。而一家大型商店要有一个令人印象深刻的门面才能更好地开展业务，但对于许多商店的分支部门来说，其门面却是一个比一个更有特色。

（4）当合作商店与小店店主竞争时，合作商店具有大宗购买的优势。因此，合作商店几乎总是尽自己所能直接从生产者那里购买商品。

（5）对合作商店成功感兴趣的那些人，会比个人商店的消费者更有耐心地等待服务。因此，合作商店中的经营额与其柜员人数的比值，要大于个人商店中的经营额与其柜员人数的比值。

合作商店在摸清工人阶级习惯的过程中不得不应付的最大困难，来自于以下两个事实：(1)当非工会会员的工人失业时，他们总想从店主那里借款；(2)当工会会员因为获得了罢工的胜利而激动不已时，他们仍然会非常有兴趣、友好地接受店主的提议：预先垫付资金以使罢工能够在很长的一段时间内持续进行。许多处于其他社会阶层的人，会在没有得到收入之前就已经将这些收入花掉，他们自己也认为，自己会这么做。

10. 一些店主仍然会按照旧计划来经营商店，并能留住那些愿意高价购买商品的消费者，这是很有可能的。其中的原因有三：(1)他们接受赊购；(2)他们的助手总是很乐意、毫不迟延地为消费者提供帮助和照顾，总是很乐意地向消费者展示无数的他们并不想购买的商品；(3)即使消费者购买的商品是那些微不足道的小商品，他们也会立刻将小商品送到消费者的住处。但是，店主提供这些服务所发生的成本,要大于这些服务为大多数消费者所带来的实际价值。合作商店的成功已经证明,行业发展需要这样的商人:他们的行事原则是,不能对消费者做任何在长期来看会让他们的成本大于所购买商品的价值的事情。但是,采用了这一行事原则的店主在与所有商店竞争时,为什么仍然无法保持自己的竞争地位,至今,这都无法解释;需要说明的是,这里的"所有商店"不包括那些具有真正合作性质从而拥有一股强大力量的商店。在具有同等优势的条件下,那些具有受过训练的专业技能的商人在与由非专业人员(即外行)管理的股份公司竞争时,可以保持自己的竞争地位。因为,从长期来看,店主的管理报酬取决于我们在第二篇中所讨论的定理,所以,当新制度已经完全实施并开始发挥作用时,店主所能获得的管理报酬与如果继续实行旧制度所能获得的管理报酬一样好。

这种改变有益于店主,因为,这种改变会在很大程度上使得店主能够从对购买量很小的消费者的依赖中解放出来,在以前,店主却不得不顾及、迎合这类消费者的心情。在商业化的经营方式下,他们在商业经营中也能获得一个切合实际的有利位置。当然,这种改变会使得社会上所需要的店主的数量减少。① 行业规模收缩的过程是很痛苦的,但是,如果店主能够迅速地使自己适应新时代

---

① 据尼尔先生[《合作经济学》(*Economics of Co-operation*)]估计,在伦敦的 22 个主要零售行业中共有 41735 家不同的公司。如果这 22 个主要零售行业中的每个行业都拥有 648 家商店,那么,在每平方英里的土地上就有 9 家商店,每个人到达最近商店的距离不会超过 0.25 英里,因而,伦敦总共有 14256 家商店。假设供给充足,则在伦敦,每 100 家公司实际需要商店 251 家。

的需要,以及能够力劝、鼓励成为店主却没有特定理由的所有年轻人去选择其他职业,那么,这种痛苦就不会持续太久。如果我们将零售行业中现在正处于挥霍使用状态的资本和劳动释放出来,并投入到其他行业中,那么,这个国家的总财富将会大大增加。

11. 合作者所要做的第三项工作是减少零售商、批发商与生产者之间的不协调。为了实现这一目的,他们着手创建了一个批发合作社,致力于为那些以个体消费者为目标消费群体的零售商品提供服务。批发合作社直接从生产者或者进口商那里购买商品,或者自行进口商品,而且,批发合作社还自己生产饼干、鞋和肥皂。与批发合作社有业务联系的零售商店也分享批发合作社的利润。批发合作社承诺,无论零售商店购买的商品数量多么少,无论零售商对购买业务的理解多么少,他们都能以最有利的条件从批发合作社购买商品。

他们已经提出将批发合作社扩建成一个大规模的合作伙伴联盟中心的计划。也有人提议,合作的消费者应该确保能为合作的生产者所生产的商品提供一个稳定的市场。① 有人认为,在连续工作的情况下,当合作的生产者能以较低平均价格生产时,他们就能从焦虑中解放出来,并能获得高额工资。合作的购买者可以通过以下两种途径来获得收益:一种途径是他们在起初就能以较低的价格购买生产者所生产的商品;另一种途径是从合作作坊中获得净利润的分成。因为,我们一般都假定,合作作坊的净利润会在其所雇用的劳动者与消费者之间分配。当然,合作的消费者每年

---

① 参见本书第二十三章,第4点。

228 的总需求会经常发生变化,因此,在经营最不景气的年份中,如果合作作坊的年产量超过了商店愿意购买的数量,那么,合作作坊就不能保证能为劳动者提供完全连续的工作。当外部市场上的商品价格和工人工资下降时,合作作坊所生产的商品的价格和工人的工资也会下降,否则,合作者的信心会受到极大的打击。

这项计划需要多多践行合作信念,如果多数人都希望能够践行合作信念,那么,人们也就能从中获益;如果这项计划得以实现,那么,人们将会获得巨大的收益。

索　引

（索引中的页码为英文版页码，即本书的边码）

Apprenticeships　学徒，112，194
Art, old use of the word　人文科学，单词的旧时用法，3
Auxiliary capital　辅助性资本，19

Babbage, on the economy of skill　巴贝奇，技能的充分利用，50
Bagehot, functions of the employer　白芝浩，雇主的职责，51，116
　On the modern facilities for borrowing capital　借入资本时的现代化便利，117，137
Brassey, on the uniformity of Task-wages　布拉西，任务工资的一致性，174
　Province of co-operative production　合作生产的范围，223
Brentano, on the difference between the price of labour, and that of commodities　布伦塔诺，劳动的价格与商品的价格之间的区别，172

Buyer　买方，68

Capital　资本，13，99
　Personal　个人资本，20
Carey, on the Law of Diminishing Return　凯里，报酬递减规律，24
　Cost of reproduction　再生产成本，79
Circulating capital　流动资本，19
Community, village　社区，村庄社区，44，60
Consumer　消费者，97
Co-operation　合作，218
　principle of　合作的原则，218
Co-operative distribution　合作的分类，224，225
　Production　合作生产，220，221
Cost of production　生产成本，73
　its relation to value　生产成本与价值之间的关系，95，147
Cottier　佃农，63
Credit　信贷，151

influence of 信贷的影响,151

Crisis 危机,151—155

Crompton, on Industrial Conciliation, Book Ⅲ. ch. Ⅷ. 克朗普顿,《产业调解》,第三篇,第八章

Custom, influence of 习俗,习俗的影响,44,170

Deduction 扣除,3

Degradation of labour 劳动的退化,102

Depreciation 折旧,75

Depression of trade 行业萧条,154—157,163

Discounted value of labour 劳动的贴现价值,133

Distribution 分配,94,95

Dose of capital 资本的剂数,22

Earnings-and-interest Fund 报酬-利息基金,96

Earnings of Management 管理报酬,75,96,137,221

Economics 经济学,2,5

Expenses of production 生产费用,73,74,97

Feudalism 封建制度,61

Final utility 最终效用,69

Fixed capital 固定资本,19

Gilds 同业工会,46,187

Grades of labour 劳动的等级,107

Hill, Octavia, on volunteer work in poor-relief 奥克塔维娅·希尔,贫困救济的志愿工作,34,35

Holyoake, on Co-operation, Book Ⅲ, ch. Ⅸ. *passim* 霍利约克,合作,第三篇,第九章,各处

Howell, on unions, BK. Ⅲ. ch. Ⅴ. *passim* 豪厄尔,工会,第三篇,第五章,各处

Improvements, influence on rent 改良,改良对租金的影响,85

Induction 归纳,3

Jevons, on capital 杰文斯,资本,20,99

 market 市场,67

 Final utility 最终效用,68

 wages 工资,205

Joint Expenses of production 联合生产费用,164

Joint Stock company 股份公司,35,137

Labourer 劳动者,95

Law 定理,13

Law of Demand 需求定理,71

 Diminishing Return 报酬递减规律,22

 Division of labour 劳动分工定理,57

 Increasing Return 报酬递增规律,57

索引 335

Local Variations of value 价值的地方性变化定理, 168

Normal Earnings of Management 正常管理报酬定理, 143

Normal rate of interest 正常利率定理, 126

Normal value 正常价值定理, 77, 89, 93

 cf. also 同样可见于 146, 149, 166, 167

 Normal wages 正常工资定理, 131

 Population 人口定理, 29

 Rent 租金定理, 83

 Supply 供给定理, 76

Leslie, Cliffe, on the limitation of competition 克利夫·莱斯利, 竞争的局限性, 117, 171, 178, 185

 on the irregular influence of new supplies of gold 黄金新供给的不规则的影响, 172

Localization of industry 产业本地化, 47, 53

Malthus 马尔萨斯, 29

Margin of cultivation 边际耕种土地, 84

Market 市场, 67

Measure 衡量标准, 69

 of value in use by value in exchange 交换价值是使用价值的衡量标准, 69

 of Cost production by Expenses of production 生产费用是生产成本的衡量标准, 73, 74, 97, 147

Mill 穆勒

 on the relations of Economics to other sciences and practice 经济学与其他科学、实践的关系, 5, 211

 on the influence of improvements on rent 改良对租金的影响, 85

 on the four grades of labour 劳动的四个等级, 107

 regards wages as paid out of the product of industry 将工资看作是来自于产业产出的支付, 204

Mines 矿山, 25, 86

Monopoly value 垄断价值, 180

Nasmyth, use of machinery elevates the working classes 内史密斯, 机器设备的使用可以使得工人阶级得到提升

Necessaries, vagueness of the term 必需品,"必需品"一词含义的模糊性, 29

Net advantages of a trade 行业净利益, 103, 108

Net income of a country 国家净收入, 95, 98

Net return of a machine 机器设备的净回报, 121

Net return of labour 劳动的净回报,133
Nominal wages 名义工资,101
Normal 正常的,65,66
Normal theory necessary introduction to Market theory 正常理论:市场理论的基础,148
Organized 有组织的,45
Over-production 生产过剩,154

Peasant Proprietors 自耕农,40
Personal capital 个人资本,58,61
    Risks 个人风险,135
    Wealth 个人财富,6
Piece-work 计件工作,195
Price 价格,68,150,158
Productive 生产性的,6
Profits must ultimately diminish 利润最终必然会减少,145
    on equal capitals 投入等量资本所带来的利润,138
    on unequal capitals 投入非等量资本所带来的利润,139

Real wages 实际工资,101
Remuneratory capital 报酬性资本,19
Rent 租金,64
    of natural qualities 租金的自然属性,110,144
    in relation to wholesale prices 租金与批发价格之间的关系,88—90

retail prices 租金与零售价格之间的关系,179
Reproduction, cost of 再生产,再生产成本,79
Retail profits 零售利润,177,224
Ricardo, on rent 李嘉图,租金,82 n., 85 n., 89

Sargant, on the causes that determine saving 萨金特,决定节约的因素,41
Schulze-Delitzsch 舒尔策-代利奇,223
Science 科学,3
Seller 卖方,68
Shifts, double 轮流制,双班轮流制,196
Smith, Adam, his use of the word natural 亚当·斯密,亚当·斯密对"自然的"一词的使用,66
Specialised capital 专业资本,20
Speculators 投机者,158
Standard of Comfort 舒适标准,28
Strikes, cost of 罢工,罢工成本,193
    Conditions of success 罢工成功的条件,209—211
Subsidiary industries 辅助性产业,52
Superintendence, see Earnings of Management 监督,参见管理报酬

索引   337

Task-wages 计件工资,101
Time-wages 计时工资,101
Thornton, on the labourers' disadvantage in bargaining 桑顿,讨价还价中劳动者的劣势,200
Trade Risks 行业风险,78,135

Value in exchange 交换价值,67
  in use 使用价值,67

Wages 工资,128
  Real and Nominal 实际工资与名义工资,101
  Time and Task 计时工资与计件工资,101
Wages-and-profits Fund 工资-利润基金,95
Wages-Fund 工资基金,203
Walker, on degradation of labour 沃克,劳动的退化,102
  on the functions of the employer 雇主的职责,118
  land the best savings bank 土地:最佳的储蓄银行,40
Wealth 财富 6
  material 物质财富 6
  Personal 个人财富 6
Women's wages 女性工资,175